de Gruyter Lehrbuch

Wahren · Gruppen- und Teamarbeit in Unternehmen

Heinz-Kurt E. Wahren

Gruppen- und Teamarbeit in Unternehmen

Walter de Gruyter · Berlin · New York 1994

Heinz-Kurt E. Wahren, Dipl.-Betriebswirt

Geschäftsführer
ComConsult Unternehmensberatung GmbH, Mögglingen

Lehrbeauftragter
- Fachhochschule Aalen
- Fachhochschule für Gestaltung Schwäbisch Gmünd
- Universität Augsburg

Die Deutsche Bibliothek - CIP Einheitsaufnahme

Wahren, Heinz-Kurt E.:
Gruppen- und Teamarbeit in Unternehmen /
Heinz-Kurt E. Wahren. - Berlin ; New York : de Gruyter, 1994
(De-Gruyter-Lehrbuch)
ISBN 3-11-014273-2

Druck: WB-Druck, Rieden - Bindearbeiten: Dieter Mikolai, Berlin. - Printed in Germany

Was alle angeht, können nur alle lösen.
Jeder Versuch eines Einzelnen,
für sich das zu lösen, was alle angeht,
muß scheitern.

Friedrich DÜRRENMATT
Die Physiker (1962)

Ohne die richtige Karte läuft gar nichts.

Umberto ECO
Das Foucaultsche Pendel (1989)

Inhaltsverzeichnis

1. Einleitung

Die Beschäftigung mit (Arbeits-)Gruppen gehörte bis zum Ende der 70-er Jahre zu den zentralen Arbeitsfeldern der Organisationspsychologie und der Managementlehre. Mit einer verstärkten Hinwendung zu Management-Konzepten wie Lean Management, Reengineering, Total Quality Management und Kaizen, hat sich das Interesse an der Gruppen- und Teamarbeit, das in den 80-er Jahren stark an Bedeutung verloren hatte, wieder erheblich belebt. Zwischenzeitlich steht das Thema nicht nur im Zentrum wissenschaftlicher und betrieblicher, sondern auch gesellschaftlicher Diskussionen. So berichtet der *Spiegel* vom 14.3.1994 in seiner Titelstory: "Die Industrie wird wieder fit", über Radikalkuren deutscher Unternehmen mit dem Ziel, durch schlanke Fabriken international wieder wettbewerbsfähig zu werden. Eine zentrale Bedeutung in diesen Bemühungen hat, nach dem Motto: "Nobody is a Nobody", die Aktivierung möglichst aller Mitarbeiter durch Gruppen- und Teamarbeit (*Der Spiegel*, 1994: 108):

> "Teamwork und Gruppenarbeit sind die Basis der schlanken Fabrik."

Angefacht wurde das erneute Interesse an der Gruppenarbeit durch die von WOMACK, JONES & ROOS veröffentlichte Studie: "Die zweite Revolution in der Autoindustrie". In ihren Analysen stellten WOMACK et al. (1992: 104) fest, daß japanische Automobilhersteller, im Gegensatz zu ihren amerikanischen und europäischen Konkurrenten, bei der Lenkung und Gestaltung ihrer Unternehmen wesentlich stärker gruppen- bzw. teamorientiert denken und vorgehen:

> "So ist es schließlich das dynamische Arbeitsteam, das sich (in japanischen Automobilwerken; H.-K.W.) als Herz der schlanken Fabrik entpuppt."

Nach den Ergebnissen der Untersuchungen von WOMACK et al. (1992: 97) sind in den Werken japanischer Automobilhersteller, gleich, ob sich diese in Japan oder den USA befinden, ca. 70 Prozent der Mitarbeiter in Gruppen bzw. Teams organisiert. Im Vergleich hierzu wurde bei amerikanischen Automobilherstellern ein Anteil von 17,3 Prozent ermittelt, bei europäischen lediglich ein Anteil von 0,6 Prozent.

Über die Bedeutung, die Gruppenarbeit in japanischen Unternehmen einnimmt, berichtet IMAI (1992: 213 f):

> "Seit Ende der fünfziger Jahre fördern japanische Betriebe die Gruppenarbeit, welche seither eine entscheidende Rolle bei der Produktivitätssteigerung, beim Schaffen eines angenehmeren und sinnvolleren Arbeitsumfeldes und bei der Verbesserung der 'Labor Relations' spielt.(...)
> Der Prozeß der Demokratisierung der Basis erfolgt in Japan über die Einbeziehung der Arbeiter in das tägliche Geschehen am Arbeitsplatz. Durch die Förderung der Mitwirkung in der Gruppenarbeit wird gleichzeitig auch die Akzeptanz und die Loyalität der Arbeiter gefördert."

In den vor allem von japanischen Unternehmen entwickelten und von amerikanischen Beratern vermarkteten aktuellen Management-Konzepten, die "nun die deutsche Industrie revolutionieren" sollen (*Der Spiegel*, 1994: 101), ist die Gruppen- bzw. Teamarbeit ein zentraler Ansatzpunkt. Unser Wissen kommt, wie EGLAU in der *Zeit* vom 22.10.1993 feststellt, nun über Japan zu den "Lehrmeistern von einst" zurück:

> "Erst jetzt ist vielen Managern bewußt geworden, daß sie noch auf die alten Verhältnisse zugeschnittene Strukturen und betriebliche Abläufe von Grund auf verändern müssen, um im Wettbewerb mithalten zu können. (.)*Lean* im Sinne von 'fit' können Unternehmen nur dann werden, wenn sich ihr Management endlich der wichtigsten, aber auch schwierigsten Aufgabe stellt: die Kreativität und das Wissen ihrer Beschäftigten bis herunter zum angelernten Arbeiter zu mobilisieren.(.) Die 'Ressource Mensch' besser zu nutzen setzt aber bei vielen Managern ein radikales Umdenken voraus."

Auch beim Reengineering, das nach einem Bericht von *Business Week* als "the hottest management concept since the quality movement" gilt, hat die Teambildung eine wesentliche Bedeutung. HAMMER & CHAMPY (1994: 90 f) führen zum Konzept des Reengineering aus:

> "Business Reengineering im Unternehmen bedeutet letzten Endes, daß die Arbeit, die Adam Smith und Henry Ford vor so vielen Jahren in winzige Arbeitsschritte aufgegliedert haben, wieder zu einem Ganzen zusammengefügt wird. Nach dieser Radikalkur erweisen sich Prozeßteams - Gruppen von Mitarbeitern, die zusammen einen vollständigen Unternehmensprozeß durchführen - als die logische Organisationsform."

Ausschlaggebend für die verstärkte Hinwendung der Unternehmen zur Gruppenarbeit sind somit nicht besseres Wissen - das Thema Gruppenarbeit hat man dort immer etwas kritisch betrachtet - oder gar humanistische Ideale, sondern der weltweite Erfolg vor allem japanischer, zwischenzeitlich aber auch einiger amerikanischer und deutscher Unternehmen mit diesem Arbeits- und Organisationsprinzip. Knuth HENNEKE, stellvertretendes Vorstandsmitglied der AUDI AG, beschreibt den Einstellungswandel der Unternehmen treffend mit folgender Bemerkung (zit. n. GOTTSCHALL, 1992: 59 f):

> "Man hätte die Japaner erfinden müssen, um unsere nicht menschengerechten Strukturen, die zu nicht ausreichender Produktivität geführt haben, aufzubrechen".

Mit einer verstärkten Hinwendung zur Gruppenarbeit gelangen die Umstände der internen Leistungserstellung in den Focus des Managementinteresses. Unternehmen öffnen sich gegenüber sich selbst und beschäftigen sich mit Fragen der organisatorischen und kommunikativen Bewältigung von Aufgaben, die sie in einer immer dynamischer und komplexer werdenden Umwelt immer kurzfristiger und im Sinne ihrer Kunden zu bewältigen haben. So stellt DROEGE in einem Artikel der *WirtschaftsWoche* (zit. n. GROOTHUIS, 1993: 52) fest:

> "Die neunziger Jahre sind das Jahrzehnt der Neuorientierung der Unternehmensorganisation.(.) Wenn deutsche Unternehmen im internationalen Wettbewerb mitmischen wollen, dann müssen sie ihr Unternehmen radikal von Kopf bis Fuß umbauen. (.) Kleine, autonome Unternehmenseinheiten übernehmen anstelle schwerfälliger Hierarchien das Kommando. Ressortegoismen müssen aufgebrochen und die Eigeninitiative von Mitarbeitern wiederbelebt werden."

Gruppen- bzw. Teamarbeit wird dadurch auch zu einer Antwort auf die Bewältigung der Hierarchiekrise. Durch Gruppen- bzw. Teamarbeit sollen Unternehmen in die Lage versetzt werden, mit weniger Kosten und Aufwand, schneller und hautnah am Kunden bzw. Markt operieren zu können. Die Stunde der Teams schlägt in dem Moment, in dem eine zeit- und kostenaufwendige, fremdbestimmte und hierarchische Fernsynchronisation des Unternehmensgeschehens durch eine flexible, schnelle, selbstbestimmte und nicht-hierarchische Nahsynchronisation in überschaubaren Gruppen ersetzt werden muß.

So vielfältig wie die Management-Konzepte sind auch die Ziele, die mit der Gruppenarbeit verbunden werden. Mit der Einführung dieses Arbeits- und Organisationsprinzips erhofft man sich, folgendes zu erreichen:

- Eine höhere Motivation, ein stärkeres Engagement und eine bessere Integration der Mitarbeiter in das Unternehmen;
- die Bewältigung einmaliger, neuartiger und komplexer Aufgaben;
- die Ausgestaltung einer kundenorientierten Geschäftskompetenz, bei der vor allem ein innovativeres und flexibleres Operieren, ausgerichtet an den Bedürfnissen der Kunden, im Vordergrund steht;
- und, in den letzten Jahren zunehmend, die Verfolgung ökonomischer Aspekte (z.B. Verringerung von Kosten, Verbesserung der Qualität, Verkürzung von Durchlauf- und Entwicklungszeiten).

Veröffentlichungen in Manager- und Wirtschaftsmagazinen sowie im Wirtschaftsteil der überregionalen Zeitungen zeigen, daß auf diesem Weg viele Unternehmen, zumindest in Teilbereichen, ihre Leistungsfähigkeit wesentlich erhöhen konnten. So berichtet die *Süddeutsche Zeitung* vom 28.7.1993 über die unter der Bezeichnung "KVP²" durchgeführten Gruppenaktivitäten von VW:

> "In den Workshops durchleuchten die López-Teams den Herstellungsprozeß zielgerichtet innerhalb von fünf Tagen. 'Die Ideen der Mitarbeiter waren schon vorher da. Die López-Leute haben die Weisheit auch nicht mit Löffeln gefressen. Aber bei López ist eine ganz andere Wucht dahinter, die Dinge schnellstmöglich umzusetzen', sagt Timme. Nach den Seminaren hätten seine Leute ganz 'leuchtende Augen' gehabt: Endlich wurden sie gefragt. So haben die Frauen in der Kabelfertigung für den Sechszylindermotor VR6 in Salzgitter beratschlagt, wie sie besser produzieren können. Ergebnis: drei Jobs können wegfallen.(...)
> Im gesamten Motorenwerk Salzgitter säumen Stellwände mit Planzielen und erreichten Daten die Produktionsbänder. So können die Leute im Blaumann genau sehen, wie weit sie schon sind. In der Kolbenvormontage war das große Vorstandsmitglied López persönlich dabei. Die Handarbeiten wurden an einer Stelle zusammengefaßt. Pro Mitarbeiter werden jetzt 222 Pleuelsätze gefertigt, vorher 133. Das Plus der Produktivität beträgt also 67 Prozent. Statt 305 Fehler im Monat entstehen nur noch 195. Beim Polo-Motor wurde eines der vier Bänder auf Gruppenarbeit umgestellt: kein starrer Takt mehr, in dem die Motoren vor-

rücken.(...) Statt 500 werden jetzt 700 Motoren je Schicht gebaut, obwohl die Arbeitszeit von 416 auf 374 Minuten sank.
Warum jetzt so große Sprünge bei der Produktivität möglich sind? (.) Der Leiter der Personalentwicklung von VW, Peter Haase, spricht von 'schlanker Mitdenke vor Ort'. Braunschweiger VW-Leute sagen: 'Vertrauen Sie auf die Weisheit der Gruppe'."

In den weiteren Ausführungen werde ich immer wieder Bezug nehmen auf Veröffentlichungen über Gruppenaktivitäten in der Praxis. Hierzu sind vorab folgende Bemerkungen angebracht: Die verstärkte Hinwendung zu Methoden der Gruppenarbeit ist nicht auf bestimmte Branchen (z.B. die Automobilindustrie), die unteren Hierarchieebenen oder die Produktionsbereiche beschränkt. So macht man sich zunehmend Gedanken, wie man die Prozesse im Entwicklungs-, Vertriebs- und Verwaltungsbereich aber auch in der Führung durch Gruppen und Teams verbessern, wie man Planungs-, Problemlösungs-, Kommunikations- und Koordinationsprozesse beschleunigen und effektiver gestalten kann. Wenn in den Praxisberichten häufig über Gruppenaktivitäten in der deutschen Automobilindustrie berichtet wird, mag dies den Eindruck erwecken, daß in diesem Industriebereich Gruppenorganisationen umfassend eingeführt sind. Dies ist jedoch nicht der Fall. Trotz der zahlreichen Veröffentlichungen ist festzustellen, daß sich die Gruppenaktivitäten der deutschen Automobilhersteller vorrangig auf neue Werke, insgesamt gesehen jedoch nur einen geringen Teil ihrer Fertigungskapazitäten, beschränken. Die deutschen Automobilhersteller haben bis zu einer umfassenden Realisierung der Gruppenarbeit in ihren Unternehmen noch einen langen Weg vor sich. Dies trifft nicht nur auf die Automobilindustrie zu, sondern auf alle anderen Industriebereiche, den Handel, die Dienstleister, die Einrichtungen/Unternehmen des "Dritten Sektors" (öffentliche und gemeinnützige Unternehmen) und die kommunalen und staatlichen Organisationen.

Wenn auch in der immer umfangreicher werdenden Literatur zu den neuen Management-Konzepten nahezu durchgängig auf den zentralen Stellenwert der Gruppen- bzw. Team-Arbeit hingewiesen wird, ziehen sich fast alle Autoren diskret zurück oder werden unsicher, wenn es um organisatorische oder gruppenspezifische Gestaltungsfragen und Aspekte geht. Hierzu zwei Beispiele:

WARNECKE, CIM-Experte und Leiter des Fraunhofer-Instituts für Produktionstechnik und Automatisierung, verbindet in seinen Ausführungen zur "Revolution der Unternehmenskultur" Gedanken von "Mensch und Arbeit" mit der Chaostheorie und propagiert die "Fraktale Fabrik". In Bezug auf die Gruppenarbeit und deren Realisierung führt WARNECKE (1993: 207 f) aus:

> "Der Weg zur Fraktalen Fabrik geht in der Produktion über Gruppenarbeit (...). In der Gestaltung der Gruppenarbeit befinden wir uns noch in einer Lernphase. Negative Erfahrungen dürfen nicht abschrecken. Sie beruhen häufig auf Gestaltungsfehlern."

Inwieweit sich das Verständnis über neue Arbeits- und Organisationsformen deutscher Autoren von japanischen unterscheidet, zeigen folgende Ausführungen von PFEIFFER & WEISS (1992: 63 f), die sich offensichtlich noch an alte Feindbilder klammern (siehe im Vergleich hierzu das Zitat von IMAI auf S.12):

> "Es ist (.) insbesondere in Deutschland ein Trend erkennbar, die Lean Management-Diskussion in eine Diskussion über Gruppenarbeit umzudefinieren. In diesem einseitigen Verhalten wird das Management noch durch die Gewerkschaften unterstützt, die dabei an die Humanisierungsdiskussion der 70er Jahre anknüpfen."

Auch in der organisationspsychologischen Literatur fehlen zumeist praxisorientierte Hinweise zur Etablierung von Gruppenarbeit in Unternehmen. Diese Lücke versucht die vorliegende Veröffentlichung zu schließen. Dazu sollen möglichst umfassend die relevanten Grundlagen des Arbeitens mit und in Gruppen zusammengetragen werden. So werde ich in Kapitel 2 zunächst die unterschiedlichen Formen von Gruppen in Unternehmen darstellen und auf die Möglichkeiten und Vorgehensweisen zur organisatorischen Einbindung und Realisierung der Gruppen- und Teamarbeit in Unternehmen eingehen. In Kapitel 3 werde ich die wichtigsten Bedingungen und Voraussetzungen für eine effektive Gestaltung der Gruppenarbeit behandeln und die Möglichkeiten der Entwicklung von Gruppen zu Teams darstellen. Das Problemlösen, als eine zentrale Aufgabe von Gruppen, steht im Mittelpunkt von Kapitel 4. Insbesondere werde ich dabei auf die Frage eingehen, wie man mittels der Moderationsmethode Problemlösungsprozesse effektiv gestalten kann.

Mit der vorliegenden Veröffentlichung verfolge ich zwei Ziele: Zum einen möchte ich wichtige theoretische Hintergründe ausleuchten und damit zum Verständnis beitragen, welche Aspekte und Vorgehensweisen bei der Gestaltung von Gruppenarbeit aus welchen Gründen wesentlich und erforderlich sind. Zum anderen geht es mir um die Beantwortung folgender pragmatischer Fragen:

- Wo kann man welche Gruppenarbeitsformen sinnvoll einsetzen?;
- Wie kann man die verschiedenen Formen von Gruppenarbeit organisatorisch ins Unternehmen integrieren?;
- Wie bereitet man Führungskräfte und Mitarbeiter auf die Gruppenarbeit vor und bringt die Gruppenorganisation ins Laufen?;
- Was sollte bei der Installation, der Entwicklung und der Führung von Gruppen beachtet werden?;
- Was kann man tun, damit sich Gruppen zu Teams entwickeln?;
- Wie sollte man vorgehen, damit Problemlösungsprozesse in Gruppen zu guten Ergebnissen führen?.

Die vorliegende Veröffentlichung verläßt an einigen Stellen den gewohnten Rahmen. Exkursionen führen zu Begrifflichkeiten wie: Ordnung und Chaos, Sprache und Visualisierung, logisches Schlußfolgern und Problemlösen, Bilder und Landkarten. Die hierbei angestrebte Erweiterung des Focus soll dazu beitragen, die Bedingungen und Möglichkeiten der Arbeit in und mit Gruppen in einem umfassenderen Kontext zu verstehen.

Die Einführung von Gruppenarbeit erfordert nicht nur ein fundiertes Wissen, sondern vor allem auch Änderungen in den Grundhaltungen von Führungskräften: Die Bereitschaft zur Ablösung von macht- und autoritätsorientierten Hierarchien durch lernende, organische Strukturen; den Ersatz einer zentralistischen und/oder fremdbestimmten Zielsetzung, Planung, Problemlösung, Kommunikation, Steuerung und Kontrolle durch selbstorganisatorische Prozesse und schlußendlich den Ersatz von physischer und psychischer Stabilität durch die bewußte Einführung von Überraschungen, Turbulenzen und "Zusammenbrüchen" als organisationsinternes Äquivalent zu einer sich immer rascher wandelnden Umwelt. Solange diese notwendigen Voraussetzungen zur Realisierung von Gruppenarbeit nicht ernstgenommen werden, können Gruppenaktivitäten nicht zu den erhofften und notwendigen Veränderungen führen. Gruppen- bzw. Teamarbeit wird dann, neben anderen "Spielen" (siehe: NEUBERGER, 1993), zum Inhalt eines neuen (rein verbalen) Spiels in Organisationen.

Ich möchte die einleitenden Gedanken mit einem Zitat von Otto NEURATH (1944: 978) abschließen, das die Aufgaben und Probleme von Unternehmen, die sich zu einem umfassenden Realisierung von Gruppen- oder Teamarbeit entschlossen haben, in einer metaphorischen Sprache beschreibt:

> "Stellen wir uns Seefahrer vor, die auf hoher See die Form ihres schwerfälligen Schiffes von einer mehr runden zu einer mehr fischähnlichen verändern wollen. Neben dem Holz des alten Baus verwenden sie Treibholz, um Skelett und Rumpf ihres Schiffes umzugestalten. Aber sie können das Schiff nicht ins Dock bringen, um ganz von vorne zu beginnen. Während sie arbeiten, bleiben sie auf dem alten Bau und trotzen schweren Stürmen und donnernden Wogen. Beim Umbau des Schiffes tragen sie Sorge, daß kein gefährliches Leck auftritt. Ein neues Schiff erwächst aus dem alten, Schritt für Schritt -, und während sie noch bauen, mögen die Seefahrer bereits an einen neuen Bau denken, und sie werden nicht immer einer Meinung sein. Die ganze Sache wird in einer Weise vorangehen, die wir heutzutage nicht einmal erahnen können."

2. Gruppen in Unternehmen

In den folgenden Ausführungen werden die organisatorischen Aspekte der Gruppenarbeit in Unternehmen dargestellt. Eingehen werde ich hierbei auf die Anlässe für die Etablierung von Gruppenarbeit, die Bedeutung, die die Gruppenarbeit in Unternehmen hat, die verschiedenen Formen der Gruppenarbeit, die Einbindung der Gruppen in die Organisation sowie auf die Vorgehensweise bei der Implementierung von Gruppenarbeit

2.1. Anlässe für die Einführung von Gruppenarbeit

Wie zuvor dargestellt, ist die Gruppenarbeit als organisatorisches Gestaltungsprinzip sowohl in der Fachliteratur wie in der Praxis in den letzten Jahren wieder stärker in den Vordergrund getreten. Verursacht wird dieser veränderte Focus des Interesses vor allem durch Veröffentlichungen von Untersuchungen und verschiedensten Praxisfällen (z.B. PETERS, 1988 und 1993; WATERMAN, 1994, sowie die nachfolgend dargestellten Praxisbeispiele aus dem *Manager Magazin*), in denen z.T. euphorisch über positive Effekte, die durch Gruppen- und Teamarbeit erreicht werden konnten, berichtet wird. Unternehmen erkennen nun, daß sie ihre Probleme in den Bereichen Kosten, Qualität, Flexibilität, Entwicklungs- bzw. Durchlaufzeiten und Kundenorientierung mit Gruppen- bzw. Teamarbeit und geänderten Strukturen wesentlich besser in den Griff bekommen können. Anlaß für die Etablierung von Gruppenarbeit ist somit heutzutage, im Gegensatz zu den 70-er Jahren, in denen personelle Aspekte und Humanisierungsideale im Vordergrund standen, zumeist, die betrieblichen Leistungen und Prozesse nachhaltig zu verbessern oder einmalige komplexe Vorhaben zu bewältigen. Erreicht werden diese Effekte vor allem dadurch, daß man die "Human Ressources" mittels geänderter Organisations-, Arbeits- und Handlungsbedingungen sinnvoller einsetzt und nutzt.

In den folgenden Ausführungen werden die Anlässe zur Einführung von Gruppenarbeit und deren Effekte getrennt nach betrieblichen und personellen Aspekten dargestellt, wobei sich diese z.T. zirkulär beeinflussen.

2.1.1. Effekte für das Unternehmen

In der Literatur (z.B. PETERS, 1988 und 1993; ULICH et al., 1989; WARNECKE, 1993; WATERMAN, 1994; WILDEMANN, 1992) werden anhand von Praxisberichten vor allem folgende betrieblich-ökonomischen Effekte der Gruppenarbeit genannt:

Kostensenkung

Zumeist geht es bei der Einführung von Gruppenarbeit darum, Kosten zu senken. Erreicht werden soll dies durch die (teilweise oder völlige) Zuordnung von zielsetzenden, planenden, lenkenden, kontrollierenden und reflektierenden Aufgaben an Gruppen und dem in der Folge möglichen Abbau von Hierarchien und Personal. Gruppenkonzeptionen, in denen diese Gedanken aufgenommen werden, sind insbesondere die teilautonomen Arbeitsgruppen sowie (teilweise) die Qualitätszirkel.

Optimierung von Abläufen / Qualitätsverbesserungen

Die Inszenierung von Störungen, dies mag zunächst paradox erscheinen, ist, neben der Koordination, eine der wesentlichen Aufgaben von Führungskräften. Durch gezielte Störungen sollen Organisationen wachgerüttelt, soll die gewohnheitsmäßige, bequeme und liebgewonnene Alltagsroutine unterbrochen und für selbstreflexive Prozesse geöffnet werden. Störungen oder "Zusammenbrüche" erhalten ihre erkenntnisvermittelnde Funktion dadurch, daß man sich mit vorhandenen Verfahrensweisen und Einrichtungen auseinandersetzt und nach Möglichkeiten sucht, diese immer wieder auf ihre Tauglichkeit hin zu prüfen und gegebenenfalls neu zu gestalten. In Gruppenkonzeptionen wie den Lernstattgruppen und den Qualitätszirkeln geht es zumeist darum, in selbstreflexiven Prozessen über Veränderungen von betrieblichen Abläufen und Prozessen nachzudenken oder Möglichkeiten zur Steigerung der Qualität zu prüfen.

Kundenorientierung

In den letzten Jahren steht immer mehr eine verstärkte Kundenorientierung im Vordergrund unternehmerischer Bemühungen. Ziel der Kundenorientierung ist es, sich durch werterhöhende (Service-)Leistungen positiv von Mitbewerbern abzusetzen, um in der Folge Kundenpotentiale besser ausschöpfen zu können. Erreicht werden soll dies u.a. durch eine Veränderung der Strukturen verbunden mit der Einführung von Gruppenarbeit, wobei man die Prozesse so gestaltet, daß ein hautnahes Agieren am Kunden möglich wird (siehe: BÄLDER & WAHREN, 1994). So werden z.B. im Vertriebs- oder Servicebereich Qualitätszirkel dazu eingesetzt, im Rahmen selbstreflexiver Prozesse und im direkten Kontakt zur jeweils relevanten Kundengruppe immer wieder zu prüfen, welche Leistungen wie verbessert werden können.

Beschleunigung / Flexibilisierung von Abläufen

Zunehmend besteht das Ziel bei der Einführung von Gruppenarbeit darin, betriebliche Abläufe zu beschleunigen und flexibler zu gestalten. Durch die neuen Kommunikations-, Informationsverarbeitungs- und Steuerungstechnologien im Büro-, Verwaltungs- bzw. Produktionsbereich können heute auch dezentrale Stellen, so z.B. teilautonome Arbeitsgruppen, auf zentrale Informationen zurückgreifen und direkter, schneller und flexibler auf sich verändernde Anforderungen reagieren.

Innovation / Bewältigung komplexer, einmaliger, neuartiger Aufgaben

Unternehmen sind zunehmend gefordert, auf eine sich ständig verändernde Umwelt möglichst schnell mit kreativen und innovativen Leistungen und Problemlösungen zu reagieren. Der Kreativitäts- und Innovationsbedarf bei neuartigen und/oder einmaligen, komplexen Aufgaben (z.B. Einführung neuer Verfahren oder Entwicklung neuer Produkte) läßt sich zumeist nicht durch die reguläre Organisation oder die Zuordnung dieser Aufgaben an Einzelpersonen decken. Durch eine Ausgliederung aus der regulären Organisation und Zuordnung an Gruppen, z.B. in der Form von Projekt- oder Wertanalysegruppen, können diese Aufgaben simultan zur laufenden Arbeit bearbeitet, neuartige Lösungen schneller gefunden und auch umgesetzt werden.

Integration und Zielorientierung

Innerhalb der nach zweckrationalen Gründen gegliederten Organisation müssen zur Lösung komplexer oder den jeweiligen Verantwortungsbereich überschreitender Aufgaben immer wieder verschiedene Menschen auf bestimmte Ziele hin koordiniert werden. Um diese Aufgabe in konzentrierterer Form wahrnehmen zu können, werden zunehmend Gremien, z.B. in der Form von Management-Teams, installiert oder sich selbstorganisierenden und -steuernden Gruppen eigenverantwortlich übertragen. Auf diesem Weg entzieht sich die Hierarchie eine ihrer wesentlichen Aufgaben und kann, dadurch, daß sie sich auf die Kontrolle der selbstverantwortlich von den Gruppen zu erledigenden Koordinationsprozesse und deren Integration in übergeordnete Prozesse konzentriert, niederer und kleiner (kurz: "schlanker") gestaltet werden.

Neben den zuvor dargestellten betrieblich-ökonomischen Gründen werden in der Literatur (z.B. ROSENSTIEL, 1992) folgende, zumeist in experimentellen Situationen festgestellte gruppenspezifischen Vorteile genannt:

Erleichterung organisatorischer Veränderungen

Durch Zusammenarbeit der von Veränderungen Betroffenen in Gruppen, können spätere Widerstände bereits im Vorfeld transparent gemacht und behandelt werden. Außerdem lassen sich in Gruppen verfestigte Abläufe, Regelungen, Leitbilder und Normen schneller und effektiver "auftauen" und verändern als auf dem üblichen Weg über die Hierarchie.

Bessere Verhaltenssteuerung

Gruppen steuern das Verhalten und die Leistung von Mitarbeitern stärker, als dies über die Vorgesetzten möglich wäre. Dieser Aspekt wird auch in Befragungen von Mitarbeitern und Vorgesetzten immer wieder erwähnt, wie folgende Äußerung von VW-Mitarbeitern (entnommen aus der *Süddeutschen Zeitung* vom 28.7.1993) zeigt:

> "Die Gruppe geht wesentlich brutaler mit ihren Mitgliedern um, als es je ein Meister wagen würde."

Bessere Problemlösungen und Entscheidungen

Qualität, Akzeptanz und Kreativität von Problemlösungen können sich, dadurch, daß in Gruppen unterschiedliche Fähigkeiten und Talente gepoolt werden, erhöhen. Bei zu fällenden Entscheidungen wirken sich die unterschiedlichen, z.T. konfligierenden Perspektiven sowie das breitere Wissensspektrum der Gruppe positiv aus.

Bessere Integration neuer Mitarbeiter

Durch eine Zuordnung zu Gruppen können Mitarbeiter schneller in das Unternehmen integriert werden. In Gruppen erfahren sie auf informelle Weise, welche Verhaltensweisen erwünscht und unerwünscht sind, welche zumeist ungeschriebenen Normen und Werte im Unternehmen gelten.

Die Effekte für das Unternehmen sind bei den einzelnen Gruppenkonzeptionen unterschiedlich. Die größten Effekte lassen sich mit der im Rahmen von Lean-Konzepten zumeist diskutierten teilautonomen Gruppenarbeit erreichen. Bei diesem umfassenden Ansatz werden in Praxisberichten (so z.B. PALASS & RISCH, 1992; PETERS, 1993; WARNECKE, 1993; WATERMAN, 1994; WILDEMANN, 1992) folgende positiven Effekte für das Unternehmen genannt:

- Schnellere Durchlaufzeiten von Aufträgen; geringere Entwicklungszeiten bei neuen Produkten;
- Kosteneinsparungen durch geringeren Personalaufwand im produktiven und nichtproduktiven Bereich, höhere Effizienz im Zeitlohnbereich;
- Kosteneinsparungen durch geringeren Verwaltungsaufwand (Personal und administrativer Aufwand);
- Verbesserungen in der Qualität, weniger Ausschuß, bessere Pflege von Maschinen und Anlagen;
- Verringerung von Lagerbeständen (Material und Fertigprodukte);
- geringere Fehlzeiten der Mitarbeiter;
- besseres und schnelleres Eingehen auf den Kunden (Erhöhung der Kundenzufriedenheit).

Bei der Bewertung dieser Effekte sollte man jedoch berücksichtigen, daß es sich bei Unternehmen um komplexe, nicht-triviale Systeme handelt und es bei diesen streng genommen unmöglich ist, Veränderungen im Output (z.B.

eine Kostenreduzierung) eindeutig und zweifelsfrei *einer* Veränderung im Input (z.B. der Gruppenarbeit) zuzuordnen. Außerdem ergeben sich bei der Bewertung der Effekte Abgrenzungsprobleme, da in vielen Fällen die Einführung von Gruppenarbeit verbunden ist mit anderen Maßnahmen. Zur Veranschaulichung soll folgendes Beispiel umfassender organisatorischer Veränderungen mit Einführung von Gruppenarbeit bei SIEMENS dienen (veröffentlicht von TRIST; zit. n. BUNGARD & ANTONI, 1993: 381):

> Die Erfolge konnten nur erreicht werden durch "eine ganzheitliche Reorganisation
>
> - der *Prozesse* (kleine Losgrößen in den Vorwerkstätten, Kanbansteuerung in Fertigung und Montage, Auftragsvorgabe durch die Werkstatt, Lieferung ab Werk),
> - der *Strukturen* (räumliche und funktionale Integration von Auftragszentrum, Fertigung und Versand sowie disziplinarische Integration der Qualitätsprüfung zu einer organisatorischen Einheit, Reduzierung der Arbeitsteilung, Produktverantwortung in einer Hand),
> - der *Systeme* (tagesaktuelle und auftragsbezogene DV-Dispositionsverfahren, maschinelle Postgebührenermittlung und Postlistenausfertigung, Liefervereinbarungen mit den Kunden, Fernschreiben als Auftragspapier)
> - und der*Menschen* (Selbststeuerung der Arbeitsgruppen, Selbstkoordinierte Job-Rotation über die Kanbankreise, Qualitäts-Zirkel).
>
> Aufgrund dieser ganzheitlichen, logistischen Vorgehensweise konnten mit einem relativ geringen Aufwand (keine Veränderungen der Fertigungskapazitäten!) erhebliche Verbesserungen erzielt werden: Reduzierung der Lieferzeit um 95 Prozent (von drei Wochen auf einen Tag), Reduzierung der Durchlaufzeit um 30 Prozent sowie Reduzierung der Bestände um 15 Prozent; und dies alles bei einer deutlichen Erhöhung des Umsatzes. Die Fertigung ist flexibel, transparent und überschaubar, wodurch nicht zuletzt auch ein entscheidender Faktor der Leistungsmotivation positiv beeinflußt wurde - das 'Wir-Gefühl' der Mitarbeiter in dieser Einheit."

Insgesamt kann man festhalten, daß nach Einführung von Gruppenarbeit in Untersuchungen immer wieder z.T. äußerst positive Effekte für das Unternehmen ermittelt wurden, wobei man nicht zweifelsfrei feststellen kann, in welchem Umfang diese Effekte ausschließlich auf die Gruppenarbeit zurückzuführen sind.

2.1.2. Effekte für die Mitarbeiter

Wenn auch die personellen Aspekte in den letzten Jahren etwas in den Hintergrund getreten sind, bilden sie den indirekten "Hebel", die zumeist im Vordergrund stehenden betrieblich-ökonomischen Effekte zu erreichen. In der Literatur (z.B. NEUBERGER, 1991; ROSENSTIEL, 1992) werden folgende, mit der Einführung von Gruppenarbeit verbundene positiven Effekte auf der Seite der Mitarbeiter genannt:

Forderungen nach einer selbstbestimmten, interessanten Arbeit

Demokratisierungstendenzen und der gesellschaftliche Wertewandel führen zu einer Legitimationskrise stark arbeitsteiliger, hierarchisch-direktiver Strukturen, da wesentliche Bedürfnisse der Mitarbeiter nicht mehr befriedigt werden können. So wurde in Untersuchungen zur Motivation (siehe in zusammenfassender Form z.B. STAEHLE, 1989: 200 ff) und zum Wandel der Arbeitsmoral (z.B. von STRÜMPEL, 1977: 55 ff) festgestellt, daß Forderungen der Mitarbeiter nach einer anspruchsvollen, interessanten, abwechslungsreichen, verantwortungsvollen Tätigkeit, bei der sie auch in Kontakt mit anderen treten können, eine große Bedeutung haben. Über Gruppen- und Teamarbeit können diese Bedürfnisse in einem hohen Maß befriedigt werden.

Anreicherung der Arbeitsinhalte

In Gruppen erhalten die Mitarbeiter Möglichkeiten, Probleme selbstverantwortlich zusammen mit Kollegen zu bearbeiten, oder die für die Arbeit der Gruppen wesentlichen Planungs-, Steuerungs- und Kontrollaufgaben selbst zu bestimmen. Hierdurch entsteht für die Mitarbeiter ein größerer Handlungsspielraum und es wird eine Anreicherung der Arbeitsinhalte realisiert.

Entwicklung der Persönlichkeit

In Gruppen entwickeln Mitarbeiter erfahrungsgemäß Fähigkeiten, offen zu kommunizieren, interessierende Themen bzw. strittige Fragen zu diskutieren und unterschiedliche Interessen sowie Konflikte mit anderen Menschen auszutragen. In diesem Sinne beinhaltet die Mitarbeit in Gruppen zumeist auch Elemente einer Persönlichkeitsentwicklung bzw. das, was man als Entwicklung der sozialen Kompetenz bezeichnet.

Befriedigung sozialer Bedürfnisse

Wie SCHMIDTCHEN (1984) in seinen Untersuchungen zur Arbeitsmoral in der Metallindustrie festgestellt hat, drückt sich der gesellschaftliche Wertewandel vor allem in einem Übergang zum "kommunikativen Lebensstil" aus. Die Pflege zwischenmenschlicher Kontakte in der Form: "Seine eigene Meinung deutlich machen, wenn es notwendig ist"; "Offenheit, sich gegenseitig gut informieren"; "Auf andere eingehen, zuhören, was andere sagen"; "Für andere dasein", haben eine hohe Bedeutung und werden zu einem wesentlichen Motivator. Die Möglichkeit, "ein guter Partner im Team zu sein", wurde von 54 Prozent der Befragten als sehr wichtig betrachtet und steht an erster Stelle der Bedürfnisse. Im Kontakt mit Kollegen innerhalb der Gruppe erhalten die Mitarbeiter Möglichkeiten zum Aufbau zwischenmenschlicher Beziehungen; die Gruppe bietet Gelegenheiten zur Selbsterfahrung und sozialer Anerkennung, sowie Unterstützung und Verstärkung bei der Lösung der täglichen (persönlichen und beruflichen) Probleme.

Förderung der fachlichen Kompetenz

Durch Gruppenarbeit können Mitarbeiter ihre fachliche Kompetenz erweitern, indem sie lernen, Probleme gezielter anzugehen und zu lösen; konfrontiert werden mit Informationen aus vor- und nachgelagerten Arbeitsgängen und dadurch in die Lage versetzt werden, fachlich kompetenter zu handeln.

Bessere Orientierung

Durch die Arbeit in Gruppen erhalten die Mitarbeiter Informationen über betriebliche Gegebenheiten und Zusammenhänge: Über die Ziele des Unternehmens oder von Teilbereichen, über Probleme in der eigenen bzw. in vor- und nachgelagerten Abteilungen, über erreichte Ergebnisse... Diese Informationen fördern das Verständnis für die eigene Arbeit, die Orientierung innerhalb der Organisation und erhöhen u. U. das Engagement für das Unternehmen.

In Bezug auf die Mitarbeiter berichten PALASS & RISCH (1992: 309) über folgende Effekte nach Einführung von teilautonomen Arbeitsgruppen bei OPEL im Werk Bochum:

"Als unabhängige Beobachter haben (.) Wissenschaftler von der Sozialforschungsstelle Dortmund in bisher zwei Befragungen erkundet, was die Opel-Mitarbeiter quer durch die Bank von der Gruppenarbeit halten. Wichtigstes Ergebnis: Fast 60 Prozent der Befragten schätzten die neue Arbeitsorganisation positiv bis sehr positiv ein. Weniger als zehn Prozent fällten ein negatives Gesamturteil. Im Vergleich mit Kollegen an traditionellen Arbeitsplätzen waren die Gruppenarbeiter insgesamt zufriedener mit ihrer Situation. Sie lobten insgesamt mehr Abwechslung, bessere Karrierechancen, die Anforderungen an ihre Qualifikation, waren zufriedener im Umgang mit dem Vorgesetzten und in ihren täglichen Aufgaben. (...)
Drei Viertel der Gruppenarbeiter empfanden (.) für ihre Arbeit ein starkes bis sehr starkes Verantwortungsgefühl. Nur vier Prozent war alles egal, während in der traditionellen Organisation fast 20 Prozent diese Haltung vertraten. Gleichzeitig fühlten sich die Teamworker deutlich weniger kontrolliert. Ganz vorsichtig schließen die Sozialforscher daraus, daß hier 'jahrzehntelang eingeübte Fremdkontrolle allmählich abgelöst wird durch eigenverantwortliches Denken und Handeln'. Und das sei schließlich die Voraussetzung für den Erfolg von Gruppenarbeit."

In den Untersuchung bei OPEL wurden aber auch Negativpunkte und Bedingungen für die Gruppenarbeit aus der Sicht der Mitarbeiter festgestellt:

"So fühlte sich gut die Hälfte der Teamworker unter ständigem Zeitdruck. Und das, so die Dortmunder Sozialforscher, läßt sich nicht durch die Erhöhung der Produktion erklären. Vielmehr lägen die Ursachen in der Übernahme zusätzlicher Tätigkeiten, wie etwa dem gegenseitigen Training am Arbeitsplatz oder Hilfestellung für einen Kollegen. Auch der Wechsel zwischen mehreren Maschinen mit unterschiedlicher Bedienung belastet.(...) Außerdem gab es öfter mal Krach mit den Kollegen, denn wo plötzlich Meinung gefragt ist, können Meinungen auch aufeinanderprallen.
Allerdings hielten knapp 70 Prozent der Gruppenmitglieder Veränderungen bei der Qualifizierung für erforderlich, und gut 57 Prozent wünschten sich Änderungen bei den Mitsprachemöglichkeiten."

In einer Befragung der 100 umsatzstärksten Industrieunternehmen der Bundesrepublik im Jahre 1989/90 wurden - in Bezug auf eingeführte Qualitätszirkel - sowohl im sozialen wie auch im ökonomischen Bereich positive Effekte festgestellt, deren Ergebnisse BUNGARD & ANTONI (1993: 387) wie folgt zusammenfassen:

"In den Augen der befragten betrieblichen Experten (i.d.R. waren dies die verantwortlichen QZ-Koordinatoren) überwogen dabei die sozialen Effekte, wie z.B. die Verbesserung der Zusammenarbeit, der Mitsprachemöglichkeiten, der Qualifikation und der Arbeitsbedingungen, die ökonomischen Auswirkungen, wie z.B. die Verbesserung der Qualität und der Produktivität deutlich".

2.1.3. Die Einführung von Gruppenarbeit als Teil von umfassenden Restrukturierungsansätzen

Während es in den früheren Versuchen, Gruppenarbeit in Unternehmen einzuführen, vor allem darum ging, (einseitig) Arbeit zu humanisieren, werden, wie bereits zuvor am Beispiel SIEMENS (S.24) dargestellt, in den Lean- und Reengineering-Konzeptionen unterschiedliche Methoden und Instrumente aus verschiedenen Bereichen mit der Gruppenarbeit zu einem Maßnahmenbündel vereint:

- Produktionsprogramme werden entschlackt, die Typenvielfalt reduziert und die Fertigungstiefe reduziert;
- Produktentwicklungsprozesse werden in Gruppen organisiert und simultan realisiert;
- man geht weg von der Massenfertigung und produziert, oft sogar auftragsbezogen, auch kleinere Losgrößen;
- die Aufgabenbereiche werden prozessual organisiert und rein funktionale Gliederungen weitgehend aufgehoben;
- die Gruppen übernehmen für ihren Arbeitsbereich planende, organisierende und kontrollierende Aufgaben und handeln selbstverantwortlich und selbststeuernd;
- Informationen werden dezentralisiert und stehen z.B. auch an den Arbeitsplätzen in der Produktion zur Verfügung;
- die betriebliche Materialversorgung wird in Richtung just in time und Kanban umgestaltet, um den Kapitalbedarf zu verringern und die Materialbereitstellungsvorgänge zu optimieren;

- Prozesse und Verfahrensweisen werden durch Problemlösungsaktivitäten hinsichtlich: Zeit, Kosten, Qualität, Kundenorientierung ständig überprüft und optimiert.

Diese umfassendere Vorgehensweise soll am Beispiel METTLER-TOLEDO (SCHNEIDER, 1993; weitere Ausführungen zu diesem Beispiel siehe TIKART, 1993) dargestellt werden:

> "Die schwäbische Firma würde heute wohl kaum noch existieren, hätten sich Tikart - damals noch Produktionsleiter - und der frühere Mettler-Toledo-Chef Jochen Wienbeck nicht Mitte der 80er Jahre zu einem drastischen Kurswechsel entschlossen. Denn die Albstädter, die damals rund 45 Millionen Mark umsetzten und gut 650 Beschäftigte zählten, machten Verluste in Millionenhöhe. Wichtigster Grund war die ausschließlich nach dem geplanten Produktprogramm ausgerichtete, unflexible und teure Produktion, die den schnell wechselnden Bedürfnissen der Kunden (...) nicht gerecht wurde.(.)
> Ihm und Wienbeck war bald klar, daß sie die Firma von Grund auf renovieren mußten. Tikart: 'Wir begriffen, daß wir uns, um zu überleben, ausschließlich nach den Marktbedürfnissen richten müssen. Das heißt, wir benötigen die gleiche Dynamik wie die Märkte.'(.) Doch die gewünschte Dynamik, das war von vornherein klar, erforderte mehr. Tikart: 'Wir mußten zugleich Bedingungen schaffen, in denen sich kreatives Potential entfalten kann.' (...)
> Um dahin zu kommen, das war für das Duo ebenso unzweifelhaft, mußte Mettler-Toledo nicht nur weitaus schlanker werden, sondern Produktion und Organisation vollkommen umstellen.(.)
> Möglichst wie Zellen in einem Organismus, die zwar einander ähnlich sind, aber in den verschiedenen Organen unterschiedliche Aufgaben haben, sollten auch Gruppen und Teams arbeiten. Danach agieren die Einheiten, die zueinander in einem Verhältnis wie Kunden und Dienstleister stehen, nach folgenden Prinzipien:
> - Die Selbststeuerung verlangt eine Verlagerung von Kompetenzen auf die untersten Hierarchieebenen in einem vorgegebenen Rahmen. Konkret heißt das, daß den Teams überlassen wird, wie sie ihre Aufträge vollständig und pünktlich erfüllen. Tikart: 'Das ist eine echte Abkehr von aller Besserwisserei.'
> - Die Funktionsintegration bedeutet eine Aufhebung der Arbeitsteilung und hat geschlossene Prozesse zum Ziel. Die Folge für die Montage: Fast jeder ist an jedem Arbeitsplatz einsetzbar, die herkömmlichen Arbeitsplatzbeschreibungen werden zu Makulatur.

- Die Eigenverantwortung nimmt den einzelnen in die Pflicht. Für Tikart ist dieses Prinzip von allen am schwierigsten umzusetzen, funktioniert nun aber dennoch bestens.(.)
Diesem Ideal (einer sich selbststeuernden, fraktalen Organisation; H.-K.W.) kommt Mettler-Toledo heute so nahe wie kaum ein anderes Unternehmen:
- In der streng absatzgesteuerten Produktion (.) ist die Arbeitsteilung aufgehoben. Aufträge werden von eigenverantwortlichen Teams abgewickelt, in denen jeder Monteur die Technik von mehr als zwei Dritteln des mehrere hundert Waagentypen umfassenden Sortiments beherrscht und für die vollständige Herstellung eines Geräts - einschließlich Verpackung und Etikettierung - zuständig ist.(.) Zugleich installierten die Albstädter einen simplen, aber effizienten und kostensparenden Regelkreis zwischen der Montage und den Zulieferern, indem sie den Materialfluß über Behältnisse steuern (.).
- Alle früheren zentralen Bereiche, die mit neuen Produkten zu tun haben, also Marketing, die F + E-Abteilung oder die Produktionsplanung, wurden schon vor Jahren aufgelöst und die Mitarbeiter in Teams für eine sogenannte synchrone Produktentwicklung (SPE-Teams) zusammengefaßt. Derzeit arbeiten in Albstadt fünf Teams mit jeweils bis zu sieben Spezialisten, die für die von ihnen betreuten Projekte vom Erspüren der Marktchance bis zur Einführung eines neuen Produkts verantwortlich sind - sie treiben Marketing, entwickeln die Arbeitsplanung, kalkulieren, schreiben die technischen Dokumentationen sowie Service-Manuals und schulen Techniker ebenso wie Verkäufer. (.)
Das neue Konzept griff überraschend schnell, schon 1988 schrieb die schwäbische Firma wieder schwarze Zahlen. Denn die Rechnung des Albstädter Managements ging voll auf: Mit der neuen Organisation kann Mettler-Toledo bis heute wöchentliche Schwankungen des Absatzes von 50 bis 200 Prozent - gemessen am Durchschnitt - ausgleichen und jede Mini-Order (Tikart: 'Wir liefern auch Losgröße eins') profitabel erfüllen."

Der Erfolg von diesen in der Management-Literatur in letzter Zeit auch unter dem Begriff Reengineering beschriebenen Restrukturierungsmethoden liegt in der Verbindung von

- prozessualen (z.B. just in time, Kanban),
- strukturellen (z.B. aufbau- und ablauforganisatorische Maßnahmen),
- informationstechnologischen (z.B. dezentrale Informationsverarbeitung),
- und personellen (z.B. teilautonome Arbeitsgruppen, Qualitätszirkel)

Maßnahmen, wobei dem Gruppengedanken, wie verschiedene Autoren (so z.B.: HAMMER & CHAMPY, 1994; PETERS, 1988 und 1993; WATERMAN, 1994) betonen, eine zentrale Bedeutung zukommt.

NEUBERGER (1991: 202 f) faßt die Anlässe und Notwendigkeiten zur Einführung von Gruppenaktivitäten aus organisationspsychologischer Sicht wie folgt zusammen:

> "Erst in jüngster Zeit wird klarer erkannt, daß Zwischen-Mensch-Beziehungen durch die (veränderte) 'Natur' der Arbeit gefordert werden und nicht kosmetisches Beiwerk sind, das jederzeit verweigert werden kann, wenn Verwertungsnotwendigkeiten entgegenstehen. Es geht seitdem um die Nutzung der Human Ressources, also jener Wertstoffe, die durch den Menschen bereitgestellt werden.
> Im vorliegenden Zusammenhang interessiert vor allem die Leistungsrelevanz der Zusammen-Arbeit, die durch Veränderungen in den Produktionskonzepten (Flexibilisierung, Individualisierung, Entkoppelung, Selbstorganisation, Selbstkontrolle, Dezentralisierung, Professionalisierung der vormals lediglich 'Ausführenden') als eigenständiger und wichtiger Erfolgsfaktor erkannt wurde. (...)
> Es ist inzwischen nicht nur 'normal', sondern unverzichtbar, Zusammen-Arbeit als Schlüsselgröße anzusehen und zu gestalten: Einzelleistungen lassen sich nicht mehr exakt abgrenzen und kontrollieren; Schnittstellenprobleme nehmen wegen der typischen Vernetzung zu (es kommt nicht mehr auf die bestmögliche Arbeit an einer einzelnen Stelle, sondern auf die bestmögliche Integration der Arbeiten an verschiedenen Stellen an); die Ausführenden sind die Experten, die über Spezialwissen verfügen, das von keinem übergeordneten Experten besessen wird oder gar korrigiert werden könnte.(...)
> Auf diesem Hintergrund sind die in jüngster Zeit verstärkt diskutierten und trainierten Varianten der (institutionalisierten) Zusammenarbeit zu sehen: Der frühere Appell zur Teamarbeit konkretisiert sich zum Programm. Es werden Qualitätszirkel durchgeführt, Integrations-Positionen geschaffen, Projektorganisationen eingerichtet, (teil-)autonome Arbeitsgruppen etabliert usw.(...)
> In der Praxis der Gruppenentwicklung sind dafür verschiedene Vorgehensweisen entwickelt worden. Zu Zeiten der Hochblüte von Gruppendynamik, Sensitivity Training und Organisationsentwicklung sind andere Akzente gesetzt worden als etwa heute bei Adaptionen von Lernstatt- und Qualitätszirkel-Methoden."

2.2. Entwicklung der Gruppenarbeit in Unternehmen

Wie WIENDIECK (1993: 303) ausführt, müßte "bei soviel Vorzügen" mit "einer großen Verbreitung von Gruppenaktivitäten in der Wirtschaft gerechnet werden". Insgesamt gesehen hat die Gruppenarbeit jedoch in wenigen Unternehmen wirklich Tritt gefaßt. So berichten GOTTSCHALL & RÜSSMANN (1989: 219 f), daß nach einer Schätzung des Rationalisierungs-Kuratoriums der Deutschen Wirtschaft (RKW) von den 100 größten Unternehmen schätzungsweise etwa 50 bis 55 "teilautonome Diskussionsrunden" (was immer auch damit gemeint ist) installiert hätten. Darüber hinaus würden noch ca. 350 mittelständische Unternehmen Teamaktivitäten pflegen. Außerdem sollen noch ca. 1500 Unternehmen mit dem Gruppenmodell experimentieren, doch wäre damit zu rechnen, daß diese Aktivitäten weitgehend wieder versanden.

Nach einer von ANTONI, BUNGARD & LEHNERT (1992: 117) bei den 100 umsatzgrößten, deutschen Industrieunternehmen in den Jahren 1989/90 durchgeführten Erhebung über den Einsatz von Problemlösungsgruppen, hatten 50 Unternehmen solche Gruppen eingeführt, weitere 37 Unternehmen planten den Einsatz solcher Gruppen. In der Zeit von 1985 bis 1989/90 hat sich die Anzahl der installierten Problemlösungsgruppen von 40 auf 50 erhöht.

Bereits im Jahr 1983 sollen, nach einem Bericht von GOTTSCHALL (1983: 86), in Japan schätzungsweise 1 Million Qualitätszirkel installiert gewesen sein; rund 10 Millionen japanische Arbeitnehmer sollen sich zu diesem Zeitpunkt regelmäßig mit Fragen der Produktverbesserung und Qualitätssicherung in Gruppen beschäftigt haben. Wie IMAI (1992: 213) berichtet, gibt es, nach einer Erhebung des japanischen Arbeitsministeriums, in jedem zweiten japanischen Betrieb mit mehr als 1000 Beschäftigten Gruppenarbeit; bisher wurden allein vom Junior Executive Council of Japan mehr als 100 000 Gruppenleiter in Zwei- bis Drei-Tages-Trainings ausgebildet.

Die Anzahl der Mitarbeiter, die in der Bundesrepublik in Gruppen integriert sind, ist noch wesentlich geringer als der Anteil der Unternehmen, in denen Gruppenarbeit eingeführt wurde. Nach der Veröffentlichungen von WOMACK et al. (1992: 97) über den Integrationsgrad von Mitarbeitern der

Automobilindustrie in Teams kann man davon ausgehen, daß der Anteil der in Gruppen integrierten Mitarbeiter in Europa bei ca. 1 Prozent liegt - in Japan bzw. bei japanischen Unternehmen gehörenden Werken in den USA hingegen bei ca. 70 Prozent. Nach den Ergebnissen einer IG-Metall-Studie über den Stand der Gruppenarbeit in der deutschen Automobilindustrie, veröffentlicht im *Spiegel* vom 22.11.1993, arbeiten zwischenzeitlich ca. 10 Prozent der Beschäftigten in (teilautonomen) Gruppen. Weiter berichtet der *Spiegel* über die Ergebnisse der IG-Metall-Studie:

> "Japanische Konkurrenten wie Toyota montieren ihre Automobile ausschließlich in Gruppenarbeit, sie sind in dieser Methode produktiver als die traditionell arbeitenden Deutschen. Das japanische Vorbild wird zwischenzeitlich in vielen Managementbüchern gepriesen, in der Praxis aber kaum nachgeahmt. Bei BMW arbeiten 1,9 Prozent der Arbeiter in Gruppen, bei Audi und Mercedes je knapp 8 Prozent, bei Ford 1,2 Prozent, bei VW knapp 9 Prozent. In den westdeutschen Opel-Fabriken liegt der Anteil immerhin bei fast einem Drittel. Am weitesten sind die Ostdeutschen: Opel in Eisenach, die modernste Autofabrik Europas, fertigt alles in Gruppen."

Haupteinsatzbereiche für Gruppen sind nach den Erhebungen von ANTONI, BUNGARD & LEHNERT (1992): die Produktion (38 Nennungen von 100 befragten Unternehmen), der Absatz- und F+E-Bereich (jeweils 12 Nennungen). Bereichsübergreifende Gruppen haben (mit 10 Nennungen) offensichtlich keine allzugroße Bedeutung. Vergleicht man die z.T. etwas zurückliegenden und nicht immer repräsentativen und vollständigen Daten miteinander, kann man doch feststellen, daß die Gruppenarbeit in japanischen Unternehmen - und zwischenzeitlich sicher auch in vielen amerikanischen Unternehmen - eine wesentlich höhere Bedeutung hat.

2.3. Formen von Gruppen

In den letzten Jahren ist ein Wildwuchs von Gruppenkonzepten zu beobachten der z.T. verbunden ist mit erheblichen begrifflichen Unklarheiten. Selten ist klar, was z.B. unter Gruppenarbeit, Gruppenfertigung, Fertigungsinseln, teilautonomen Gruppen, Projektgruppen, Qualitätszirkeln, Lernstattmodellen... verstanden wird. In Anlehnung an einen Vorschlag von BUNGARD &

ANTONI (1993: 382 f) werden in den folgenden Ausführungen die verschiedenen Gruppenkonzeptionen nach zwei Dimensionen geordnet (siehe Abbildung 1):

- die Art der organisatorischen Einbindung in das Unternehmen (sind die Gruppen ein Bestandteil der Organisation, oder stehen sie außerhalb der "regulären" Organisation?);
- die Dauer der Zusammenarbeit (arbeiten die Gruppen dauerhaft und/oder kontinuierlich im Sinne von Arbeits-Gruppen zusammen oder lediglich temporär, von Zeit zu Zeit?).

		Zusammenarbeit	
		kontinuierlich, dauerhaft	temporär, nur von Zeit zu Zeit
Organisatorische Verankerung	integrierter Bestandteil der gegebenen Organisation	Teilautonome Arbeitsgruppen (2.3.1.) Team-Work-Management (2.3.2.)	Qualitätszirkel Werkstattzirkel (2.3.3.) Lernstatt (2.3.4.)
	außerhalb, parallel zur gegebenen Organisation	Projektgruppen (2.3.5.)	Wertanalysegruppen (2.3.6.) Werkstatt des Wandels (2.3.7.)

Abbildung 1: Formen von Gruppen in Unternehmen

Dieses Ordnungsschema soll auch verdeutlichen, daß man bei unterschiedlichen Gruppenkonzeptionen unterschiedliche Voraussetzungen organisatorischer und personeller Art zu erfüllen hat. So hat beispielsweise die Einführung von teilautonomen Arbeitsgruppen, also Gruppen, die dauerhaft zusammenarbeiten und einen Bestandteil der regulären Organisation bilden, ganz andere Auswirkungen auf die organisatorische Gestaltung und die mit der Einführung verbundenen Prozesse als die Einführung von Qualitätszirkeln, also Gruppen, die kein Bestandteil der regulären Organisation sind und nur temporär zusammenarbeiten. In den weiteren Ausführungen werden die verschiedenen Gruppenformen in ihren Grundzügen beschrieben.

2.3.1. Teilautonome Arbeitsgruppen

Mit dem Begriff "teilautonome Arbeitsgruppe" bezeichnet man organisatorische Gruppen, die folgende Merkmale aufweisen:

- Kleine, sechs bis (maximal) zwanzig Personen umfassende,
- funktionale Einheiten einer regulären Organisation,
- denen die Erstellung eines kompletten Produkts / Teilprodukts oder einer sonstigen Leistung (Kernaufgaben),
- sowie die Kernaufgaben indirekt unterstützende Aufgaben,
- eigenverantwortlich übertragen werden;
- wobei die Gruppen in Erfüllung ihrer Aufgaben weitgehend selbständig handeln
- und neben den Kernaufgaben auch Planungs-, Organisations-, Steuerungs- und Kontrollaufgaben übernehmen.

Arbeitsgruppen haben eine relativ lange Geschichte. Sie wurden (unter dem Begriff Gruppenfabrikation) erstmals Anfang der 20-er Jahre von LANG & HELLPACH konzipiert. LANG & HELLPACH (1922; zit. n. BUNGARD & ANTONI, 1993: 392) beschreiben den Aufbau einer Fabrik nach dem Prinzip der Gruppenfabrikation wie folgt:

> "Dabei werden, fußend auf der Aufbauart der kleinen mechanischen Werkstätte, Fabrikationsgruppen gebildet, die sich aus allen Arten von Werkzeugmaschinen zusammensetzen und außer Maschinenarbeitern noch Schlosser und andere Arbeiter umfassen. Die Fabrikationsaufgabe einer solchen Gruppe ist die Fertigbearbeitung einer gewissen Anzahl verschiedener zusammengehöriger Teile, die miteinander einen in sich abgeschlossenen wesentlichen Bestandteil des Gesamterzeugnisses bilden. Eine solche Fabrikationsgruppe ist in sich geschlossen und von anderen Bearbeitungsabteilungen unabhängig".

Von LANG & HELLPACH angesprochen wurden in diesem Zusammenhang auch die Einführung von Eigenkontrollen und die Notwendigkeit, daß die Arbeiter - zur Förderung ihres Verantwortungsgefühls - Kenntnis über vor- bzw. nachgelagerte Arbeitsgänge erhalten.

Die Geburtsstunde der teilautonomen Arbeitsgruppen war Anfang der 50-er Jahre, als auf Initiative und in Begleitung des Londoner Tavistock-Institute diese Gruppenarbeitsform erstmals in englischen Bergwerken eingeführt und erprobt wurde. Ausgangspunkt für die zwischenzeitlich doch relativ große Verbreitung von teilautonomen Arbeitsgruppen waren die positiven Erfahrungen von VOLVO in den 70-er Jahren im Werk Kalmar und Uddevalla mit dieser Art der Gruppenarbeit. In den 90-er Jahren wurde die Beschäftigung mit teilautonomen Arbeitsgruppen wieder verstärkt durch die äußerst positiven Erfahrungen in der "New United Motor Manufactoring Inc." (NUMMI), einem joint-venture-Unternehmen von GENERAL MOTORS und TOYOTA in Fremont (USA), über die WOMACK et al. (1992) berichten. Wenn man heute im Zusammenhang mit Lean- oder Reengineering-Konzeptionen über Gruppen- oder Teamarbeit spricht, meint man in der Regel teilautonome Arbeitsgruppen.

Bei der Einrichtung von teilautonomen Arbeitsgruppen stehen die Übertragung von Eigenverantwortung, das Selbstregulationsprinzip sowie die Erweiterung des Handlungsspielraums im Vordergrund. Die Gruppen sollen als soziotechnische Einheiten auf der Basis von ständiger Kommunikation und Interaktion selbständig handeln und entscheiden. Außerdem sollen die Gruppenmitglieder die Möglichkeit erhalten, durch Job-Rotation in verschiedenen Tätigkeiten Erfahrungen zu sammeln und ihre Fähigkeiten (Skills) zu erweitern. Über diese Grundgedanken hinaus, werden bei der Einrichtung von teilautonomen Arbeitsgruppen heute oft umfassende organisatorische Veränderungen in der Aufgabengestaltung und -verteilung vorgenommen. So werden neben den Kernaufgaben (z.B. Montage der Maschinentypen "A" und "B") den Gruppen Planungs-, Organisations-, Steuerungs- und Kontrollaufgaben zugeordnet. Weiterhin können diesen Gruppen Aufgaben in der Materialbeschaffung für das von ihnen gefertigte Produktionsspektrum oder im Servicebereich (z.B. Wartung und Instandhaltung von Fertigungsmaschinen) zugeordnet werden. Insgesamt bedeutet dies, daß mit der Einführung von teilautonomen Gruppen, wie in Abbildung 2 dargestellt, umfassende organisatorische Umgestaltungsmaßnahmen in Richtung einer prozessualen Organisation verbunden sind und die Gruppe ein in sich geschlossenes und weit über die eigentlichen Kernaufgaben hinausgehendes Aufgabenspektrum erhält. Innerhalb dieses Aufgabenspektrums handelt die Gruppe weitgehend selbständig und in direkter Abstimmung mit anderen Gruppen.

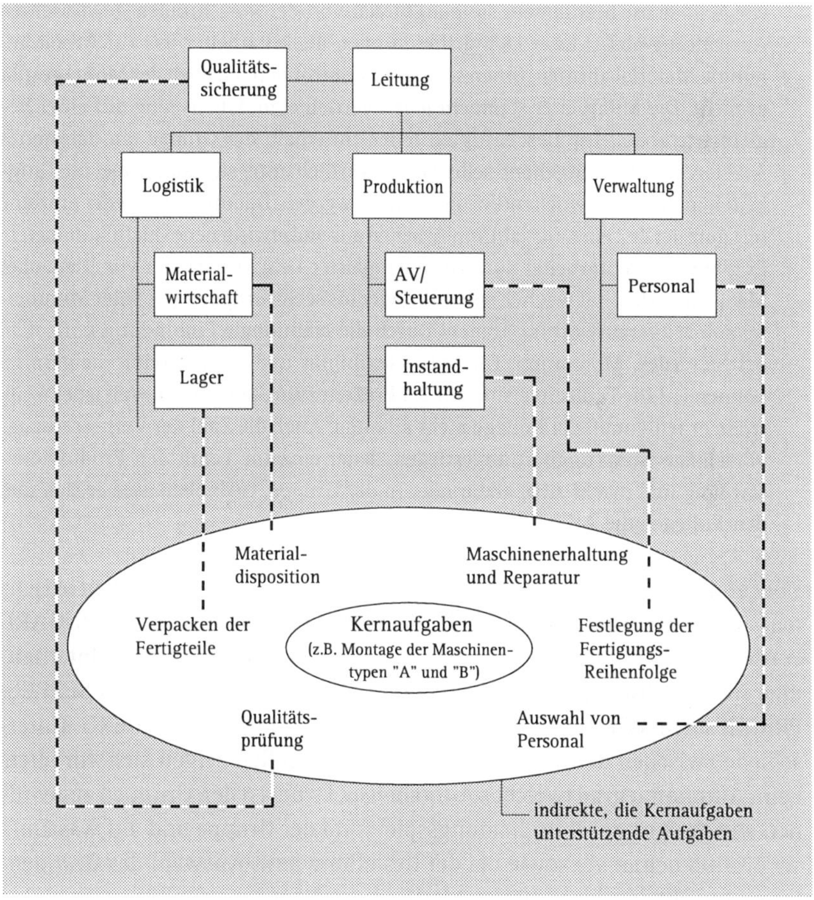

Abbildung 2: Aufbau von teilautonomen Arbeitsgruppen in der Fertigung

Zur Einrichtung von teilautonomen Arbeitsgruppen, die zumeist identisch sind mit dem, was man als Gruppenarbeit, Gruppenfertigung bzw. Fertigungsinseln bezeichnet, gibt es in der Literatur eine Vielzahl von Praxisberichten. Hierzu ein von BLÄSKE (1992) beschriebenes Beispiel:

> Im MERCEDES-Werk Rastatt werden "nur noch 25 Prozent der Arbeiten an konventionellen Fließbändern erledigt. Statt dessen werkeln Gruppen mit 8 bis 12 Mitarbeitern etwa 40 Minuten an einem Fahrzeug, verrichten etwa Montagearbeiten am Unterboden oder bauen Innenteile ein. Die Taktlänge können sie überwiegend selbst bestimmen, sie hängt auch von der vom Kunden gewünschten Ausstattung ab.(...) Über Lichtgriffel können die Mitarbeiter das zur Arbeit benötigte Material abrufen. Einen separaten Kontrollbereich nach der Montage gibt es nicht. Die Mitarbeiter stempeln jeden verrichteten Arbeitsgang auf einer Begleitkarte ab.(...) Die Beschäftigten teilen innerhalb der Gruppe ein definiertes Arbeitsvolumen weitgehend selbstverantwortlich unter sich auf, wobei die Tätigkeiten täglich oder wöchentlich gewechselt werden. Dadurch führt jeder einzelne im Laufe der Zeit eine Vielzahl von Arbeiten aus und erwirbt neue Qualifikationen.(.) Es gibt weder Vorarbeiter noch Gruppenmeister - ein Meister, der vor allem über Menge und Qualität wachen soll, führt vier bis sechs Gruppen.(...) Jeder Mitarbeiter soll Mitverantwortung tragen. Durch die emotionale Einbindung hofft man bei Mercedes, Motivation, Qualität, Flexibilität und Produktivität steigern zu können.(...) Die Fehlzeiten sind auf 3,5 Prozent zurückgegangen, weil jeder weiß, wenn er fehlt, muß der Kollege mehr arbeiten. Auch die Zahl der Verbesserungsvorschläge ist sprunghaft angestiegen. Jeder einzelne kennt den Produktionsfortgang und macht sich, allein oder in der Gruppe, Gedanken, wie er sich und den Kollegen die Arbeit erleichtert."

Über ähnliche Organisationsprinzipien teilautonomer Gruppenarbeit berichten - neben den Praxisbeispielen in dieser Veröffentlichung - z.B. BUNGARD & ANTONI (1993) bei VW, ULICH et al. (1989) über verschiedene Unternehmen in der Schweiz, WARNECKE (1993) bei SULZER-WEISE und SEPPELFRICKE sowie WILDEMANN (1992) bei OPTYL und FREUDENBERG. Unterschiede zwischen den verschiedenen Praxismodellen zeigen sich vor allem beim Autonomiegrad (welches Aufgabenspektrum ist den Gruppen zugeordnet, wie groß ist der Entscheidungsspielraum der Gruppe und auf was kann sie Einfluß nehmen?) sowie bei der Bestellung bzw. Auswahl des Gruppenleiters (macht das der bisherige Meister?; wird der Gruppenleiter von außen oder von der Gruppe selbst bestimmt?).

Teilautonome Arbeitsgruppen können - um einem Mißverständnis vorzubeugen - über den Produktionsbereich hinaus in allen sonstigen betrieblichen Teilbereichen eingeführt werden. Im zuvor dargestellten Praxisbeispiel von METTLER-TOLEDO (S.29 f) ist das ganze Unternehmen nach diesem Prinzip organisiert. Über eine ähnliche Struktur berichten KOCH (bei GORE-TEX; siehe Praxisbeispiel S.95), PETERS (bei TITEFLEX; siehe Praxisbeispiel S.93 f) und WARNECKE (bei LAPP; 1993: 249 f). Auch bei den Reengineering-Konzeptionen werden teilautonome Gruppen, die von HAMMER & CHAMPY (1994) "Prozeßteams" genannt werden, aber weitgehend identisch sind mit den teilautonomen Arbeitsgruppen, über das gesamte Unternehmen hinweg gebildet.

Über die Ergebnisse und Effekte bei der Einführung von teilautonomen Gruppen wird ausschließlich positiv berichtet. Im ökonomischen Bereich werden zumeist folgende Verbesserungen festgestellt: die Produktqualität, Produktivität und Flexibilität entwickeln sich positiv; die Durchlaufzeiten von Aufträgen bzw. Entwicklungen werden kürzer; Absentismus und Fluktuation werden geringer. Auch auf der Seite der Mitarbeiter sind fast durchweg positive Effekte festzustellen: Einseitige physische und psychische Belastungen können verringert werden; soziale und kommunikative Kontaktbedürfnisse werden in einem höheren Maß befriedigt; die Kollegialität und die Bereitschaft, sich gegenseitig zu helfen, verbessern sich; das Interesse und das Engagement für die eigene Arbeit und das Unternehmen erhöhen sich; die Arbeitszufriedenheit steigt.

Bei der Einführung von teilautonomen Arbeitsgruppen werden, wie bei anderen größeren organisatorischen Veränderungen, zwangsläufig Widerstände und Konflikte auftreten. Ganz generell gilt: Je mehr Autonomie und Aufgaben den Gruppen übertragen werden, desto weitreichender sind die Auswirkungen auf die Organisations- und Führungsstruktur, desto mehr Widerstände und Konflikte können auf den unteren und mittleren Führungsebenen auftreten. Diese lassen sich nur durch ein klares Bekenntnis aller Führungskräfte für diese Organisationsform, umfassende Vorbereitung und Information aller Betroffenen, sowie durch den Prozeß begleitende Aus- und Weiterbildungsmaßnahmen abschwächen.

2.3.2. Team-Work-Management

Vor allem die Team-Idee hat bei Managern eine fast magische Bedeutung, deckt sie sich doch, aus Sicht der Manager, weitgehend mit dem Begriff der kooperativen Führung, zu der sie sich durchgehend bekennen, wenn es auch in der Praxis oft anders aussieht. So ergab eine vom Lehrstuhl für Betriebswirtschaft der Universität Kaiserslautern durchgeführte Untersuchung (zit. n. GOTTSCHALL & RÜSSMANN, 1989: 219), daß

> "70 Prozent der Unternehmen Teambildung für einen wesentlichen und dauerhaften Baustein bei der Weiterentwicklung der Führungs- und Organisationsstrukturen halten; 25 Prozent heißen sie zumindest als Problemlösungsstrategie gut".

Exkurs: Was unterscheidet Teams von Gruppen?

Wie BUNGARD & ANTONI (1993: 383) darstellen, wird in Unternehmen eine "Gruppe häufig als Team bezeichnet, um sie von rein formalen Gruppen abzugrenzen, die lediglich durch personelle Zuordnungen zu Vorgesetzten definiert sind und deren Mitglieder nicht notwendigerweise miteinander interagieren." STAEHLE (1989: 242) meint, daß sich Probleme ergeben, "wenn zu begründen ist, welche Personenmehrheit mit der Bezeichnung Gruppe oder Team belegt werden soll". STIEFEL (1993: 35) stellt fest, daß man "den Begriffsinhalt von 'Team' und 'Gruppe' durchaus als deckungsgleich bezeichnen" kann. Dies sind Meinungen, die ich nicht teile. Daß Gruppen und Teams nicht unerhebliche, vor allem qualitative Unterschiede aufweisen, möchte ich in den folgenden Ausführungen darstellen.

Nach ROSENSTIEL (1992: 261) können folgende "wesentliche Definitionsbestandteile" für eine Gruppe angeführt werden:

- Mehrzahl von Personen,
- in direkter Interaktion,
- über eine längere Zeitspanne,
- bei Rollendifferenzierung
- und gemeinsamen Normen,
- verbunden durch ein Wir-Gefühl.

FORSTER faßt seine Beschreibung von Teams, nach Analyse von über 20 Definitionen, wie folgt zusammen (zit. n. WIENDIECK, 1993: 302):

> "Unter einem Team soll eine
> kleine, funktionsgegliederte Arbeitsgruppe
> mit gemeinsamer Zielsetzung,
> relativ intensiven wechselseitigen Beziehungen,
> einem ausgeprägten Gemeinschaftsgeist
> sowie einem relativ starken Gruppenzusammenhalt unter den Mitgliedern
> und damit einer spezifischen Arbeitsform verstanden werden."

Die Definition von ROSENSTIEL zur Gruppe und von FORSTER zum Team unterscheiden sich vor allem darin, daß Teams gemeinsame Ziele haben, daß die wechselseitigen Beziehungen der Team-Mitglieder untereinander intensiv sind und von einem ausgeprägten Gemeinschaftsgeist sowie einem starken Gruppenzusammenhalt getragen werden.

Die von KATZENBACH & SMITH (1993) bei unterschiedlichsten Teams festgestellten Merkmale gehen in eine ähnliche Richtung:

Ziel- und Leistungsorientierung

Teams haben im Gegensatz zu Gruppen ambitionierte, längerfristige Leistungsziele, die einen integrierenden Bestandteil des Teams bilden.

Arbeitsstil

Teams haben im Gegensatz zu Gruppen einen kooperativen Arbeitsstil entwickelt; sie engagieren sich für einen gemeinsamen Arbeitsansatz und tragen kollektive Verantwortung für erzielte Ergebnisse.

Fähigkeiten

Teammitglieder haben im Gegensatz zu Gruppenmitgliedern einander ergänzende Fähigkeiten in folgenden Bereichen entwickelt: fachliche und funktionelle Sachkenntnis, Fähigkeiten zur kooperativen Problemlösung, Fähigkeiten für den kommunikativen Umgang miteinander. (Vor allem die letztgenannten Fähigkeiten können durch Teamentwicklungstrainings gefördert und entwickelt werden.)

Gemeinsame Erfahrungen und Symbole

Teams haben im Gegensatz zu Gruppen Prozesse durchlaufen, die das Team durch gemeinsame Erfahrungen zusammenschweißen und sie entwickeln eine Reihe bevorzugter Symbole, die in vielfältiger Bedeutung vermitteln, was für sie als Team wichtig ist. Die letztgenannten Merkmale werden auch von SHERIF besonders herausgestellt, der in seinen Experimenten mit Gruppen feststellte, daß sich Teams bilden (NEUBERGER, 1991: 208),

> "wenn eine gemeinsame Not bewältigt, ein gemeinsamer Gegner bekämpft (und besiegt) und eine gemeinsame Aufgabe gelöst wird - und wenn die erreichte Gruppen-Identität in Symbolen plakativ ausgedrückt wird (Slogans, Namen, Zeichen, Maskottchen, Sondersprachen usw.)."

Gruppen werden sich, wie KATZENBACH & SMITH (1993: 46) darstellen, "nicht einfach auf Geheiß" zu Teams formieren, sondern sich vielmehr in einem zeitlichen Prozeß durch die Befolgung von Regeln, Übung und Disziplin entwickeln. In diesem Prozeß werden gemeinsam Ziele gesetzt und verfolgt und von allen getragene Arbeitsformen entwickelt, so daß sich die unterschiedlichen Fähigkeiten der Gruppenmitglieder nach und nach ergänzen. In diesem Verlauf entwickelt sich die Gruppe, vor allem durch Überwindung von Hindernissen und gemeinsame Erfolge, zu einer immer leistungsfähiger werdenden Gruppe, die man in diesem relativ fortgeschrittenen Stadium der Zusammenarbeit als "Team" bezeichnen kann, das seine Identität zumeist auch in gemeinsamen Symbolen ausdrückt.

Da sich Teams, vor allem was die Basis, Intensität und Erfahrungen in der Zusammenarbeit betrifft, nicht unerheblich von Gruppen unterscheiden, möchte ich diesen kurzen Exkurs abschließend folgendes festhalten:

- Teams weisen spezifische Merkmale auf, die über die Merkmale von Gruppen hinausgehen: Teams verfolgen (in vielen Fällen) gemeinsame Ziele und entwickeln auf der Basis längerdauernder, intensiver, gemeinsamer Erfahrungen einen starken Gruppenzusammenhalt, einen ausgeprägten Gemeinschaftsgeist sowie gemeinsame Symbole.
- Erfüllen Gruppen in einem hohen Maß die zuvor genannten Merkmale, kann man sie als Team bezeichnen. (Die Begriffe "Team" und "Gruppe" sollten deshalb nicht austauschbar verwendet werden: Nicht jede Gruppe ist ein Team!)

Mit dem hier gewählten Begriff "Team-Work-Management" sollen Gruppenaktivitäten auf den Führungsebenen eines Unternehmens bezeichnet werden. Grundgedanke des Team-Work-Management ist, daß durch eine Poolung der unterschiedlichen Fähigkeiten und Kenntnisse im Führungsbereich positive Gruppeneffekte entstehen, und die nachteiligen Wirkungen der Arbeitsteilung, die auch hier erkennbar sind, reduziert werden. Die Gruppen werden, wie bei den teilautonomen Arbeitsgruppen, von einer organisatorischen Einheit (z.B. ein Hauptabteilungsleiter mit seinen direkt unterstellten Abteilungsleitern) gebildet.

KATZENBACH & SMITH (1993: 32 ff) führen zur Notwendigkeit, Gruppen auch im Führungsbereich eines Unternehmens zu installieren, folgendes aus:

> "Wir sind der Überzeugung, daß das Team - das echte Team, nicht einfach eine Gruppe, die vom Management 'Team' genannt wird - die grundlegende Leistungseinheit für die meisten Organisationen sein sollte, unabhängig von deren Größe.(...)
> Das Top-Management und diejenigen, die von ihm Führung erwarten, müssen gemeinsam die wesentlichen neuen Fähigkeiten, Werte und Verhaltensweisen identifizieren und erlernen, und dann diese Verhaltensweisen zur Aufrechterhaltung einer hohen Leistung institutionalisieren.(...)
> So können Teams bei den umfassenden Veränderungen, denen sich Organisationen heute immer öfter gegenüberstehen, dazu beitragen, der Top-down-Führung Richtung und Qualität zu geben, neue Verhaltensweisen zu fördern und funktionsübergreifende Aktivitäten zu erleichtern.(...) Es ist auch die praktische Möglichkeit, innerhalb einer Organisation unter den Mitarbeitern gemeinsame Vorstellungen über die Zielrichtung zu wecken. Teams können die Hierarchie reaktionsfähig machen, ohne sie zu schwächen, sie können über Grenzen einer Organisation hinweg Prozesse vorantreiben, und sie können bei der Bearbeitung schwieriger Fragen eine Vielzahl von Fähigkeiten nutzen."

Wie könnte das Team-Work-Management gestaltet werden? Zur Beantwortung dieser Frage möchte ich auf die von LIKERT (1972) entwickelten "Merkmale einer neuen Führungstheorie" zurückgreifen. Grundlage dieser Theorie ist, daß LIKERT das herkömmliche Organisationsschema einer "Mann-zu-Mann-Organisation" durch eine "Organisation mittels ineinandergreifender Gruppen" ersetzt (siehe Abbildung 3).

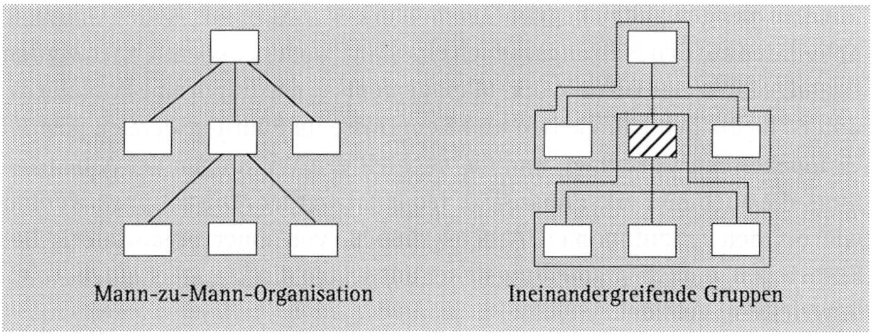

Abbildung 3: Mann-zu-Mann-Organisation und Organisation mittels ineinandergreifender Gruppen

LIKERT legt seiner Organisation ineinandergreifender Gruppen folgende Postulate und Prinzipien zugrunde:

Die zentrale Bedeutung der Gruppen

Wie LIKERT (1972: 103) darstellt, hat "die Unternehmensführung erst dann alle Möglichkeiten der Menschenführung ausgeschöpft, wenn jeder Mitarbeiter einer oder mehreren wirksam funktionierenden Arbeitsgruppen angehört, die einen hohen Grad an Gruppenkohäsion, gute zwischenmenschliche Beziehungen und weitgesteckte Leistungsziele aufweisen". Mit Bezug auf Untersuchungsergebnisse von CARTWRIGHT & ZANDER, führt LIKERT weiter aus:

> "Untersuchungen zeigen zum Beispiel, daß je stärker die Bindung und Loyalität eines Individuums zur Gruppe sind, es desto mehr geneigt ist,
> (1) die Ziele und Entscheide der Gruppe zu akzeptieren;
> (2) die Ziele und Entscheide der Gruppe zu beeinflussen, damit sie mit seinen eigenen Erfahrungen und Zielen übereinstimmen;
> (3) in vollständiger Kommunikation mit den Mitgliedern der Gruppe zu stehen;
> (4) die Kontaktnahme durch andere Gruppenmitglieder zu fördern;
> (5) sich dafür einzusetzen, daß die wichtigsten Ziele und Entscheide der Gruppe erreicht bzw. verwirklicht werden;
> (6) sich so zu verhalten, daß ihm Unterstützung und Anerkennung von den Gruppenmitgliedern (.) zuteil wird".

Das System ineinandergreifender Gruppen

Zur Realisierung einer das ganze Unternehmen umspannenden Gruppenorganisation schlägt LIKERT eine Organisation mittels ineinandergreifender Gruppen nach dem rechtsstehenden Schema in Abbildung 3 vor, bei der die Führungskräfte nicht als isolierte Individuen, sondern als Mitglieder sehr leistungsfähiger Gruppen mit hohen Leistungszielen eingesetzt werden. Die Mitglieder der Gruppe sind in diesem Modell auf horizontaler Ebene verbunden. Der Vorgesetzte versieht die Funktion eines Verbindungsgliedes (linking pin function) zur nächsthöheren Gruppe, deren Mitglied er ist und in der er auch die Interessen seiner Gruppe vertritt. Alle Probleme werden in regelmäßig stattfindenden Gesprächen in der Gruppe diskutiert und auch gemeinsame Entscheidungen gefällt.

Wenn auch LIKERT z.T. von etwas idealistischen Vorstellungen ausgeht, kann man doch die Gedanken der ineinandergreifenden Gruppen als anschauliches Modell für ein Team-Work-Management verwenden, in dem hierarchische Strukturen und Verhältnisse sicherlich nicht aufgehoben sind, aber etwas relativiert werden.

Zusammenfassend könnte man die wesentlichen Aspekte eines Team-Work-Management wie folgt beschreiben:

- In Anlehnung an die formale organisatorische Gliederung
- werden im Führungsbereich sich überlappende Gruppen gebildet;
- die Mitglieder der Gruppen entwickeln einen kooperativen Arbeitsstil,
- setzen sich, unter Berücksichtigung ihrer individuellen Vorstellungen, im Laufe der Zusammenarbeit herausfordernde Leistungsziele,
- diskutieren gemeinsam ihre Probleme,
- treffen gemeinsam Entscheidungen
- und tragen eine kollektive Verantwortung für erreichte Ergebnisse.

2.3.3. Qualitätszirkel / Werkstattzirkel

Mit dem Begriff "Qualitätszirkel" (oder "Werkstattzirkel") bezeichnet man Gruppen, die folgende Merkmale aufweisen:

- Kleine Gesprächsgruppen (sechs bis neun Teilnehmer),
- zusammengesetzt aus Arbeitern, Vorarbeitern und Meistern,
- die im gleichen Bereich arbeiten,
- treffen sich in regelmäßigen Abständen (ca. wöchentlich),
- zu während der Arbeitszeit stattfindenden
- ca. 90-minütigen Sitzungen,
- um unter Leitung bzw. mit Begleitung eines Zirkelleiters,
- vorgegebene oder selbstgewählte Probleme
- des eigenen Arbeitsbereichs zu diskutieren
- und mit Hilfe spezieller Problemlösungstechniken,
- Lösungsvorschläge zu erarbeiten
- und deren Umsetzung zu initiieren und zu kontrollieren.

Weitere Merkmale / Teile einer Qualitätszirkel-Organisation sind:

Die Steuergruppe ("Der Herr")

Sie wird von Mitgliedern der Unternehmens- bzw. Betriebsleitung gebildet und soll als Machtpromotor, vor allem über die Definition der Rahmenbedingungen, das Projekt im Unternehmen verankern und sichern.

Der Koordinator (Förderer)

Der Koordinator hat die Aufgabe, die Qualitätszirkel-Aktivitäten durch organisatorische, sachliche und pädagogische Hilfestellungen zu unterstützen und zu koordinieren; er stellt außerdem das Bindeglied zwischen der Steuergruppe und den Zirkelleitern dar.

Die Zirkelleiter (Moderatoren)

Die Zirkelleiter werden zumeist aus dem Kreis der unteren Führungskräfte rekrutiert. Ihre Aufgabe ist es, die Sitzungen der Qualitätszirkel vorzubereiten und zu leiten. Auf diese Aufgabe werden sie durch ein mehrtägiges Training vorbereitet; hier wird ihnen Wissen über den Sinn und Zweck von Gruppenarbeit vermittelt und sie erlernen die Moderationstechnik sowie Problemlösungsmethoden (Ursache-Wirkungs-Analysen, Pareto-Analysen, Brainstorming-Techniken, Methoden der Datensammlung und Präsentation).

Über die Einführung und Arbeit von Qualitätszirkeln bei VW berichtet GOTTSCHALL (1983: 88):

> "Im Herbst 1980 wurden beispielsweise bei VW in Wolfsburg zwei Werkstattzirkel eingerichtet. Das Management hatte die Themen gestellt: 'Wie verbessern wir die Qualität beim Pressen der Golf-Seitenteile?' und 'Wie reduzieren wir die Nacharbeit beim Golf- und Jetta-Dach?'.
> Fach- und Bandarbeiter der betroffenen Fertigungsabschnitte bildeten die Gruppen, in der Metaplan-Technik ausgebildete Meister agierten als Moderatoren. Die Gruppen trafen sich in einwöchigem Abstand während der Arbeitszeit; jedes Treffen dauerte 90 Minuten.
> Bei der ersten Zusammenkunft wurden die Teilnehmer in die ungewohnte Arbeitsweise eingeführt; der Leiter des Presswerks ('Der Herr') erläuterte persönlich Sinn und Zweck der Aktion. In der zweiten Sitzung begannen die Arbeiter, nachdem sie über die Kosten von Ausschuß und Nacharbeit informiert worden waren, mit der Suche nach Problemlösungen.(.) Anhand eines Schemas ordneten die VW-Werker mögliche Fehlerursachen den einzelnen Abschnitten des Fertigungsablaufs zu. Dann vertagten sie sich. Beim dritten und vierten Treffen überlegten sie, an welchen Punkten des Produktionsvorgangs sie wohl aufgrund ihrer eigenen Erfahrung in der Lage sein könnten, selbst einzugreifen, Abhilfe zu schaffen.
> Schließlich erstellten beide Gruppen 'Ergebnisposter'. Als Hauptursache machten sie mangelnde Werkzeugreinigung, Mängel in der Führung von Nutzabfall und Schrott und schlechte Beleuchtung zwischen zwei Pressen aus. Beim abschließenden fünften Treffen entschieden sie, welche Lösungsmöglichkeiten sie ihren Vorgesetzten empfehlen wollten."

Anfang der 50-er Jahre wurden, wie DEPPE (1992) berichtet, von den Amerikanern W.E. DEMING und J.M. JURAN auf Initiative der Union of Japanese Scientists and Engineers (JUSE) erste Kurse und Seminare über statistische Qualitätskontrollen und später über Qualitätszirkel in Japan veranstaltet. Mitte der 60-er Jahre waren Qualitätszirkel in japanischen Unternehmen bereits auf breiter Ebene etabliert. Erst Ende der 70-er Jahre wurde die Qualitätszirkel-Idee aus Japan nach Deutschland importiert. Dieses soziotechnische Instrument wurde in den Folgejahren als fernöstliche Wunderwaffe eingesetzt, die zweierlei verspricht: einerseits die Lösung motivationaler Probleme der Mitarbeiter und andererseits eine Erhöhung der Produktivität.

Die Ausdehnung der Qualitätszirkel-Idee erfolgte in Deutschland in mehreren Stufen: Die ersten Qualitätszirkel wurden in größeren Produktionsbetrieben bei FORD und SIEMENS eingeführt, in der zweiten Etappe dann auch in Mittel- und Kleinbetrieben. So waren 1986 bereits in ca. 3.500 Unternehmen Qualitätszirkel installiert. Mitte der 80-er Jahre wurde die Qualitätszirkel-Idee auch auf die nicht-produzierenden Bereiche eines Unternehmens sowie auf Dienstleistungsunternehmen übertragen.

Über die Erfahrungen und Probleme bei der Einführung von Qualitätszirkeln im Büro- und Verwaltungsbereich berichten GOTTSCHALL & RÜSSMANN (1989: 215 f; siehe hierzu auch WELTZ et al., 1989: 86 ff):

> "So startet die Volkswagen AG nach den Werksferien mit drei Angestelltengruppen, deren Tätigkeit durch unterschiedliche Arbeitsstrukturen geprägt ist, in Wolfsburg, Salzgitter und Braunschweig ein Pilotprojekt: Finanzkreditoren, Marketingleute und Mitarbeiter aus dem Aufgabenbereich Planung/Systemanalyse/Logistik sollen jeweils in getrennten Erfahrungszirkeln zusammentreffen und über ihre Arbeit wie ihre Handlungsspielräume sprechen. Für Friedhelm Marziniak, Leiter des VW-Zirkel-Beraterteams in Wolfsburg, der langjährige Erfahrungen mit Werkstattzirkeln nach der Metaplan-Methode besitzt, ist klar: 'Wir können nur überleben, wenn wir die Teamfähigkeit der Angestellten verbessern.' (...)
> Der Handelskonzern Hertie ist schon einen Schritt weiter: Ein in den Hertie-Warenhäusern Frankfurt-Zeil und Berlin Bundesallee im April 1988 begonnenes Projekt wurde vor zwei Monaten abgeschlossen; der Erfahrungsbericht liegt der Geschäftsleitung vor. Daß die Teamaktivitäten fortgeführt werden, gilt als sicher. Denn acht 'Hertianer-Zirkel' (Firmenjargon), moderiert von Abteilungsleitern, Substituten und 'Erstkräften', die jeweils eine Woche lang geschult worden waren, entwickelten zahlreiche effektive Problemlösungen für vereinfachte Abläufe, reibungslosere Zusammenarbeit und nicht zuletzt besseren Kundenservice.(...) 'Die Gruppen lernen langsam, Probleme zu definieren, zu analysieren, zu gewichten', sagt Hertie-Ausbildungsleiterin Hannelore Hirsch. Ihre Hoffnung für die Zukunft: 'Eines Tages verschmilzt die Zirkelarbeit nahtlos mit der täglichen Arbeit.'(...)
> Erste Erfahrungen in verschiedenen Unternehmen mit den Angestelltenzirkeln zeigen, daß sich die Mitarbeiter keineswegs mit hochfliegenden Konzepten beschäftigen, sondern mit Tagesfragen. Sie greifen beispielsweise Ärgernisse auf, die vom Vorgesetzten gern übersehen werden, die Einsatzbereitschaft aber nachhaltig beeinträchtigen.(...) Äußerlich betrachtet, sind solche Einstiegs-

aktivitäten im Angestelltenbereich, die den Mitarbeiter an aufgabenorientiertes gemeinsames Planen und Handeln gewöhnen, oft 'peanuts' (...). Ganz so denken denn auch Vorgesetzte in den meisten Firmen. Sie würgen kreative Prozesse ab, bevor sie beginnen, und glauben, Problemfälle per Dienstanweisung (scheinbar) aus der Welt schaffen zu können. Aber das sind dann nicht die Lösungen der Mitarbeiter, auf die sie stolz sein könnten, kein motivierendes Gruppengespräch kommt zustande, kein Betroffener wird zum engagierten Beteiligten.(.)
'Die Erfahrungen, die bisher im Bürobereich gewonnen wurden, scheinen eher ernüchternd zu sein', resümiert der Göttinger Soziologieprofessor Friedrich Weltz (.). Die Ursache für diesen 'relativen Mißerfolg' sieht der Professor als systembedingt an: 'Qualitätsgruppen bleiben außergewöhnliche und deshalb in der Regel isolierte Maßnahmen, kaum integriert in den betrieblichen Alltag, in die Arbeit der Beschäftigten genausowenig wie in den Aufgabenbereich von Führungskräften und Spezialisten'."

ANTONI, BUNGARD & LEHNERT (1992) haben in ihrer Erhebung festgestellt, daß über Qualitätszirkel nicht unerhebliche ökonomische Vorteile (z.B. in Form von Kosteneinsparungen, Produktivitätserhöhungen, qualitative Verbesserungen) erreicht werden. Gleichzeitig wurden auch auf Seiten der Mitarbeiter positive Effekte (so z.B. bessere Zusammenarbeit, höhere Zufriedenheit und Motivation) festgestellt. Die Ergebnisse der Befragung sind in Abbildung 4 dargestellt. Die Befragten, dies waren in der Regel die Qualitätszirkel-Koordinatoren der Unternehmen, konnten bei der Befragung die einzelnen Kriterien auf einer 6-stufigen Likert-Skala (von: 1 = stimmt gar nicht, bis: 6 = stimmt völlig) bewerten.

Während früher ausschließlich die ökonomischen Aspekte im Vordergrund der Qualitätszirkel-Projekte standen, geht es heute auch darum, soziale und personelle Faktoren positiv zu beeinflussen. So berichtet LICHTENBERGER (1986: 156 f) über die Qualitätszirkel beim OTTO-Versand:

"Der ursprüngliche Plan, den Erfolg der Qualitätszirkel an Einsparungen in Mark und Pfennig umzurechnen, ist bei Otto denn auch schnell wieder fallengelassen worden.(.) Als Instrument der Arbeitsplatz-Einsparung waren Qualitätszirkel nie geplant. 'Unsere Zielsetzung war eine qualitative Verbesserung des Arbeitsklimas', weiß Knop. Unter dem Strich habe sich die Investition deshalb mehr als bezahlt gemacht. Denn:

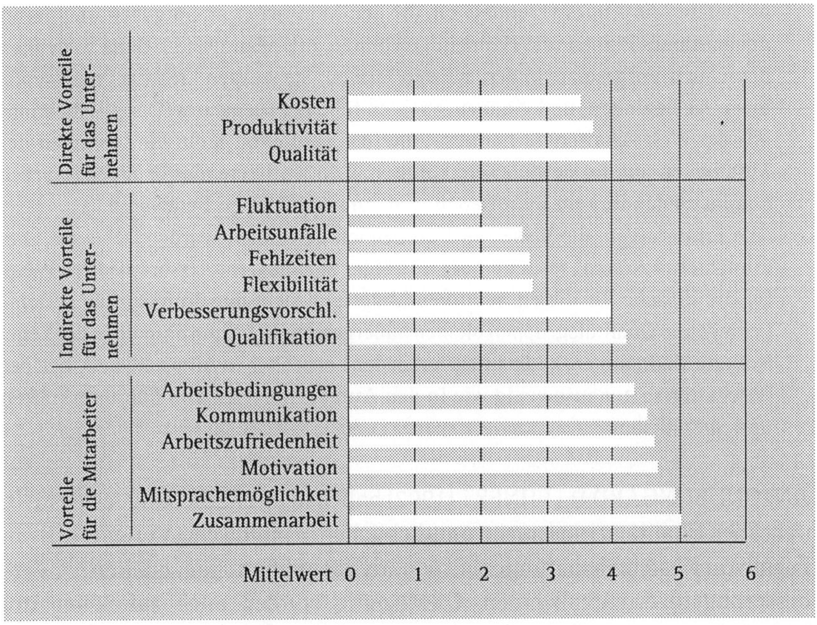

Abbildung 4: Positive Auswirkungen der Qualitätszirkelarbeit

- Die Arbeitszufriedenheit ist gestiegen, was sich etwa durch die geringere Zahl der Beschwerden (.) bemerkbar macht;
- die Bereitschaft, offener miteinander zu reden und auf der untersten hierarchischen Ebene Verantwortung zu übernehmen, hat zugenommen;
- Fehlerquoten und Fehlzeiten sind geringer geworden."

Wie BUNGARD (1991: 480 ff) ausführt, können durch die in den letzten Jahren veränderten personellen und ökonomischen Bedingungen, zukünftig folgende Einsatzgebiete für Qualitätszirkel (vor allem auch im Büro- und Verwaltungsbereich) erschlossen werden:

Qualitätszirkel als funktionale Ergänzung zur Gruppenarbeit

In vielen Fällen werden andere Gruppenaktivitäten (z.B. teilautonome Arbeitsgruppen) mit Qualitätszirkel-Ideen kombiniert.

Qualitätszirkel als Instrument zur Mitarbeiterqualifizierung

Durch Qualitätszirkel können die extrafunktionalen Fähigkeiten der Mitarbeiter (z.B. das Kommunikations- und Problemlösungsverhalten) entwickelt werden.

Qualitätszirkel zur Integration isolierter Mitarbeiter

Mitarbeiter, die unter Umständen von betrieblichen Informationen abgeschnitten sind (z.B. Mitarbeiter im Außendienst), lassen sich durch Qualitätszirkel besser in den Betrieb integrieren.

Die Probleme, die sich bei der Einführung von Qualitätszirkeln ergeben, entsprechen zumeist den Problemen, die bei der Einführung anderer Gruppenkonzeptionen auch genannt werden: Mangelnde Unterstützung vor allem durch das mittlere Management, zumeist verursacht durch die Angst vor Macht- und Kontrollverlusten; hierarchische Probleme; erhebliche Unruhen, vor allem, wenn Personaleinsparungen im Vordergrund stehen; zu wenig Zeit für die Qualitätszirkel-Arbeit; Versanden von Verbesserungsvorschlägen und Verzögerungen bei der Rückmeldung von Verbesserungsvorschlägen und deren Realisierung; fehlende Motivation der Mitarbeiter bei fremdbestimmten Aufgabenstellungen. Wie einige dieser Probleme reduziert werden können, zeigt das folgende Beispiel von DRÄGER (zit.n. NEUBERGER, 1991: 227):

> "Dazu gehört (.), daß die Qualitätszirkel-Ergebnisse generell jeweils vor dem Top-Management präsentiert werden, das auch in dieser Sitzung die erforderlichen Entscheidungen fällen muß. Dieses Vorgehen ist sicher aufwendig und umständlich. Doch es hat Vorteile, die - jedenfalls bei Dräger - wesentlich schwerer wiegen: Es wird eine zusätzliche Möglichkeit institutionalisiert, wo Mitarbeiter der untersten Ebene (Qualitätszirkelteilnehmer) mit obersten Führungskräften zusammenkommen, sich kennenlernen und gleichberechtigt miteinander diskutieren. Es gibt der oberen Führungsmannschaft eine unverfängliche Gelegenheit, über alle Hierarchiegrenzen hinweg und ohne unzulässige Umgehung der Berichtswege Hinweise zu erhalten, Einstellungen kennenzulernen, diskutieren und sich selbst artikulieren zu können.
> Dies kulminiert in einer jährlichen mit allen Moderatoren für Qualitätszirkel abgehaltenen Tagung, unter Teilnahme auch von Vorstandsmitgliedern, in der Erfahrungen aufgearbeitet und Strategien für die Zukunft entwickelt werden."

2.3.4. Lernstatt

Mit dem Begriff "Lernstatt" bezeichnet man fluktuierende Gruppen, die folgende Merkmale aufweisen:

- Gesprächsgruppen mit sechs bis neun Arbeitern,
- die vom Betriebsführer, Meister oder Vorarbeiter ausgewählt werden
- und einen gemeinsamen Bezugspunkt in ihrer Arbeit haben,
- sich - über einen Zeitraum von 2 bis 3 Monaten - einmal pro Woche,
- für etwa eine Stunde während der Arbeitszeit zusammenfinden,
- um auf freiwilliger Basis,
- in Begleitung eines Moderators (zumeist ein ausgebildeter Kollege),
- über selbstgewählte Fragen und Probleme des Arbeitsplatzes zu reden
- und (unter Umständen) Problemlösungen zu entwickeln.

Die Inhalte der selbstgewählten Themen können z.B. folgenden Bereichen entstammen:

- Allgemeine Fragen des Arbeitsplatzes,
- Qualitäts- und Ablaufprobleme,
- Einführung neuer Maschinen und Produktionsverfahren,
- Fragen der Aufgabenverteilung und der Gestaltung von Arbeitsabläufen,
- betriebliche Erfahrungen und berufliche Nöte.

Weitere Merkmale / Teile der Lernstatt-Organisation - wie sie z.B. bei BMW organisiert ist - können sein:

Beraterkreis

Der Beraterkreis, setzt sich zusammen aus der Unternehmens- bzw. Betriebsleitung, Führungskräften der Personalabteilung, Betriebsrat sowie dem Lernstattkoordinator. Der Beraterkreis hat folgende Aufgaben: Er hilft beim Auftreten von Problemen, vermittelt Fachleute (z.B. "Situationsberater" für Gruppenprozesse oder entsprechende innerbetriebliche Fachleute für zu klärende Sachfragen); leitet Anregungen und Verbesserungsvorschläge an die Entscheider in der Hierarchie weiter oder entscheidet selbst; macht Themenvorschläge für die Arbeit in Gruppen und sichert den Lernstattgedanken im Unternehmen.

Lernstattkoordinator (Promotor)

Der Lernstattkoordinator ist Ansprechpartner für die Moderatoren. Er ist zuständig für die Durchführung der Lernstattarbeit und nimmt Koordinations- und Trainingsaufgaben wahr. Dabei sind seine wichtigsten Aufgaben: Planung und Organisation der Lernstattarbeit; Absprachen mit den Fachabteilungen und anderen Bereichen; Initiierung und Betreuung der Lernstattgruppen; didaktische Unterstützung; Vermittlung von Situations- und Fachberatern; Ausbildung und Betreuung der Moderatoren.

Moderatoren

Die Moderatoren werden in etwa einwöchigen Intensivübungen, diese bestehen in der Regel aus einer Mischung von Selbsterfahrungsübungen und einer Moderationsschulung, auf ihre Arbeit vorbereitet. Sie erhalten hierbei Informationen über die Grundlagen der Gruppenarbeit; lernen den Umgang mit der Moderationsmethode und üben die Anwendung von Kommunikations- und Brainstormingtechniken.

Die Lernstatt-Idee hat sich Anfangs der 70-er Jahre, unabhängig von der zunächst aus Japan übernommenen Qualitätszirkel-Bewegung entwickelt und wurde erstmals bei BMW und HOECHST eingesetzt. Im Laufe der Jahre wurde die Lernstatt-Idee, die sich zunächst auf die Aus- und Weiterbildung ausländischer Mitarbeiter konzentrierte, zu einem komplexen System mit erweiterten, neuen Intentionen und Zielen entwickelt. Nach SAMSON (zit. n. RIEGGER, 1983: III f) steht

> "die Lernstatt (.) zu dem, was ihr Name aussagt: Lernen soll ein integrierter Bestandteil des Arbeitens (...) werden" um "aktionshemmende Apathie und passives Untergebenen-Bewußtsein" zu überwinden.

Ziel der Lernstatt ist somit, die Mitarbeiter für ihren Arbeitsbereich mehr zu interessieren, sie, wie es Walter BENJAMIN einmal ausgedrückt hat, zum "Aufwachen" zu bringen und, über Lernprozesse in der Gruppe, vor allem ihre soziale Kompetenz zu erhöhen. Auch wenn dieser Ansatz vorrangig humanistische Ziele in den Vordergrund stellt, muß davon ausgegangen werden, daß Unternehmen Lernstattgruppen zumeist nicht aus diesen Gründen einführen, sondern vor allem wegen der erwarteten ökonomischen Vorteile.

Diese entstehen über ein höheres Engagement und eine bessere Motivation der Mitarbeiter und natürlich auch über die Realisierung der von den Gruppen erarbeiteten Verbesserungsvorschläge.

Die Ziele der Lernstatt werden bei BMW (1983: 7) wie folgt definiert:

- Qualitäts- und Verantwortungsbewußtsein steigern
- Produktqualität erhöhen
- Arbeitsbedingungen und Arbeitsabläufe optimieren
- Abteilungsegoismus abbauen
- Ideen der Mitarbeiter nutzbar machen
- Probleme erkennen, Problembewußtsein fördern
- Lösungsansätze finden
- Mitwirkung an konkreten Verbesserungen ermöglichen
- Persönliches Engagement am Arbeitsplatz stärken
- Wissensdefizite erkennen und decken
- Arbeits- und Führungsstil verbessern
- Befähigung zum Miteinander-Umgehen erhöhen
- Persönliche Entfaltung in der Gruppe fördern
- Eigene Entwicklungsmöglichkeiten erkennen

In vielen Fällen sind in der betrieblichen Praxis Lernstattmodelle nicht von Qualitätszirkeln zu unterscheiden, weshalb sie z.B. von NEUBERGER (1991) und BUNGARD & ANTONI (1993) auch zusammen behandelt werden. Nach Installation von Lernstattgruppen wurden ähnlich positive Effekte, wie bereits zuvor bei den Qualitätszirkeln beschrieben, festgestellt.

Insgesamt ist m.E. die Lernstatt - vor allem was ihren ideellen Ansatz betrifft - der zukunftsorientiertere Weg zur Gestaltung von Gruppenarbeit, da sie weniger strukturiert ist und bessere Möglichkeiten der Partizipation für die betroffenen Mitarbeiter bietet. Entscheidend für die Wahl des einen oder anderen Ansatzes sollten jedoch die jeweils zu lösenden betrieblichen Probleme sein. Geht es mehr um direkte Effizienzsteigerung und um die Lösung von Ablauf- und Qualitätsproblemen ist der Qualitätszirkel sicherlich das bessere Instrument. Geht es hingegen mehr um das Engagement und die Motivation der Mitarbeiter bietet der Lernstatt-Ansatz bessere Möglichkeiten. Darüber hinaus gibt es - wie DEPPE (1992, 121 ff) darstellt - Mischungen aus beiden Modellen. Eine Mischung beschreiben auch die folgenden Beispiele von MAN und der HANNEN-Brauerei (FISCHER, 1986: 286 ff):

> "Der Wunsch nach Lernstatt-Runden (...) entstand bei MAN vergleichsweise früh. Den Weg dahin hat Dieter Dunkel mit Sorgfalt beschritten. Von Anfang an verkaufte er die Lernstatt als Mittel zur Entwicklung von Qualitätsbewußtsein und Qualitätsverbesserung, ohne die breitere Grundlage der Lernstatt aus dem Blick zu verlieren. 'Qualität der Arbeit', so seine Definition, 'ist ein Komplex aus Qualität des Arbeitsumfeldes, der Arbeitsorganisation, der Arbeitszufriedenheit und der Arbeitsergebnisse.' Persönliche Probleme werden deshalb in den MAN-Lerngruppen - trotz der konkreten Erwartungshaltung - nicht ausgespart: 'Es ist der Fehler der Technokraten', glaubt Dunkel, 'daß sie hinter den Sachproblemen die menschlichen Ursachen übersehen und statt dessen immer neue Organisationen drumherum bauen.'
>
> Den Nutzwert seiner Lernstatt unterstreicht Dunkel bei der Einführung jeder neuen Gruppe: 'Wir gehen immer erst zu den Vorgesetzten und fragen, was wir für sie und ihre Abteilung tun können.' Die Gruppenteilnehmer haben gegen solche Auftragsarbeit nichts einzuwenden: 'Die Leute wollen nicht nur reden, sondern etwas leisten, das ihnen Anerkennung bringt.' (...) 'Den größten Spaß an ihrer Arbeit haben die Leute', so weiß Dunkel aus regelmäßigen Umfragen, 'wenn sie Schwierigkeiten mit eigenen Kräften überwinden können'."

> So wurde bei der HANNEN-Brauerei früher "die Lernstatt viel mehr unter grundsätzlichen gesellschaftspolitischen Aspekten gesehen, heute geht es vor allem darum, Probleme darzustellen und gemeinsam zu lösen', beschreibt der neue Lernstatt-Leiter Knud Benthus den Wandel. Der gelernte Braumeister hat die Gruppenarbeit zur 'Mängel-Lernstatt' entwickelt: 'Die Geschäftsführung unterstützt uns zwar', so seine Einschätzung, 'aber sie will auch Ergebnisse sehen.' Konkrete Verbesserungsvorschläge sind bei Hannen deshalb Lernstatt-Ziel, was nach Benthus' Überzeugung nicht nur den Interessen des Unternehmens entgegenkommt: 'Die Arbeiter freuen sich über die Erfolgserlebnisse. Sie merken, daß ihre Ideen wichtig sind und daß sie für die Wettbewerbsfähigkeit von Hannen und damit für ihren Arbeitsplatz etwas tun können.' Die Verbesserung des Klimas und die Förderung der Zusammenarbeit sieht Benthus eher als Nebeneffekt."

In verschiedenen Unternehmen wurde die Lernstatt-Idee zwischenzeitlich zu einem die unterschiedlichsten Bereiche umfassenden System ausgebaut. So berichtet GOTTSCHALL (1987a: 257) über die Lernstatt bei BMW:

"Die Lernstatt faßte in den vergangenen sieben Jahren in allen BMW-Werken Tritt: Landshut, Berlin, Rosslyn, Steyr und jetzt auch in der neuen Fabrikationsstätte Regensburg. Das Modell selbst wurde komplexer. So gibt es heute:
- Lerngruppen. Diese sollen die Zusammenarbeit der Mitarbeiter und die Identifikation mit betrieblichen Problemen fördern. Die Themen suchen sich die Teilnehmer, die in der Regel vierzehntägig für anderthalb bis zwei Stunden in der Arbeitszeit zusammenkommen, selbst. Die Gruppen werden meist ohne zeitliche Begrenzung gebildet (...).
- Fachgruppen. Bei ihnen stehen die Wissensvermittlung, die Information und der Erfahrungsaustausch sowie die Bearbeitung fachbezogener Probleme, die nach einer gemeinsamen Schwachstellenanalyse ausgewählt wurden, im Vordergrund. Ihre Zusammensetzung ergibt sich aus der jeweiligen Problemlage, auch Führungskräfte aus dem mittleren Management sind daran beteiligt.(...)
- Aktionsgruppen. Ihr Ziel liegt in der Lösung aktueller und in der Regel bereichsübergreifender Probleme. Die Moderation übernehmen meist untere Führungskräfte."

2.3.5. Projektgruppen

Die am längsten etablierte Form von Gruppen in deutschen Unternehmen sind Projektgruppen. Bereits Mitte der 60-er Jahre wurde diese Gruppenkonzeption aus den USA übernommen und im Rahmen von komplexen Planungs- und Durchführungsprojekten eingeführt. Die von den Gruppen bearbeiteten Projekte/Aufgaben weisen in der Regel folgende Merkmale auf:

- umfangreiche, komplexe und zeitlich befristete Aufgaben,
  die zusätzlich zu den routinemäßigen Aufgaben zu erledigen sind,
- bzw. einmalige oder neuartige Aufgaben,
  die innerhalb der regulären Organisation nicht optimal bearbeitet werden können.

Projekte können z.B. sein:

- Entwicklung neuer Produkte,
- Einführung neuer Verfahren (z.B.: CIM, Gruppenarbeit),
- Erarbeitung umfangreicher Analysen (z.B.: Unternehmensstrategie)
- Bau von komplexen Anlagen (z.B.: Fabriken, Kraftwerke).

Projektgruppen weisen folgende Merkmale auf:

- Eine Gruppe bestehend aus drei bis neun Personen,
- (zumeist) aus dem unteren und mittleren Führungsbereich,
- zusammengestellt nach fachlichen Aspekten,
- die für diese Aufgabe bestimmt werden
- und so lange zusammenarbeiten,
- bis das Projekt abgeschlossen ist.

In der Praxis kann man, in Bezug auf die Verankerung in die Organisation, folgende zwei Formen von Projektgruppen unterscheiden:

Temporär arbeitende Projektgruppen

Bei dieser Form von Projektarbeit werden Aufgaben an eine in die gegebene Organisation integrierte Projektgruppe (vergleichbar einem Ausschuß) delegiert. Die dem Projekt zugeordneten Mitarbeiter verbleiben in ihren Abteilungen und arbeiten parallel zu ihrer regulären Arbeit von Zeit zu Zeit am Projekt mit. Ein Projektleiter leitet die Gruppe; er hat die Ressourcen für das Projekt zu organisieren, direkte Weisungsbefugnisse hat er in der Regel nicht. Die Funktion des Projektleiters ist vergleichbar mit der einer Stabsstelle; Projektgruppen dieser Form werden deshalb oft auch von speziell für Projekte und das Projektmanagement zuständigen Stabsstellen betreut. An der gegebenen Organisation werden bei der Installation von temporär arbeitenden Projektgruppen zumeist keine Änderungen vorgenommen. Möglich ist aber auch die Zusammenfassung der Gruppen in einer innerhalb der regulären Organisation installierten und mit dieser zumeist eng verzahnten Sekundärorganisation. Sonderformen der nur temporär zusammenarbeitenden Projektgruppen sind: Task-Forces sowie New Venture-Gruppen.

Dauerhaft arbeitende Projektgruppen

Bei dieser Organisation der Projektarbeit werden bis zur Erreichung des Projektzieles Mitarbeiter aus der gegebenen Organisation ausgegliedert und einem Projektteam, in dem sie, für einen begrenzten Zeitraum, ausschließlich und dauerhaft arbeiten, zugeordnet. Nach Abschluß der Projektarbeit werden die Mitarbeiter anderen Projekten zugeordnet oder gehen in eine Linien- bzw. Stabs-Position zurück. Die Projektorganisation wird aus der gegebenen

Organisation ausgegliedert; es entsteht eine verselbständigte Parallelorganisation. Verantwortlich für das Projekt ist ein Projektleiter, der über die notwendigen finanziellen, organisatorischen und personellen Ressourcen verfügen kann.

HEINTEL & KRAINZ (1990: 44 f) vertreten die Meinung, daß sich einem "die Haare sträuben", temporär zusammenarbeitende Gruppen, diese oft zu "beschäftigungstherapeutischen Spielwiesen" degradierten Ausschüsse, in denen die "Stäbler" nur "Briefträger" der Geschäftsleitung sind, als Projektmanagement zu bezeichnen. Ungeachtet der jeweiligen Form, stellt die Einführung von Projektarbeit einen Bruch zur traditionell-hierarchischen Organisation dar. Dies führt auch dazu, daß Projektgruppen aus der regulären Organisation herausgenommen und quasi neben sie gestellt werden.

Projektgruppenarbeit kann ganz unterschiedlich betrachtet und realisiert werden. Lange Jahre stand eine mehr hierarchisch-instrumentelle Betrachtung im Vordergrund. So geht auch die DIN 69 901, welche die Vorgehensweise bei der Bearbeitung von Projekten beschreibt, von einer mehr instrumentellen Betrachtung aus. Gruppenspezifische Aspekte werden hier nur am Rande angesprochen. Im Vordergrund standen deshalb über Jahre hin fast ausschließlich die ökonomischen Zielsetzungen. Neben der hierarchisch-instrumentellen Handhabung gibt es heute Ansätze, bei denen sich Projektgruppen fluktuierend und selbstorganisatorisch bilden. PALASS & RISCH (1992: 328) berichten über die Organisation von Projektgruppen bei LEGO:

> "Bei Lego gilt das Prinzip der Bewährung - je erfolgreicher einer seinen Handlungsspielraum nutzt, desto länger wird die Leine, an der er laufen kann.(...) Wer glaubt, eine gute Idee zu haben, und es schafft, die anderen davon zu überzeugen, darf sie umsetzen und wird Projektleiter, unabhängig von der Hierarchiestufe, auf der er steht."

Bei vielen gescheiterten Projekten war eine Ursache, daß die Gestaltung der Projektarbeit aus einer hierarchisch-instrumentellen Perspektive erfolgte. Die Notwendigkeit einer Gestaltung der interaktionellen Beziehungen, d.h. der die Gruppenarbeit konstituierenden Kommunikationsprozesse, und deren Auswirkungen auf die Qualität der Projektarbeit, wurden stark vernachlässigt. Der schlechte horizontale und vertikale Informationsfluß innerhalb der

Gruppen und zur Organisation ist zumeist eines der größten Probleme in der Gestaltung der Projektarbeit. Erst in den letzten Jahren sind die über eine sinnvoll gestaltete Projektgruppenarbeit erreichbaren positiven Auswirkungen auf die Mitarbeiter, wie z.B.: Erhöhung der sozialen Kompetenz und der Arbeitszufriedenheit, stärker in den Mittelpunkt des Interesses gerückt. Außerdem wird den Leitungs-, Kommunikations- und Koordinationsprozessen, bzw. dem Teamgedanken zwischenzeitlich wesentlich mehr Aufmerksamkeit zuteil, was zur Folge hat, daß Projektleiter stärker in Richtung Moderation gelenkt und ausgebildet werden.

Bei der Einrichtung von Projektgruppen geht es offensichtlich um mehrerlei:

- um die Festlegung des richtigen Punktes zwischen instrumentell-hierarchischen und selbststeuernd-dezentralen Systemen bei gleichzeitiger Sicherstellung einer möglichst ökonomischen Zielerreichung;
- um Fragen der interaktionellen Beziehungen bis hin zur Teamentwicklung in den Projektgruppen; also um Fragen der Lenkung, Kommunikation, Koordination, Kooperation und Konfliktbewältigung und in der Folge um Engagement, Motivation und Zufriedenheit der Projektmitarbeiter;
- sowie um die Möglichkeit der fachlichen und sozialen Kompetenzerweiterung der Projektmitarbeiter durch "action learning"-Prozesse (siehe DEWEY, 1986 und FOY, 1982).

Erst wenn man Projektarbeit ganzheitlich, unter Berücksichtigung der zuvor genannten Aspekte betreibt, entstehen die erwünschten positiven Effekte. Zur Veranschaulichung soll die von REITZLE (1990), Vorstand bei BMW, beschriebene Projektorganisation im FIZ (Forschungs- und Ingenieur-Zentrum) dienen:

> "Es ist der technische Fortschritt, der unsere Autos in den letzten Jahrzehnten um so viel besser, aber auch komplizierter gemacht hat. Das bleibt natürlich nicht ohne Einfluß auf den Entwicklungsprozeß und auf alle damit beschäftigten Mitarbeiter.
> - So steigt die Zahl der Spezialisten, welchen der Überblick über das Gesamtprodukt regelmäßig nahegebracht werden muß, zwangsweise an.
> - Alle betriebsinternen Abläufe von Information, Planung, Entscheidung und

Ausführung sind durch immer mehr Schnittstellen gekennzeichnet, die potentielle Zeitverluste, Mißverständnisse und Fehlermöglichkeiten bedeuten können.
- Letztlich wächst die Gefahr, daß die Entwicklung neuer Produkte nicht zu einem Gesamtoptimum, sondern zu einer Summe mehrerer Teiloptima führt.
Wie die Erfahrung immer wieder zeigt, sind die Möglichkeiten, komplexe Systeme mittels 'Planwirtschaft' beherrschbar zu machen, sehr begrenzt. Auch das andere Extrem, allen Mitarbeitern nur eine Aufgabe zu stellen und sie dann alleinverantwortlich arbeiten lassen, kann nicht zielführend sein, wenn zu bestimmten Zeiten bei vorgegebenen Randbedingungen ein komplexes Ganzes entstehen soll.
BMW hat sich deshalb die Aufgabe gestellt, zwischen den beiden Grenzkonzepten
- Strenge Zentralisierung
- Völlige Selbständigkeit aller Teilfunktionen

eine Lösung zu finden, die größtmögliche Autonomie der Teilsysteme bei gleichzeitiger Bewahrung der Integrität des Gesamtsystems und Erzielung von Synergieeffekten ermöglicht. Ein solches System, dem Prinzip der in der Natur seit vielen Millionen Jahren erfolgreichen Selbstorganisation vergleichbar, arbeitet zwar nach übergeordneten Zielen und Strategien, die täglichen Arbeitsabläufe richten sich jedoch nach den aktuellen Informationen und Erfordernissen und nicht nach einem starren Plan und den Vorgaben der Bürokratie.(.)
Die wichtigsten Hilfsmittel zur Realisierung dieses Konzeptes liegen in der systematischen Nutzung von:

- unidirektoraler *Information*, die beim Partner ein bestimmtes Verhalten veranlassen soll;
- bi- oder multidirektoraler *Kommunikation*, also Informationsaustausch im Dialog (beziehungsweise Mehrfach-Dialog);
- gemeinsamer Vorgehensweise (*Koordination*) sowie in der höchsten Stufe von
- *Kooperation* zur Erreichung gemeinsamer Ziele bei gemeinsam verabredeter Aufgabenteilung.

Sind alle Mitarbeiter (.) objekt- bzw. projektorientiert organisiert, kommt es fast automatisch zu Teambildungen. In einem solchen Team stärken sich die informellen Prozesse, da 'Know-how' aller am Produktentwicklungsprozeß Beteiligten konzentriert vorhanden ist. Die Arbeitsergebnisse aus den Teambildungen werden wiederum in ihrem Ablauf von Projektleitern zum fertigen Produkt zusammengeführt, ohne daß zeitliche Verzögerungen durch die Ressortabgrenzungen der klassischen Organisationsstrukturen den Ablauf des Produktentwicklungsprozesses hemmen. Damit wird die interdisziplinäre Kommunikation intensiv gefördert, die Arbeitsablaufbeziehungen verbessert und letzten Endes *Effektivität* und *Effizienz des gesamten Entwicklungsprozesses* gesteigert."

2.3.6. Wertanalysegruppen

Wertanalysegruppen weisen in der Regel folgende Merkmale auf:

- kleine interdisziplinär zusammengestellte Gruppen,
- mit sechs bis neun Führungskräften aus den unteren und mittleren Hierarchieebenen
- und unterschiedlichen betrieblichen Funktionsbereichen,
- die unter Anwendung von Systematiken der Wertanalyse,
- methodisch über Produktverbesserungen und/oder Kostensenkungen
- nachdenken, diskutieren und Lösungsvorschläge entwickeln.

Bei Wertanalysegruppen werden

- wesentliche Grundprinzipien der Qualitätszirkel,
- auf die Führungsebene des Unternehmens übertragen
- und mit den Systematiken der Wertanalyse kombiniert.

Die Wertanalyse wurde von L. D. MILES, einem ehemaligen Chef-Einkäufer von GENERAL ELECTRIC Mitte der 40-er Jahre entwickelt und stellt, nach MILES (zit. n. GOTTSCHALL, 1987: 186), eine organisierte Anstrengung dar,

> "die Funktion eines Produkts - oder eines Verwaltungsablaufs - zu den niedrigsten Kosten zu erstellen, ohne die erforderliche Qualität zu vernachlässigen und die Marktfähigkeit negativ zu beeinflussen."

Die Gedanken der Wertanalyse wurden vom Verein Deutscher Ingenieure (VDI) zu einem "Wertanalyse-Arbeitsplan" zusammengestellt und in der DIN-Norm 69 910 verankert. Die wesentlichen Schritte in der Wertanalyse sind:

- Ermittlung des Ist-Zustandes ("Was tut das Ding?");
- Analyse der Funktionskosten ("Was kostet das Ding?");
- Suche nach Alternativen ("Welches Ding kann das gleiche tun, aber zu niedrigeren Kosten oder mit besserer Funktionserfüllung?").

Voraussetzung für den Erfolg dieser Methode ist, daß sich die Gruppen interdisziplinär aus Fachleuten verschiedener Bereiche zusammensetzen und die zuvor dargestellten Fragen aus einer übergeordneten Warte beantworten, dabei Verständnis für die Belange und Sichtweisen der jeweils anderen Bereiche entwickeln und auf ein gemeinsames Ziel hinarbeiten. Zur Verdeutlichung der Vorgehensweise soll ein Praxisbeispiel (GOTTSCHALL, 1987: 193 f) dienen:

> Der Geschäftsführer der BOLL & KIRCH Filterbau in Kerpen und der Wertanalytiker Wellenreuther bildeten "zwei Arbeitsgruppen mit jeweils acht Personen aus Konstruktion, Arbeitsvorbereitung, Fertigung, Einkauf und Vertrieb; Meister und andere Experten konnten bei Bedarf hinzugezogen werden. Beide Gruppen trafen sich 19mal während der Arbeitszeit; moderiert wurden sie von Wellenreuther und dessen Geschäftspartner Ulrich Stemick. Dabei gingen sie schrittweise vor, ganz so wie Miles es beschrieben hat".

In der Folge beschreibt GOTTSCHALL den Wertanalyse-Prozeß mit den Stufen: ABC-Analyse, Funktionsanalyse, Kostenanalyse (auf die ich hier verzichten möchte) und kommt dann zur Substitutionsanalyse, zu der er folgendes ausführt:

> "Jetzt wurden die Wertanalytiker erst richtig munter und ließen ihren Gedanken freien Lauf. Sie praktizierten Brainstorming, eine Gesprächstechnik, die ihnen zunächst schwer fiel. Sie mußten lernen, ungewöhnliche Ideen nicht mit Killerphrasen abzuwürgen. Einwürfe wie: 'Das geht nicht, das ist unmöglich!'; 'Diesen Vorschlag werden unsere Kunden nicht akzeptieren!' oder: 'Die Konkurrenz lacht sich ja kaputt, wenn wir dies machen!' waren verboten. Auch verwendeten sie eine Methode der Kombinatorik, untersuchten die Vereinbarkeit von Problemlösungen anhand einer Matrix oder eines dreidimensionalen 'morphologischen Kastens'. (...)
> Rüdiger Lennartz, Leiter der Konstruktionsabteilung, (...) beurteilt die Gruppenarbeit vor allem deshalb positiv, 'weil einem sonst ja die fachlichen Kenntnisse aus den anderen Bereichen nicht zugänglich sind'.(...) 'Wir hatten auch früher schon immer gute Ideen, aber dem einzelnen fehlte es an Durchschlagskraft; jetzt wird die Lösung vom ganzen Team getragen'."

GOTTSCHALL (1987: 187 f) berichtet in seinen Ausführungen zu Wertanalysegruppen über bemerkenswert positive ökonomische Effekte, aber auch über eine Kompetenzerhöhung bei den Gruppenmitgliedern, wobei diese sowohl die Bereiche der fachlichen und der sozialen Kompetenz betrifft:

"Kein Zweifel: Der Wert der Wertanalyse besteht darin, daß sich obere Führungskräfte zu echter Teamarbeit zusammenraufen müssen, daß sie einen Bewußtwerdungsprozeß durchstehen, den sie nicht selten ahnungslos ihren Untergebenen zumuten. Sie stellt deshalb ein wichtiges, eigentlich unverzichtbares Führungstraining dar - ein nützlicher Baustein für ein Programm zur Organisationsentwicklung: Die von einer Problemstellung betroffenen Manger erkennen, daß Voreingenommenheit und Killerphrasen, Karrieredenken und Besserwisserei der gemeinsamen Arbeit schaden, eine wegweisende Erfahrung, die nicht gelernt, nur bei der praktischen Arbeit erlitten werden kann."

2.3.7. Werkstatt des Wandels

Mit dem Begriff "Werkstatt des Wandels" bezeichnet man ein methodisches Instrumentarium

- bei dem die Führungskräfte eines Unternehmens,
- zumeist bei Management-Meetings,
- auf rationaler und spielerischer Ebene,
- mit unterschiedlichen Methoden (z.B. Forumsveranstaltungen, Gruppendiskussionen, Szenenspiele),
- sachlich-inhaltliche Probleme (z.B.: "Wie erreichen wir eine bessere Kundenorientierung?")
- oder beziehungsorientierte Probleme (z.B.: "Wie können wir effektiver miteinander kommunizieren?"),
- transparent machen, diskutieren
- und gemeinsam Lösungen suchen und festlegen.

Nach SCHNELLE (1984 und 1992), drückt "Werkstatt" dabei Verschiedenes aus:

- Werkstatt ist eine Einrichtung, die räumlich und technisch die Denkarbeit in Gruppen erleichtert.
- Sie ist eine Instanz, die dafür sorgt, daß größere Konflikte, bevor sich die Fronten verhärten oder der Konflikt verdrängt wird, zum Lernen genutzt werden.
- Sie ist eine Methode, um komplexe Zusammenhänge in größeren face-

to-face Gruppen überschaubar und damit diskutierbar zu machen.

- Sie ist eine Haltung der an der Zielsuche beteiligten Menschen, die jeden als gleichwertigen Diskussionspartner ansieht und unter der Devise steht: "Mehr fragen als sagen".
- Sie geht von der Einsicht aus, daß die Informations- und Kommunikationsbarrieren der Hierarchie nachteilig sind, wenn Probleme zugleich auf mehreren hierarchischen Ebenen und in mehreren Bereichen auftauchen.

Ausgangspunkt für die Entwicklung der Werkstatt des Wandels war, daß sich in einem Unternehmen wohl viele Probleme über die Hierarchie (also z.B. in Konferenzen oder Besprechungen) effektiv bearbeiten lassen, andererseits aber immer ein Teil von unternehmerischen Aufgaben und Problemen vorhanden sein wird, der nicht in üblicher hierarchischer Manier per Konferenzbeschluß lösbar ist. Ein Teil dieser Probleme läßt sich mit Hilfe einer guten, möglichst neutralen Moderation bearbeiten. Ein verbleibender Rest von Problemen ist nach Meinung von SCHNELLE auch dort nicht lösbar, weil offene und verdeckte Machtkämpfe eine Klärung so gut wie unmöglich machen. Bei diesen Problemen kann eine dramaturgische Bearbeitung durch Szenarienspiele reflektierbar gemacht werden, was zu einer Aufweichung der Fronten führt.

Im folgenden Praxisbericht beschreibt GOTTSCHALL (1990: 237 ff) eine Situation, die sicherlich für viele Unternehmen kennzeichnend ist, aber den Vorstand der CONTINENTAL AG bewog, die anstehenden Probleme durch die gesamte Führungsmannschaft im Rahmen einer Werkstatt des Wandels bearbeiten zu lassen:

> "Die in der Not geborene quantitativ orientierte Planung und Steuerung hatte sich als Unternehmenskultur verselbständigt, auch (...) in den Beziehungen der Konzernzentrale zu den europäischen Vertriebsgesellschaften. Dort hatten sich die Betroffenen längst arrangiert. Die 'klassischen' Konflikte zwischen Zentrale und Peripherie, Marketing und Controlling, einst mit Engagement ausgetragen, regten niemand mehr auf. Die zentralen Stäbe besaßen die Macht, nutzten sie aus und bevormundeten die Länderorganisationen.
> Das ganze war ein Spiel: Alle kannten die Regeln und die Konsequenzen von

> Regelverstößen, wußten genau, was machbar war und was nicht.(...) Neue Spielzüge, Szenarien, Visionen waren auch dann nicht gefragt, wenn die Zielvorgaben nicht erreicht wurden. 'Einige sehen es schon als Sakrileg an, wenn über Probleme nur laut nachgedacht wird', diagnostiziert Helmut Gieselmann, (.) 'sie reagieren überempfindlich, weil alles, was den Heiligenschein beflecken könnte, als unverschämte Einmischung empfunden wird.' Und so lautet des Marketingmanagers Schmidt Erkenntnis zweiter Teil: 'Selbst wenn der Erfolg ausbleibt, wird das Lösungsmuster nicht automatisch fragwürdig. Es werden nur Anstrengungen vergrößert nach dem Motto: Mehr desselben nach alter Logik'."

In der Folge wurde in verschiedenen Analyse- und Planungsgesprächen das Treffen der gesamten Verkaufsmannschaft vorbereitet. In diesen Sitzungen wurde festgestellt, daß man die mittlere und untere Ebene der Verkaufsmannschaft stärker in die Strategieentwicklung, bei der eine stärkere Kundenorientierung im Vordergrund stehen sollte, einbeziehen muß. Den Verlauf des Treffens der Führungskräfte aus dem Vertrieb beschreibt GOTTSCHALL wie folgt:

> "Die etwa 350 Beschäftigten der europäischen Conti-Verkaufgesellschaft versammelten sich im Club Méditeranée des Schweizer Skiorts Pontresina, einer Tagungsstätte, die sich auch deshalb als besonders zweckmäßig erwies, weil das servicefreundliche Clubpersonal seinen Gästen überzeugend demonstrierte, was Kundenorientierung in der Praxis ist.
> Das zweitägige Treffen wurde, wie es das Lenkungsteam erhofft hatte, ein 'Arbeitsfest' (...). Die Ländergruppen arbeiteten zunächst an den Zielen des bevorstehenden Geschäftsjahres, dann - am Abend des ersten Tages - gestalteten sie eine Show: Jede der zehn Niederlassungen gab mit professioneller Unterstützung der Animateure des Clubs in Sketchen, Parodien, Gesangs- und Tanzdarbietungen Einblick in die Besonderheiten ihres Geschäfts. Das Lenkungsteam registrierte 'ein starkes Wir-Gefühl'."

Die Werkstatt des Wandels hat, im Unterschied zu den üblichen Manager-Konferenzen, zwei Ansatzpunkte: die Moderation von speziellen Themen in Gruppen und das Szenenspiel vor der Gesamtheit der Führungskräfte. Neu an der Methode ist der Einsatz des Analyse-Instruments "Szenenspiel", in dem es vor allem darum geht, Macht- und Beziehungsfragen zu thematisieren. Auf der Ebene des Spiels sollen so die Konflikte an den Nahtstellen eines Unternehmens und zwischen den hierarchischen Ebenen sowie Beziehungs- und

Kommunikationsmuster dargestellt werden. Ziel ist, daß durch die zunächst unverfängliche, spielerisch-symbolische Darstellung die üblicherweise nicht ausgesprochenen Probleme identifiziert, auf den Punkt gebracht und damit begreif- und behandelbar gemacht werden. Teilnehmer solcher Szenenspiele bekennen, es sei ihnen plötzlich "wie Schuppen von den Augen gefallen", wenn sie die tagtäglich im Betrieb erlebten bzw. erlittenen Vorgänge in der verdichteten, auf den Konflikt-Punkt gebrachten Szene dargestellt gesehen hätten. Über Szenenspiele bei STINNES berichtet RÜSSMANN (1984: 95):

> "Unter den Augen von Unternehmenschef Günter Winkelmann und Personalvorstand Heinz Wiedemann (.) stiegen - nach einer improvisierten Podiumsdiskussion - alle Theaterteams nacheinander auf die Bühne. Was sie boten, war durchweg dramaturgisch und inhaltlich gelungen, teilweise zwerchfellerschütternd gespielt. Sogar ein Moritatensänger mit Drehorgel trat auf und sang zur Mackie-Messer-Melodie die Moral von der Geschicht', die seine Kollegen aufführten.
> Auch die letzten Zweifler erkannten, daß sich unternehmerische Problemsituationen mit Hilfe der dramatischen Form weit eingängiger darstellen lassen als durch noch so kluge Analysen auf dem Papier. Allein die Identifikation der anwesenden Führungskräfte - allesamt selbst Mitwirkende - mit dem Schicksal der 'Leidensgenossen' im Theaterstück ('Genauso ist es bei uns in Wirklichkeit') war eindrucksvoll."

DÖNINGHAUS (1992: 27) beurteilt die Vorteile von Szenenspielen, einer sicherlich sehr ungewöhnlichen Methode, Probleme und Konflikte im Führungsbereich zu behandeln, wie folgt:

> "1. Es sind die am Konflikt Beteiligten und Betroffenen selbst, die - bei nur geringer moderatorischer Hilfe von außen - ihre Probleme diagnostizieren und lösen.
>
> 2. Es werden hier optimal Engagement und Detailkenntnis der Beteiligten und Betroffenen einerseits und die Perspektive des distanzierten, kritisch reflektierenden unparteiischen Betrachters andererseits vermittelt. (...)
>
> 3. Das Verfahren (das gemeinsame Schreiben, dann einstudieren (.) und schließlich das Aufführen des Spiels) bringt die Beteiligten und Betroffenen dazu, sich längere Zeit kontinuierlich mit Problemen auseinanderzusetzen und dies so zu tun, daß nicht direkt aus der Perspektive der erbitterten Opponenten über die Konflikte geredet wird, sondern indirekt aus der Perspektive derer, die an einer treffenden und fairen Darstellung der Probleme interessiert sind."

2.3.8. Zusammenfassung

Bei den zuvor dargestellten Gruppenformen stehen jeweils unterschiedliche Intentionalitäten im Mittelpunkt: sie unterscheiden sich hinsichtlich ihrer Aufgaben und Zielsetzungen, ihrer jeweiligen Zielgruppe und der Dauer der Zusammenarbeit. Gemeinsam ist allen Gruppen, daß in ihnen Probleme bearbeitet werden und bei der Problemlösung kommunikative Prozesse im Vordergrund stehen.

1 Die Bearbeitung von Problemen steht im Vordergrund

In allen Gruppenkonzeptionen werden von der Hierarchie oder der Gruppe selbst, Aufgaben, die über die Routineaufgaben einer Organisation hinausgehen, aufgenommen, als Probleme formuliert, die dann von der Gruppe bearbeitet und gelöst werden. Dies können Probleme sein, die in betrieblichen Abläufen entstehen, wie dies bei den teilautonomen Gruppen und der Lernstatt der Fall ist; Qualitätsprobleme, die in Qualitätszirkeln oder den Wertanalysegruppen bearbeitet werden; Probleme, die durch die Einführung neuer komplexer Verfahren und die Entwicklung von Produkten entstehen und von Projektgruppen bearbeitet werden, oder Probleme, die das Zusammenwirken auf zwischenmenschlicher Ebene betreffen und die beispielsweise im Rahmen einer Werkstatt des Wandels mehr spielerisch aufgenommen werden. Die von den Gruppen zu bearbeitenden Probleme können nach zwei Bereichen gegliedert werden:

- Probleme, die mit der Lösung komplexer, jedoch zumeist festgelegter Aufgaben verbunden sind

Diesem Bereich wären komplexe, zumeist jedoch weitgehend determinierte Aufgaben zuzuordnen, wie z.B. die Entwicklung von neuen Produkten oder Verfahren durch Projektgruppen. Kennzeichnend für die Art der Probleme ist, daß es eine weitgehend definierte Aufgabe zu bewältigen gilt, an deren Erledigung viele Menschen und/oder Funktionsbereiche zwangsläufig beteiligt werden müssen. Die Ausgliederung dieser Aufgaben aus der Hierarchie und deren Zuordnung zu Gruppen wird notwendig, weil sich diese nicht sinnvoll innerhalb der bereits bestehenden hierarchischen Strukturen abarbeiten lassen. Die Koordination der Arbeit von mehreren Gruppen kann, insbesondere bei sehr großen Projekten, hierarchisch strukturiert werden; die Führungs- bzw. Abstimmungsprozesse in und zwischen den Gruppen sollten jedoch auf der Basis nicht-direktiver Kommunikations- und Lenkungstechniken erfolgen. So führt REITZLE (siehe S. 60) in seiner Darstellung der Projektorganisation bei BMW aus, daß man bei dieser Form der Organisation eine Lösung suchen muß "zwischen den beiden Grenzkonzepten: strenge Zentralisierung und völlige Selbständigkeit aller Teilfunktionen", um "die größtmögliche Autonomie der Teilsysteme bei gleichzeitiger Bewährung der Integrität des Gesamtsystems und Erzielung von Synergieeffekten" zu ermöglichen.

- Probleme, die eine selbstreflexive Auseinandersetzung mit vorhandenen Strukturen oder Verfahren voraussetzen

Bei dieser Art von Problemen geht es nicht darum, sich mit einer definierten Aufgabe auseinanderzusetzen, sondern daß man sich selbstbeobachtend mit "Störungen" in bereits festgelegten Strukturen und Verfahren beschäftigt: Die Gruppen begeben sich auf die Ebene eines reflexiven Umgangs mit sich selbst und ihrer betrieblichen Umwelt. Mögliche Fragen und Probleme können hier sein: "Was behindert uns immer wieder?"; "Wie können wir unsere internen Abläufe und Strukturen besser gestalten?"; "Was können wir tun, um unsere Leistungen besser auf die Erwartungen unserer (internen und externen) Abnehmer abzustimmen?"; "Welche Veränderungen bei den (internen und externen) Abnehmern unserer Leistungen sollten Anlaß sein, unsere Strukturen und Abläufe zu überprüfen?"; "Wie können wir unsere Erwartungen und Bedürfnisse besser mit den Erwartungen und Bedürfnissen der Abnehmer unserer Leistungen abstimmen?"... Um diese Probleme zu erkennen, werden bewußt "Zusammenbrüche" initiiert, durch die die bestehende Ordnung systematisch immer wieder in Frage gestellt und in der Folge versucht wird, diese an veränderte interne und externe Gegebenheiten anzupassen. WINOGRAD & FLORES (1989: 135) beschreiben diese "Zusammenbrüche" wie folgt:

> Wir wollen "mit der rationalistischen Tradition brechen und eine besondere Sprache für 'Problemsituationen' vorschlagen. In Anlehnung an HEIDEGGERS Analyse von Brüchen in der Zuhandenheit bevorzugen wir den Begriff 'Zusammenbruch'. Damit meinen wir den Augenblick, in dem unser gewohnheitsmäßi-

> ges, normales, bequemes 'In-der-Welt-Sein' ins Stocken gerät. Derartige Zusammenbrüche haben eine äußerst wichtige, erkenntnisvermittelnde Funktion. Sie offenbaren uns unsere üblichen Verfahrensweisen und Einrichtungen und zeigen uns - vielleicht zum ersten Mal - ihr 'Vorhandensein'.(...) Jede Gestaltung stellt eine Interpretation von Zusammenbrüchen und das besorgende Bemühen, zukünftige Zusammenbrüche vorwegzunehmen, dar."

Auf diese Weise wird versucht, Stabilität durch ständige Anpassung zu erreichen, anstatt im ständigen Wandel stabil zu bleiben. Die ureigenste Aufgabe des Management, vorhandene Strukturen und Prozesse durch Störungen und Zusammenbrüche immer wieder in Frage zu stellen und gegebenenfalls zu verändern, wird eine Aufgabe der Gruppen. Die Gruppe wird, wie LUHMANN (1984) dies beschreibt, zum Beobachter eigener Beobachtungen; sie beobachtet nicht nur vorhandene Strukturen, Prozesse und Handlungen, sondern darüber hinaus, wie man sich beobachtend mit der (internen und externen) Umwelt auseinandersetzt: Was man mit welchen Intentionalitäten wie sieht und was man bisher u.U. noch nicht beachtet hat.

2 Die Kommunikation hat in Gruppen einen zentralen Stellenwert

In letzter Zeit rückt die Kommunikation immer mehr in den Blickpunkt bei der Betrachtung von Unternehmen und von Gruppen. Man erkennt, daß die Kommunikation und Interaktion den Lebensnerv von sozialen Systemen bilden - daß ein Unternehmen oder eine Gruppe ohne Kommunikation und Interaktion nicht denkbar sind. Während bei hierarchischen Organisationen die Bündelung und Weiterleitung von Informationen bzw. die Initiierung von Kommunikationsprozessen bei den Führungskräften liegt, die deshalb auch Kommunikationsanteile von 50 bis 90 Prozent, bezogen auf ihre Gesamtarbeitszeit, haben (WAHREN, 1987: 49 f), verlagert sich bei Einführung von Gruppenarbeit die Kommunikation von den Hierarchen zu den Gruppen. Bei allen Gruppenkonzeptionen steht die Bewältigung der kommunikativen Aufgaben - nur über Kommunikation lassen sich die Probleme in der Gruppe bearbeiten - im Vordergrund. Für eine möglichst positive Beeinflussung und effektive Lenkung der Kommunikation werden die Führer der Gruppen zu Moderatoren ausgebildet. So nehmen die kommunikativen Aspekte bei der Ausbildung von Gruppenführern oder den Gruppen selbst, wie später noch dargestellt wird, den größten Umfang ein.

2.4. Integration von Gruppen in die Organisation

In den folgenden Ausführungen soll dargestellt werden, wie man Gruppen in die Organisation eines Unternehmens eingliedern kann. Die zuvor beschriebenen Gruppenkonzepte erfordern unterschiedliche Integrationskonzepte und haben eine unterschiedliche Tragweite für die organisatorische Gestaltung. So lassen sich beispielsweise Projektgruppen oder Qualitätszirkel relativ einfach an die gegebene Hierarchie anhängen. Will man mehrere, miteinander in Beziehung stehende Gruppen ins Unternehmen integrieren, erfordert dies u.U. den Aufbau einer separaten Organisation in Form einer Parallelhierarchie. Noch weitreichender sind die Folgen bei der Einführung von teilautonomen Arbeitsgruppen. Durch die umfassende Zuordnung von zielsetzenden, planenden, steuernden und kontrollierenden Funktionen an diese Gruppen, gibt die Hierarchie wesentliche Aufgaben ab und muß in der Folge nicht unerheblich in Richtung organischer Strukturen verändert werden.

2.4.1. Funktionale und dysfunktionale Aspekte hierarchischer Gestaltung

Ausgangspunkt für die Integration von Gruppen in die Organisation ist in der Regel eine bereits vorhandene hierarchische Gestaltung (kurz: Hierarchie). Die hierarchische Gestaltung von Unternehmen beinhaltet funktionale und dysfunktionale Aspekte. Einerseits ist die Hierarchie ein höchst wirksames und damit auch funktionales Mittel, in größeren sozialen Gebilden Ordnung, Übersichtlichkeit und Vorhersagbarkeit zu ermöglichen. Andererseits birgt sie Dysfunktionalitäten in sich: sie macht Organisationen schwerfällig, innovationsfeindlich und kostenaufwendig. Einerseits können die Dysfunktionalitäten der Hierarchie über gruppenorientierte Organisationsformen reduziert werden. Andererseits beeinträchtigen oder verhindern die Umstände, die in unmittelbarer Verbindung mit hierarchischen Strukturen stehen, so z.B. Autorität, Macht, Herrschaft und Entscheidungszentralisation, die Integration und das Wirksamwerden von Gruppenarbeit in Unternehmen. Hierarchische Gestaltung und Gruppenorganisationen stehen nicht friedlich nebeneinander, sie sind vielmehr sich gegenseitig weitgehend ausschließende Strukturierungsprinzipien. Gruppenorganisationen werden dadurch, wie dies

BAECKER (1993) darstellt, auch zu einer Antwort auf die Hierarchiekrise. In den folgenden Ausführungen werden zunächst einige dysfunktionale Aspekte von Organisationen, die einerseits durch Gruppenarbeit reduziert werden können, andererseits aber das Wirksamwerden dieses Organisationsprinzips immer wieder auch behindern oder gar vereiteln, dargestellt.

Sicherung eines ziel- bzw. normenkonformen Verhaltens

Hierarchien schaffen, indem sie Einflußmöglichkeiten über die verschiedenen Stufen zerstreuen, eine transitive, von oben nach unten durchgehende Werteordnung, bei der die Vorstellungen und Entscheidungen der höheren Stellen ein größeres Gewicht haben. Hierdurch lenkt die Hierarchie die Aktivitäten der Organisationsmitglieder in die von ihr vorgegebene Bahnen. Die Hierarchie soll somit in Situationen, in denen sich die Organisationsmitglieder nicht mit den Zielen, Absichten und Vorstellungen des Unternehmens identifizieren, ein ziel- und normenkonformes Verhalten sicherstellen. FOUCAULT (1992: 192) hat die bereits im 17. Jahrhundert beginnenden Versuche, Menschen in Organisationen zu disziplinieren, eindrucksvoll beschrieben. Bis in unsere Zeit versuchen Unternehmen, das Verhalten von Mitarbeitern durch zahlreiche Vorschriften, Regelungen und Ordnungen bis ins kleinste Detail vorzugeben und einzuschränken. TAYLOR's Ordnungsprinzip (1917):

> "In diesem System bekommt jeder Mitarbeiter exakt gesagt, was er zu tun hat, und jede Verbesserung, die er gegenüber den Anordnungen, die er bekommen hat, macht, ist für den Erfolg verhängnisvoll",

kann man, in einer etwas anderen und sicherlich abgeschwächten Form, auch heute noch in Arbeitsordnungen finden. Hierzu eine kleine Kostprobe: In der Arbeitsordnung der DAIMLER-BENZ AG (Stand 1986) heißt es unter anderem (zit. n. NEUBERGER & KOMPA, 1987: 109 f):

> "Die Bekanntmachungen der Firma an den Anschlagtafeln haben die Bedeutung von rechtswirksamen Erklärungen. Niemand kann sich darauf berufen, daß er diese Bekanntmachungen nicht gelesen hat, es sei denn, daß er während des Aushangs abwesend war.(...)
> Der Mitarbeiter soll sich nur in den Teilen des Betriebes aufhalten, in denen er beschäftigt ist oder in die ihn ein ausdrücklicher Auftrag führt.

Waschen und Umkleiden hat in den dafür vorgesehenen Räumen zu erfolgen. Aufenthalts-, Wasch- und Umkleideräume dürfen, abgesehen von begründeten Ausnahmefällen, nur vor Arbeitsbeginn, in den Pausen und nach Arbeitsschluß betreten werden. Nach Arbeitsschluß ist das Werksgelände baldmöglichst zu verlassen."

Trotz solcher Vorschriften erwartet man, daß Mitarbeiter als verantwortungsvolle, engagierte "Unternehmer im Unternehmen" oder gar als "Entrepreneure" agieren. Hierarchisch vorgegebene Rahmenvorschriften werden von den Mitarbeitern jedoch nur so lange und so weit akzeptiert, wie sie in einer "Indifferenzzone" (BAECKER, 1993: 126) liegen, die von den Mitarbeitern dem Unternehmen pauschal eingeräumt wird. Die Indifferenzzone verändert sich, vor allem durch geänderte Wertestrukturen und Erwartungen der Mitarbeiter an das Unternehmen, zunehmend und stellt hierarchische Systeme und Verhaltensweisen auch immer mehr in Frage. Über Gruppenarbeit können Unternehmen wesentlich besser die geänderten Wertvorstellungen der Mitarbeiter befriedigen. Dies setzt jedoch voraus, daß die vorhandenen Regelungen zur Sicherung eines normenkonformen Verhaltens erheblich reduziert und den Mitarbeitern entsprechende Freiheiten und Mitgestaltungsmöglichkeiten einräumt werden. Bei einer Mischung von hierarchischen und gruppenorientierten Organisationsformen wird dies nur teilweise gelingen, da die Hierarchen immer wieder versuchen werden, in die Gruppen hineinzuregieren.

Koordination von Aktivitäten / Kanalisierung von Informationen

Im Rahmen der hierarchischen Gestaltung werden Regelungen getroffen, wie sich die Mitglieder der Organisation zu verhalten haben; wen sie z.B. informieren und mit wem sie sich abstimmen sollen. Im Rahmen dieser formalen Regelungen kann, auch aus ökonomischen Gründen, lediglich ein Teil der notwendigen Informations- und Abstimmungsprozesse festgelegt werden, so daß das Zusammenspiel an den Übergängen und Schnittstellen zwischen Bereichen/Abteilungen immer wieder zu Schwierigkeiten führt. Die notwendigen Koordinations- und Abstimmungsprozesse setzen weiterhin voraus, daß sich die Mitarbeiter kooperativ und im Sinne eines Gesamtzieles verhalten, dabei aber immer auch ihre eigenen, spezifischen Belange berücksichtigen. Hierdurch entstehen z.T. paradoxe Situationen, die zu Störungen, mitunter auch zur Lähmung der Abläufe führen. In Zweifelsfällen werden diese Probleme nicht diskursiv geklärt; es entscheidet die Macht der Hierarchen, wie man jeweils zu verfahren hat. Eine weitere Aufgabe der Hierarchie ist, die Kommunikation und Informationsprozesse transitiv von oben nach unten zu ordnen und zu steuern. Die Hierarchie soll Eindeutigkeit und Widerspruchsfreiheit bei der Informationsübermittlung sicherstellen. Dies kann sie, wie man in der Praxis schnell erfährt, nur bedingt. In Unternehmen wird Information in allen Richtungen manipuliert und verfälscht. Information ist eine strategische Waffe im Spiel um Macht und Autorität: "Nicht die Autorität informiert, sondern wer informiert erlangt Autorität" (BAECKER, 1993: 131). Außerdem tauchen auf dem Weg der Informationen durch die Hierarchie immer wieder Hindernisse, Blockaden und Phänomene einer "institutionalisierten Abwehr" (MENTZOS, 1988) auf: Unangenehme, oder nicht ins Weltbild passende Informationen werden ignoriert oder abgeblockt; mehrdeutige Informationen so gedreht, daß die vertraute Welt nicht ins Wanken gerät; Mitarbeiter mit neuen, unbequemen Ideen und Vorschlägen als Nörgler oder Meckerer stigmatisiert.

Um die nicht unerheblichen Schwierigkeiten in der Koordination und Informationsübermittlung zu umgehen, versuchen Unternehmen, die Nachteile der Hierarchie dadurch zu reduzieren, daß sie informale Strukturen, z.B. durch gemeinsame Sportaktivitäten, Betriebsausflüge oder andere soziale Maßnahmen, fördern. Was durch die formale Organisation und hierarchische Gestaltung getrennt wurde, soll auf informalem Weg wieder zusammengeführt werden; zwischenmenschliche Brücken sollen helfen, organisatorische Gräben zu überwinden. Gruppen bieten geradezu ideale Möglichkeiten, die informalen Strukturen zu fördern. Auch hier werden immer wieder Schwierigkeiten auftauchen, wenn man hierarchische und gruppenorientierte Gestaltungsprinzipien mischt. Die Hierarchie wird weiterhin die Informationsströme steuern und in Zweifelsfällen, dadurch, daß sie auf ihre Machtinstrumente zurückgreift, notwendige diskursive Prozesse eher verhindern.

Schaffung von Eindeutigkeit, Transparenz und Ordnung

Durch die Bildung von einzelnen Verantwortungsbereichen und die Festlegung von Über- und Unterordnungen sollen Eindeutigkeit, Transparenz und

Ordnung geschaffen werden. Die Forderung, daß Organisationen hierarchisch aufgebaut sein müssen, erscheint dabei als weitgehende Selbstverständlichkeit, als eine Art Naturgesetz der Organisation. Diese Grundannahme hat auch dazu geführt, daß man Organisationen in Form einer Pyramide zeichnet. Hierbei verteilt sich die Macht transitiv von oben nach unten und es ergeben sich zwischen den einzelnen Stellen Befehls-, Informations- und Koordinationswege. Die Auslegung der Hierarchie auf Eindeutigkeit ist eines ihrer wesentlichen Merkmale; Eindeutigkeit gilt als Ideal, jede Zweideutigkeit gefährdet sie. Die Aktivität und Aufmerksamkeit der Mitglieder wird durch die Hierarchie in ganz bestimmte Bahnen gelenkt und die Festlegungsgewalt ("Was gilt?") in ein hierarchisches Übereinander gebracht. Auftauchende Mehrdeutigkeiten und widersprüchliche Informationen werden zur Sicherung der Stabilität durch die Hierarchie in eindeutige, widerspruchsfreie und indifferente Informationen umgewandelt.

Da sich diese Vorgehensweise in einer turbulenten, komplexen und widersprüchlichen (Binnen- und Außen-)Welt als äußerst nachteilig erweist, setzen die nichthierarchischen Gestaltungsmöglichkeiten der Organisation vor allem hier an. Kennzeichnend für eine gruppenorientierte Gestaltung ist, daß man die kommunikativen Abläufe aus der Indifferenzzone herausbewegt und in abgegrenzten Differenzzonen, so z.B. den teilautonomen Gruppen, neu verankert. Dabei werden in den verschiedenen, sich selbstorganisierenden Einheiten Widersprüche, Zweideutigkeiten und Unentscheidbarkeiten, wie auch schon bei der Matrixorganisation, bewußt zugelassen. Auf diese Weise erhält man eine hohe Anpassungsleistung der Teileinheiten an ihre jeweilige Umwelt.

Exkurs: Chaos oder/und (?) Ordnung

Vor allem die Begriffe "Ordnung" und "Chaos" werden in neuerer Zeit, wenn es um Systembildung und die Strukturierung von Unternehmen geht, immer wieder in den Mittelpunkt der Diskussion gerückt. Ordnung wird mehr und mehr als Hindernis zur Erreichung von Effizienz gesehen. So hat BERTH (1993) Ordnung ("Jeder muß wissen, was er soll und darf") als größten Negativfaktor für eine erfolgreiche Unternehmensführung identifiziert. Zunehmend werden deshalb in der aktuellen Diskussion über Strukturen Stimmen laut, Organisationen mehr in Richtung sich selbststeuernder, chaotischer Strukturen zu gestalten. Chaos meint dabei nicht, daß völlige Ungeregeltheit oder Unordnung in einem System herrschen. Es ist vielmehr damit zu rechnen, daß sich auch in (deterministisch-)chaotischen Systemen Strukturen bilden, aber auf der Ebene der Selbststeuerung des Systems. CRAMER (1993: 158 f) führt zum Begriff "Chaos" folgendes aus:

> "Chaos ist in unserem heutigen Sprachgebrauch ein ziemlich abgewirtschaftetes Wort. Wir wollen es zunächst auf seinen ursprünglichen Sinn zurückführen. Das Wort stammt aus dem Griechischen und bedeutet ursprünglich das Klaffende, weit Offenstehende, Leere des Weltraums.(...) Chaos und Kosmos, ungeformtes Sein und geordnete Strukturen gehören also eng zusammen.
> Freilich kann Chaos auch durch Zerfall von Ordnung entstehen. In vielen dynamischen Prozessen werden (.) bei Phasenübergängen chaotische Situationen durchschritten, die sich dann zu neuen höheren Ordnungen stabilisieren können. Das ist etwa in allen Verzweigungspunkten, Bifurkationspunkten (von lat. *furca*: Gabel, Forke, also eigentlich: Doppelgabelung) von evolvierenden Systemen der Fall (.). Chaos und Ordnung sind also nicht nur ein Begriffspaar, sie stehen in einem dialektischen oder auch funktionalen Verhältnis zueinander."

Es widerspricht, wie BOLZ, 1994: 14 darstellt, der Gewohnheit unseres Denkens, Chaos *und* Ordnung in einem dialektischen oder auch funktionalen Verhältnis zueinander sehen zu können:

> "Um hier voranzukommen, müssen wir uns von der Denkschablone einer starren Antithese zwischen Ordnung und Chaos befreien. Ordnung ist nicht das Gegenteil von Chaos. Und Chaos ist kein bedrohlicher Wirrwarr, sondern ein noch unentdeckter Spielraum des Möglichen.(...)
> Das störende, unproduktive Chaos ist zumeist ein Resultat unserer Ordnungsmuster. (...) Die Angst vor dem Chaos ist also verständlich, aber sie mißversteht sich selbst, wenn sie das Heil in der Ordnung sucht. Natürlich brauchen wir Ordnung, um leben und handeln zu können. Aber jeder, der Ordnung als das Gegenteil von Chaos versteht, wird erfahren müssen, daß diese Ordnung zur Falle wird."

"In einer Welt, die sich selbst überlassen bleibt, wird alles möglich" sagte einmal Walter BENJAMIN. Was entwickelt sich aber, aus der Sicht des Einzelnen, in einer Welt, die sich selbst überlassen bleibt? Ein geregeltes Miteinander oder ein (negatives) Chaos? Und: Was verbindet der Einzelne mit dem Begriff "Chaos"? Für die meisten Menschen ist Chaos gleichbedeutend mit Apokalypse, Verderben und anderen Unannehmlichkeiten. Führungskräfte folgen allzu gerne dem FAYOLschen Organisationsprinzip: "Einen Platz für jeden und jeder an seinem Platz" und haben geradezu Angst, Strukturen einmal anders zu gestalten als mit den gewohnten hierarchischen Mustern. Die gewohnte hierarchische Struktur bringt, so meint man, Klarheit in das Ganze, gibt der Organisation Halt und Sicherheit; kurz gesagt: erzeugt Ordnung. Andere Menschen leben ganz gut und oft sogar erfolgreich in nicht allzu streng geordneten, sich selbstorganisierenden und -steuernden, chaotischen Verhältnissen und ohne genauere hierarchische Festlegungen. So berichtet KOCH (1988: 176 f) über die Organisation von GORE-TEX:

> "Im Gegensatz zu herkömmlichen Firmen gibt es bei Gore tatsächlich kaum Hierarchie, keine Vorarbeiter, keinen Organisationsplan. Nur einige wenige Manager stehen an der Spitze wie etwa Firmenerbe Robert Gore in Amerika und Heinrich Flik in Deutschland.(...) Darunter fehlt jegliche formale Organisation. Sie wird ersetzt durch Mitarbeiter-Gesprächskreise, die für alle Fragen, vom Marketing bis zur Produktentwicklung, zuständig sind. Sie wählen Führer und Aufgabenstellung selbst und werden wiederum von anderen Gruppen getragen und kontrolliert. Mit der Kurzformel 'no ranks, no titles - nothing but profit' ist die amerikanische W.L. Gore & Associates Inc. bisher überaus erfolgreich gewesen.(...)
> Bürokratie und hierarchische Strukturen wollte Gore von Anfang an vermeiden.(...) Dafür schrieb er sich vier Grundregeln ins Stammbuch:
> 1. Freiheit: Jeder Mitarbeiter macht das, was er gern möchte. Fähigkeiten sollten sich frei entwickeln und mit den Aufgaben wachsen.
> 2. Erfahrung: Wie auf einem Schiff werden bei schwierigen Manövern erst erfahrene Kollegen um Rat gefragt: 'Um nicht das gesamte Unternehmen zu gefährden, wenn ein Loch unter der Wasserlinie gebohrt wird.'
> 3. Selbstverpflichtung: Die Mitarbeiter verpflichten sich zu Aufgaben und übernehmen dafür die Verantwortung.
> 4. Fairneß: Innerhalb des Teams genauso wie gegenüber Kunden."

Für die Gestaltung von Organisationen könnte man - im Sinne eines "und" - folgende Regel aufstellen: Organisationen sollten einerseits Voraussetzungen schaffen, daß durch den Einsatz ordnender Elemente Vorhersagbarkeit, Sicherheit und Kontinuität entsteht. Andererseits sollte es abgegrenzte Bereiche geben, in denen durch einen stark reduzierten Einsatz von Ordnungselementen Öffnungen geschaffen werden für Widersprüche, Zufälle und Überraschungen. Nur auf diesem Weg können Unternehmen die "Unübersichtlichkeit" ihrer Umwelt in den Griff bekommen und flexibel auf unterschiedliche Anforderungen reagieren.

Warum aber glauben manche Manager, "Profit" nur über Ordnung zu erreichen; andere hingegen über eine offene Systemgestaltung? Zur Erklärung dieser unterschiedlichen Verhaltensweisen möchte ich auf die Theorie der "Grundformen der Angst" von RIEMANN zurückgreifen. Wie RIEMANN darstellt, entwickelt jeder Mensch eine persönliche, individuelle Form der Angst, die zu seinem Wesen gehört. In der Folge erprobt er Techniken und Methoden, seine Ängste zu verdrängen, sie zu betäuben, zu überspielen oder zu leugnen. So vielfältig auch die Formen der Ängste bei den einzelnen Menschen sind, geht es immer wieder um Variationen ganz bestimmter Ängste, die RIEMANN als "Grundformen der Angst" beschreibt. Hierbei stehen jeweils zwei Grundformen in einem teilweise sich widersprechenden und doch zugleich sich ergänzenden Abhängigkeitsverhältnis. Beim zweiten Angst-Paar stehen sich der Impuls nach Dauer und Beständigkeit (Schwerkraft) und der Impuls zur Veränderung und zum Wandel (Fliehkraft) gegenüber. So führt der Impuls nach Dauer und Beständigkeit zur Angst vor "der irrationalen Unberechenbarkeit unseres Daseins", zur "Angst vor dem Wagnis des Neuen, vor dem Planen ins Ungewisse, davor, sich dem ewigen Fließen des Lebens zu überlassen" (RIEMANN, 1985: 14 f). Aus dem Impuls nach Veränderung und Wandlung hingegen entwickelt sich die Angst, "durch Ordnungen, Notwendigkeiten, Regeln und Gesetze, durch den Sog der Vergangenheit und Gewohnheit festgelegt, festgehalten zu werden, eingeengt, begrenzt zu werden in unseren Möglichkeiten". Wie RIEMANN sagt, entwickelt jeder Mensch Anteile dieser beiden Ängste in sich. Krankmachend werden sie, wenn sie ein gewisses Maß übersteigen, oder wenn sie zu lange anhalten. KETS de VRIES & MILLER (1988) haben sich an das Schema von RIEMANN angelehnt und die beiden (krankhaften) Extremformen bei Managern wie folgt beschrieben:

Der "compulsive manager" (die zwanghafte Persönlichkeit),

Er hat den Drang, alles von oben herab zu erfassen, zu regeln und zu organisieren. Bürokratische Strukturen stehen im Vordergrund; er hält dogmatisch, perfektionistisch, rigid und mit einer geringen Spontaneität handelnd alles unter Kontrolle.

Der "dramatic manager" (die hysterische Persönlichkeit),

Er zeichnet sich dadurch aus, daß er hyperaktiv, impulsiv, risikofreudig, sprunghaft, ad-hoc-orientiert handelt; seine Planungen sind, wenn er überhaupt plant, zumeist von kurzer Dauer; unliebsame Informationen ignoriert er.

Dieser kurze Ausflug soll zeigen, daß die Vorliebe für hierarchische Strukturen nicht immer nur rationale Gründe haben wird, sondern sehr oft auf die Persönlichkeitsstruktur der Entscheider zurückführbar ist. Viele Unternehmen werden heute von Personen geleitet, die mehr zur Seite der "Schwerkraft" neigen (u.U. ist das eine der Voraussetzung, in hierarchischen Systemen aufzusteigen?) - also mehr eine Haltung verkörpern, die Max WEBER (1980: 653) als "*Fach*menschentum" beschrieben hat. Fachmenschen sind bemüht um "Ruhe", um "Erhaltung des Vorhandenen" und stehen "revolutionierenden Entwicklungen fremd und mißtrauisch gegenüber". Da aber Unternehmen nicht immer alles beim alten lassen können, sich an Veränderungen anpassen müssen, lassen sich, wie BAECKER (1993: 70 f) darstellt, bei Führungskräften z.T. paradoxe Verhaltensmuster feststellen: Man strebt einerseits nach einer "Sicherung des Gewonnenen, der Risikovermeidung, der Ausdehnung vertrauter Kreise"; andererseits neigt man dazu, "Neues im Alten zu verwirklichen", "neue Praktiken zu erproben, die mit den bewährten substitutiv oder komplementär harmonieren"; kurz: "das Andere im Selben" zu verwirklichen. So berichtet GROOTHUIS (1993: 53) in der *Wirtschafts-Woche* über die Ergebnisse einer Befragung von 800 Unternehmen:

> "Danach sehen die Topentscheider in der völligen Neustrukturierung ihres Unternehmens zwar ein 'enormes Wettbewerbspotential', aber mit der Umsetzung hapert es. Zwischen Anspruch und Wirklichkeit klafft eine enorme Lücke. (...)
> - 74 Prozent stimmten für flexible, teamorientierte Strukturen, doch nur vier Prozent haben dieses Managementkonzept bereits umgesetzt.
> - Für neue Führungskonzepte, die die Eigenverantwortung der Mitarbeiter fördert, machen sich immerhin 51 Prozent der befragten Unternehmen stark, aber nur 15 Prozent geben ihren Angestellten und Werkern wirklich mehr Entscheidungsspielraum.
> - 76 Prozent der Unternehmen erkennen die Vorteile durchgängiger Geschäftsprozesse und wollen weg vom reinen Ressortdenken. Doch nur vier Prozent der Unternehmen trennten sich bislang von ihren funktionalen Strukturen. (...)
> Besonders deutsche Firmenpatriarchen gehen beim Thema Reengineering auf Distanz. Sie klammern sich immer noch an alte Regelwerke mit streng hierarchisch aufgebauten Entscheidungskompetenzen. Derweil werden sie zunehmend unflexibel und können sich veränderten Marktbedingungen nicht mehr schnell genug anpassen."

Dieses paradoxe Verhalten zeigt sich auch bei den Versuchen, die weitergehenden Gruppenkonzeptionen (wie z.B. teilautonome Gruppenarbeit) in die gegebene Hierarchie zu integrieren. Zum einen will man die Vorteile dieser Gruppen nutzen;

zum anderen will man die Hierarchie nicht aufgeben. Vielleicht hatten deshalb auch relativ viele Unternehmen negative Erfahrungen mit Gruppenarbeit - andere hingegen großen Erfolg mit der gleichen Methode. Hierzu zwei Zitate aus dem zuvor erwähnten Bericht von GROOTHUIS (1993: 60):

> "'Es gibt viele Unternehmen, die den Prozeß beginnen, aber nur 20 Prozent schaffen es, weil auch die Topentscheider die Revolution der Reorganisation wirklich mittragen', beobachtet Hoffmann (von ABB; H.-K.W.). 'Quantensprünge könnten weitaus mehr Firmen erzielen', stimmt Unternehmensberater Droege zu, 'wenn die deutsche Führungselite die momentane Krise als Chance zur Neuorientierung begreifen würde. Das setzt aber eine Rebellion in den Köpfen voraus'."

Mit einer Methode, an die man nicht glaubt, die einem wesensmäßig fremd ist und unter Umständen sogar Ängste verursacht, kann man nicht umgehen und somit auch keinen Erfolg haben, auch wenn man es - im Sinne eines Benchmarking - noch so gern möchte.

Die zuvor dargestellten Dysfunktionalitäten hierarchischer Strukturen führen insgesamt zu zwei ganz wesentlichen Mängeln:

- Der Unfähigkeit, sich an komplexe, vieldeutige und schnell verändernde Verhältnisse anzupassen;
- der Unfähigkeit, Innovationen zu ermöglichen bzw. ein Klima zu schaffen, in dem neue Ideen und Projekte entwickelt und umgesetzt werden können.

Da Hierarchien andererseits nicht bestreitbare Vorteile bieten, werden zur kooperativen Bearbeitung besonders komplexer oder einmaliger Aufgaben von GAITANIDES & WICHER (siehe STAEHLE, 1991: 333) zwei Strategien unter Beibehaltung der Hierarchie vorgeschlagen:

Integrationsstrategien

Durch kollegiale, teamartige Führungsformen und Umgestaltung der Organisation in Matrix-Gebilde oder die Einführung von Produktmanagern sollen die bei einer funktionalen Gliederung geschwächten horizontalen Kommunikationsverbindungen institutionalisiert und gestärkt werden.

Segregationsstrategien

Durch die Ausgliederung von Aufgaben und Projekten und die Übertragung an Gruppen, die dann neben der eigentlichen Hierarchie wieder hierarchisch gegliedert werden, sollen Nicht-Routineaufgaben bearbeitet werden. Das System der "parallel organization" wurde Anfang der 70-er Jahre erstmals bei GENERAL MOTORS eingeführt. Ziel war es, neben der hierarchisch-bürokratischen Grundstruktur, eine zweite, parallele Organisation zur Lösung von innovativen, komplexen und schlecht strukturierten Aufgaben zu installieren. Wie STAEHLE (1991: 332) ausführt, soll mit der Parallelorganisation das "Paradox of Administration", daß sich in ein und derselben Struktur sowohl Sicherheit und Kontinuität, wie auch Flexibilität und Wandel realisieren lassen, überwunden werden.

In den folgenden Ausführungen werden zunächst die verschiedenen Formen, Gruppenarbeit unter Beibehaltung der Hierarchie, also durch Integrationsstrategien in das Unternehmen einzugliedern bzw. mittels Segregationsstrategien mit der bestehenden Hierarchie zu harmonisieren, dargestellt. Bei diesen Versuchen werden jedoch immer wieder die zuvor dargestellten hierarchischen Probleme, wenn auch z.T. in etwas gemilderter Form, auftauchen. Wesentliche Veränderungen, im Sinne einer Reduzierung der Dysfunktionalitäten hierarchischer Gestaltung, ergeben sich erst durch die in der Folge dargestellten organischen Strukturierungsformen. Zur Veranschaulichung der unterschiedlichen Einbindungsmöglichkeiten von Gruppen, wird das in Abbildung 5 dargestellte Teil-Organigramm verwendet. Dargestellt ist hier die übliche funktionale Gliederung eines mittelständischen Unternehmens, das industriell nutzbare Reinigungs- und Kehrmaschinen entwickelt, herstellt und in unterschiedlichen Absatzkanälen vertreibt. Aus Vereinfachungsgründen wurde das Organigramm nur im Bereich der Produktion, und hier wieder nur in jeweils einem Zweig, bis zur untersten Ebene ausgezeichnet. Unterhalb der Geschäftsleitung (GL) sind die funktionalen Bereiche: Vertrieb, Produktentwicklung (PE), Produktion und Verwaltung/Einkauf angesiedelt. Die Produktion gliedert sich, wieder funktional, in die Abteilungen: Arbeitsvorbereitung (AV), Dreherei, Fräserei und Montage. Innerhalb der beispielhaft dargestellten Fräserei bestehen vier Meisterbereiche; dem Meisterbereich 3 sind vier Mitarbeiter (MA1 bis MA4) zugeordnet.

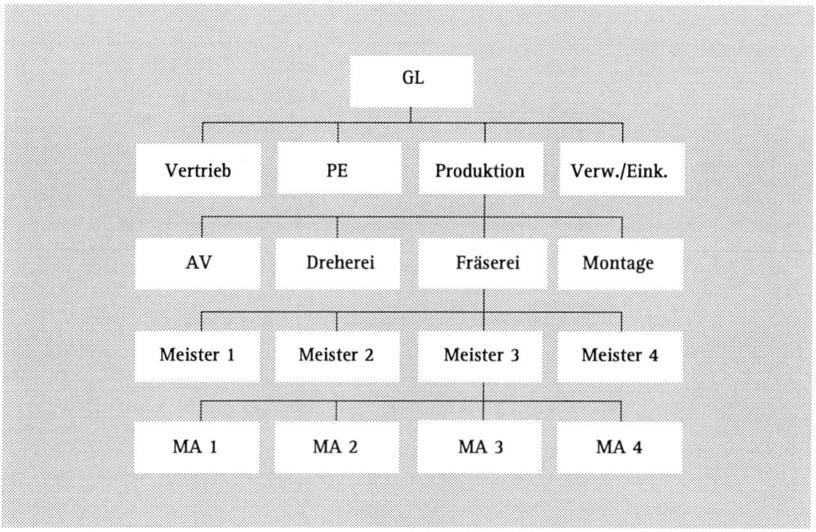

Abbildung 5: Teil-Organigramm eines mittelständischen Unternehmens

2.4.2. Anhängen von temporären Gruppen an die Hierarchie

In vielen Fällen werden temporäre Gruppen (z.B. Qualitätszirkel, Lernstatt-Gruppen, Wertanalysegruppen) lediglich an die Hierarchie angehängt (siehe Abbildung 6). In Organigrammen wird dann dargestellt, aus welchen Personen (Funktionsträgern oder Stelleninhabern) die Gruppen bestehen, und wie diese wiederum in das hierarchische System eingeflochten sind.

Die Mitglieder der Gruppen sind bei dieser organisatorischen Lösung einerseits in die hierarchische Struktur eingebunden, andererseits sind sie temporär und/oder von Zeit zu Zeit in Gruppen tätig, in denen nicht-hierarchisch zusammengearbeitet werden soll. Dieses Nebeneinander aus hierarchischen und nicht-hierarchischen Strukturen bzw. Arbeits- und Verhaltensweisen verursacht, besonders wenn die Gruppen aus Mitgliedern unterschiedlicher hierarchischer Ebenen zusammengesetzt sind, nicht unerhebliche Probleme.

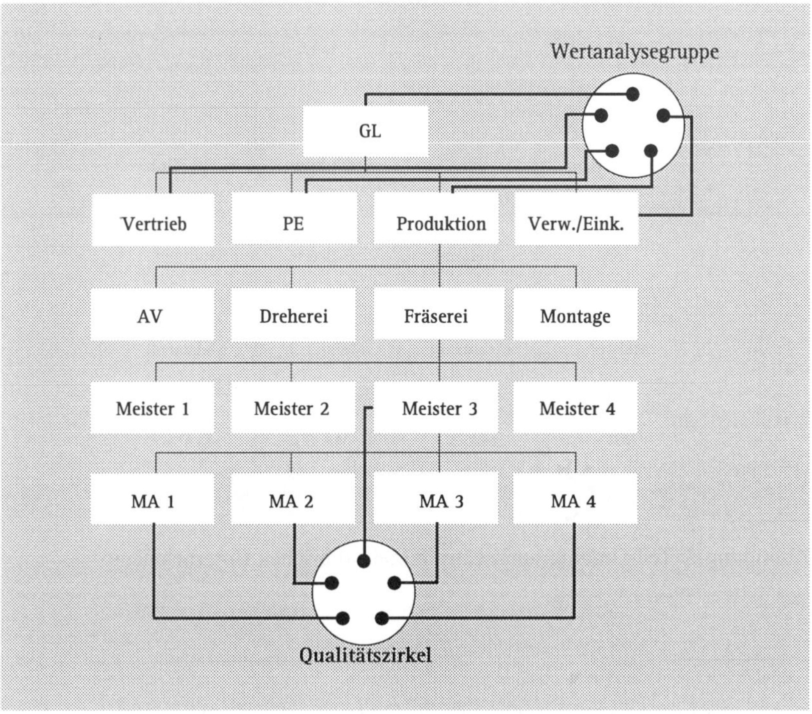

Abbildung 6: Anhängen von temporären Gruppen an die Hierarchie

Problematisch wird dieser Wechsel vor allem, wenn Vorgesetzte zusammen mit den ihnen unterstellten Mitarbeitern in einer Gruppe sind. So kann man feststellen, daß Vorgesetzte in diesen Gruppen wesentlich höhere Gesprächsanteile haben und den Verlauf der Kommunikation bzw. deren Inhalte ganz wesentlich bestimmen. Andererseits fällt es Mitarbeitern schwer, den ständigen Wechsel von hierarchischen und gruppenorientierten Verhaltensweisen vorzunehmen; in den unterschiedlichen Aufgaben und Zuordnungsverhältnissen immer wieder unterschiedliche Verhaltensformen zu entwikkeln. In diesen Gruppen stellt man fest, daß Führungskräfte trotz ihres Willens, Gruppen- oder Teamarbeit zu realisieren, auf (von ihnen) unerwartete, m.E. aber zwangsläufige Schwierigkeiten stoßen. Obwohl sie Offenheit, Vertrauen und kritisches Denken propagieren, verhalten sich die Mitarbeiter zurückhaltend und entwickeln ein antizipierendes Kommunikationsverhalten: Man sagt das, wovon man annimmt, es kommt beim "Chef" gut an; man diskutiert mit bzw. schweigt, wenn man annimmt, daß es positive Effekte für einen hat. In Unternehmen gibt es zwischen den hierarchischen Positionen größere und kleinere, im Sinne von BOURDIEU (1987) aber immer höchst wirksame "feine Unterschiede". Führungskräfte besitzen mehr Macht, sie können Verhalten sanktionieren, verfügen über Budgets für Anschaffungen, Personaleinstellungen und die Entlohnung; sie besitzen gewichtigere, übergeordnete Informationen, haben größere und/oder schönere Zimmer, Büroausstattungen, Firmenwagen..., die ihren Rang widerspiegeln; und sie haben ein anderes Vokabular bzw. sind rhetorisch zumeist geschickter. All das prägt das Verhalten und die Kommunikation zwischen Menschen. Auf der anderen Seite sind die Mitarbeiter, die gelernt haben, mit diesen machtorientierten, habituellen bzw. symbolischen Formen der Führung umzugehen und ihre "Nische" im System gefunden haben. Das Zusammenspiel von Führungskräften und unterstellten Mitarbeitern, man könnte auch sagen: die "geltende Verteilungs- und Klassenstruktur" (BARDMANN, 1994: 48), wird durch die handelnden Akteure ständig produziert und reproduziert. Es ist sicherlich schwer, die sich in diesem Prozeß herausbildenden komplementären Beziehungsstrukturen in symmetrische, gleichberechtigte umzugestalten. Vor allem bedarf dies der Bewußtheit, was im zwischenmenschlichen Miteinander wirkt und neuer Erfahrungen in einer offenen, kooperativen, vertrauensvollen Zusammenarbeit. In Gruppen mit gleichrangigen Mitgliedern treten diese hierarchischen Folgeprobleme nicht auf; die notwendigen Kommunikations- und Interaktionsprozesse entwickeln sich deshalb in diesen Gruppen zumeist wesentlich schneller.

MEYERSEN (1992: 18 f) beschreibt seine Erfahrungen mit dem Nebeneinander von hierarchischer und gruppenorientierter Arbeit bei HERBERTS-Lacke wie folgt:

> "Mit diesem Erlebnis (dem Nebeneinander von Hierarchie und Gruppe; H.-K.W.) wird diese andere Art zu arbeiten zu einem Prüfstein für jeden einzelnen, wenn er mit ihr in Berührung kommt. Ebenso ist es eine Herausforderung für ein Unternehmen, das sich mit dieser Arbeitsweise (.) einen 'erlaubten Freiraum' schafft.

Jeder einzelne, wie auch das Unternehmen, wird bei dieser Arbeitsweise immer von zwei Seiten berührt. Da ist einmal die Faszination des Neuen, des anderen. Und zugleich erscheint immer - quasi als Gegengewicht - die Angst vor zu starken, möglicherweise sogar unkontrollierbaren Veränderungen.
So entstehen durch die klassische Arbeitsweise auf der einen Seite und die moderierte Gruppenarbeit auf der anderen Spannungsfelder in der Organisation. Andere Konflikt-Bezeichnungen mögen sein: Ordnung und Chaos, Konkurrenzdenken versus Kooperation. Es sind Lernfelder. Noch dazu im Zeitraffer.
Und es resultiert daraus möglicherweise eine Aufgabenverteilung, die in sich noch mal das Potential zum Konflikt trägt: das (schwierige?) Umsetzen und Abarbeiten in der Organisation gegenüber dem (leichten?) Finden von Ideen, dem Einsatz von Kreativität in der Gruppenarbeit.
So steht den Vorteilen der Gruppenarbeitsweise, vor allem der schnellen Anpassung an neue Situationen, oft als Gegenpart die naturgemäß eher konservative Haltung und damit der Widerstand der Hierarchie entgegen. Wohl dem Unternehmen, das sich diese Auseinandersetzung auf hohem Energieniveau gestattet und damit diesen Zeitrafferprozeß in Bewegung setzt".

Insgesamt ist festzuhalten, daß die Hierarchie bei dieser Form der Strukturierung zumeist in die Gruppe hineinwirkt, so daß in den ausgegliederten Gruppen ebenfalls hierarchische Verhaltensformen festgestellt werden können, die sich natürlich nicht förderlich auf die Zusammenarbeit auswirken. Das reine Anhängen der Gruppen an die hierarchische Ordnung ist nur dann mit positiven Effekten verbunden, wenn in der gegebenen Hierarchie entsprechende Veränderungen vorgenommen werden (z.B. durch die Einführung partizipativ-delegativer Führungsformen in Zusammenhang mit dem Aufbau offener, vertrauensvoller Kommunikationsstrukturen oder die Installierung eines generellen Team-Work-Management). So führt WILDEMANN in einem Interview mit *Management Wissen* zum "KVP^2-Programm" bei VW, das von ihm strukturiert und mit "angeschoben" wurde, folgendes aus (zit. n. DEUTSCH, 1993: 7):

Frage Management Wissen: "Bei allen unbestreitbaren Erfolgen - auch das 'KVP-hoch-zwei'-Verfahren ändert nicht die grundlegenden Strukturen. Eben dies ist doch in den meisten Unternehmen jetzt notwendig!"

Antwort WILDEMANN: "Darin liegt die Schwäche des Konzeptes. Es müssen vorher die wettbewerbsfähigen Strukturen entwickelt werden. Eine Erkenntnis ist, daß das Verhalten von Mitarbeitern nur langfristig zu verändern ist. Wenn aber eine lernende Organisation geschaffen werden soll, die schneller lernt als der Mitwettbewerber, dann müssen die Mitarbeiter ihr Verhalten ändern. Aus einer veränderten Organisation resultiert ein verändertes Verhalten - und aus beidem eine höhere Effizienz."

WILDEMANN macht es sich relativ einfach, wenn er fordert, daß die Mitarbeiter ihr Verhalten ändern müssen. Meines Erachtens müssen sich zunächst die Führungskräfte klar werden, daß man, wenn man Gruppenarbeit etablieren will, mit den bekannten hierarchischen Verhaltensweisen nicht weiterkommt und diese entsprechend ändern. Erst in der Folge kann man erwarten, daß auch die Mitarbeiter ihr Verhalten ändern.

2.4.3. Die Organisation von Gruppen in einer Parallelhierarchie

Wenn in Unternehmen mehrere gleichartige Gruppen (Beispiel: Lernstatt bzw. Qualitätszirkel) oder voneinander abhängige Gruppen (Beispiel: Projektorganisation) gebildet werden, können diese aus der gegebenen Organisation ausgegliedert und in einer Parallelorganisation wiederum in ein hierarchisches Verhältnis zueinander gebracht werden. Zumeist wird die Parallelorganisation aus den in Abbildung 7 dargestellten drei hierarchisch angeordneten Instanzen gebildet. Wenn auch die Bezeichnungen dieser Instanzen bei den Qualitätszirkeln, der Lernstatt und der Projektorganisation unterschiedlich sind, übernehmen sie doch jeweils nahezu identische Aufgaben.

Leitungsgruppe (Steuergruppe, Beraterkreis, Projektmanagement)

Diese oberste Gruppe umfaßt in der Regel Mitglieder aus der Geschäftsleitung und dem oberen Management. Ziel dieses Gremiums ist es, die Ziele und Intentionen der Gruppenarbeit in der gegebenen Hierarchie zu verankern und den Gruppen die notwendige unternehmerische Unterstützung sicherzustellen. Die Leitungsgruppe klärt generelle Probleme in der Vorgehensweise der Gruppen und stimmt diese mit den Führungsgremien der gegebenen Hierarchie ab. Außerdem beurteilt die Steuergruppe den Fortschritt und die Arbeitsergebnisse der Gruppen.

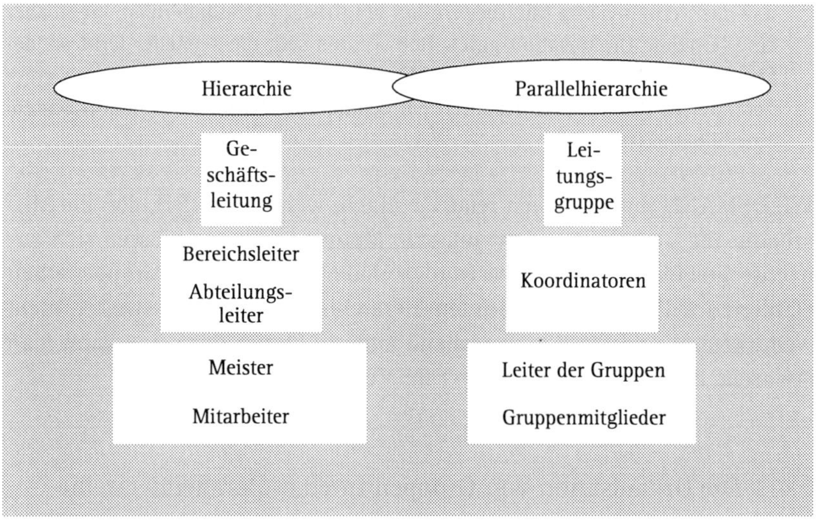

Abbildung 7: Parallelhierarchie zur Integration mehrerer Gruppen

Koordinatoren (Förderer, Projektleiter)

Die Koordinatoren werden zumeist aus dem Kreis der unteren und mittleren Führungsebene rekrutiert und haben die Aufgabe, die Arbeit der Gruppen zu koordinieren und zu fördern. Sie stellen das Bindeglied zwischen den Gruppenleitern und der Steuergruppe dar, koordinieren die Gruppenarbeit mit den Verantwortlichen der gegebenen Hierarchie, sorgen für die Ausbildung der Gruppenleiter und vermitteln die von den Gruppen angeforderten Fachleute.

Gruppenleiter (Zirkelleiter, Moderatoren, Teamleiter)

Die Gruppenleiter werden zumeist aus dem Kreis der unteren Führungskräfte oder der Mitarbeiter ausgewählt. Sie haben die Aufgabe, die Arbeit der Gruppe zu organisieren und zu leiten. Notwendige Details stimmen sie mit den Koordinatoren ab. Für ihre Gruppenleiteraufgabe werden sie ausgebildet, wobei sich die Ausbildung vor allem auf die Grundlagen der Gruppenarbeit und das Erlernen von Moderationstechniken zentriert.

Vor allem bei größeren Projektorganisationen ist die zuvor dargestellte hierarchische Gliederung sinnvoll, da die Aktivitäten der Gruppen auf ein Ziel hin zu koordinieren sind. Bei Qualitätszirkeln und der Lernstatt ist m.E. der Aufbau einer dreigegliederten Parallelhierarchie erst bei Installation von mehr als 10 aktiven Gruppen notwendig. Bei weniger Gruppen ist ein übergeordnetes Gremium, in dem die zuvor dargestellten Steuerungs- und Koordinationsfunktionen zusammengefaßt sein können, ausreichend.

2.4.4. Anhängen von dauerhaften Gruppen an die Hierarchie

In Abbildung 8 ist das Anhängen von dauerhaften Gruppen (hier von teilautonomen Arbeitsgruppen: TAG's) an die gegebene Hierarchie des gewählten Beispielunternehmens (Abbildung 4) dargestellt. In diesem Modell mischen sich zwei Strukturierungsansätze: die hierarchische Strukturierung mit Gruppenstrukturen.

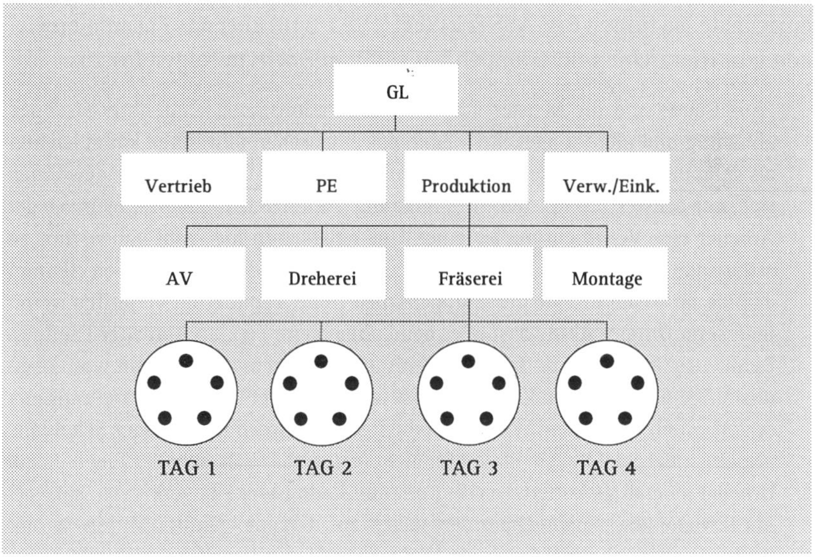

Abbildung 8: Anhängen von dauerhaften Gruppen an die Hierarchie

Probleme werden bei dieser Strukturierung vor allem an den Nahtstellen zu erwarten sein. Betroffen hiervon sind zumeist die Leiter der Gruppen, die sich nach oben hin in einer klassischen Hierarchie bewegen; nach unten in teilautonomen Gruppen. Nach oben hin unterliegen sie den Regeln der Hierarchie; in ihren Gruppen müssen sie die Funktion eines Moderators übernehmen und können nicht über die klassischen Mittel der Machtausübung (formale Autorität, Anordnung) verfügen. In vielen Fällen wird, da die Anpassungsleistungen nicht im erforderlichen Maß aufgebracht werden, die Hierarchie mit ihren Verhaltensformen in die Gruppen hineinwirken. Außerdem kommt es immer wieder zu Problemen im Zusammenwirken der beiden Organisationsformen. Verbesserungsvorschläge der Gruppen werden in der Hierarchie nicht zügig weiterbearbeitet oder versanden; die direkten, offenen Kommunikationsgewohnheiten der Gruppe treffen bei Abstimmungsprozessen auf hierarchische Kommunikationsregeln; organisatorische Regelungen und Formalismen, die in der Hierarchie unter Umständen eine sinnvolle Funktion haben, wirken störend in die Gruppen hinein; Führungskräfte aus dem mittleren und unteren Führungsbereich fühlen sich an den Rand gedrängt und behindern die Gruppenarbeit oder unterlaufen Gruppenentscheide. So führen PALASS & RISCH (1993: 318) über das Zusammenwirken von Hierarchie und Gruppen bei OPEL in Bochum folgendes aus:

> "Auf Dauer sind die Meister von der Kooperationsbereitschaft ihrer Gruppen abhängig und nicht umgekehrt - doch das einzusehen fällt ihnen kaum leichter als so manchem Chef weiter oben in der Hierarchie: Einige Manager gewöhnen sich nur schwer daran, daß die Einladung zu einer Gruppenbesprechung der Arbeiter eine Verpflichtung bedeutet. Und daß sie nur die Wahl haben, dort zu erscheinen oder sich mit triftigen Gründen zu entschuldigen. 'Wir haben erkannt, daß die positiven Effekte der Gruppenarbeit in der Produktion verpuffen, wenn in unserer Organisation sonst alles beim alten bleibt', erklärt Manager Thönnes. Denn was nützt die optimale Organisation untereinander, wenn von oben unsinnige Anweisungen kommen? Und was bringt der beste Verbesserungsvorschlag, wenn er auf dem Weg durch die Instanzen irgendwo in einer Schublade verschwindet, weil ihn ein Planer für nicht realisierbar hält, aber darüber mit dem Urheber niemals diskutiert. Um die Kommunikationswege zu verkürzen, hat Opel mittlerweile die Ansprechpartner näher zur Gruppe geholt: Mitten in der Bochumer Werkshalle II wurde ein riesiger Glaskasten installiert - der zukünftige Arbeitsplatz der Produktionsingenieure.
> Die Reibungsverluste, die entstehen, weil sich vormals ranghöhere Mitarbeiter

nur schwer mit der flacheren Hierarchie anfreunden können und sich gegen die Integration in die Teams sträuben, hält der Bochumer Opel-Chef Strinz für vorübergehend: Für die Gruppenarbeit spricht eindeutig der Erfolg. 'Wir haben die Produktivität im Motorenbau in den letzten drei Jahren um 50 Prozent gesteigert', sagt er stolz. Normal war bis dahin ein Plus von rund drei Prozent jährlich. Auf längere Sicht, hofft Strinz, werden auch die scheinbaren Verlierer der Umorganisation erkennen, daß es spannender ist, den Produktionsprozeß direkt mitzugestalten, als ein etwas größeres Rädchen im Getriebe zu sein."

2.4.5. Die Organisation des Team-Work-Management

Strebt ein Unternehmen die Einführung von Gruppenarbeit an der betrieblichen Basis an, sollte es - aus zuvor genannten Gründen - prüfen, wie man die Zusammenarbeit im Führungsbereich mehr in Richtung von Gruppen- bzw. Team-Strukturen entwickeln kann. In Abbildung 8 ist für das Beispiel-Unternehmen eine Team-Work-Management-Organisation dargestellt.

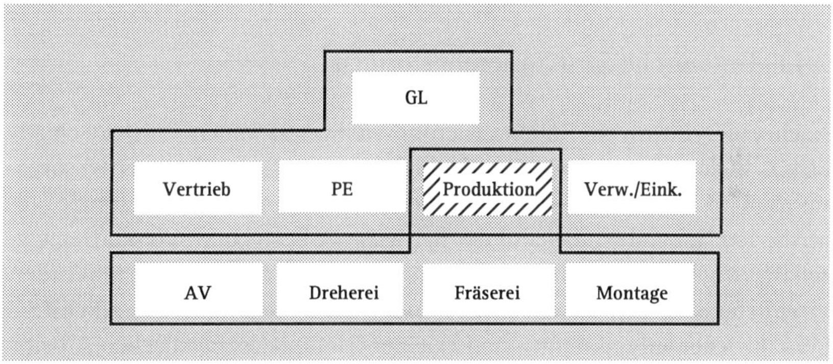

Abbildung 9: Team-Work-Management-Organisation

Diese Darstellung greift auf die zuvor beschriebene "Organisation mittels übereinandergreifender Gruppen" (S.43 f) zurück und soll verdeutlichen, daß

- die im Führungsbereich zumeist übliche Mann-zu-Mann-Führung durch eine gruppenorientierte, teamartige Führung ersetzt wird,
- sich die einzelnen Gruppen hierarchisch überlappen,

- wobei die Führungskräfte (mit Ausnahme der Führungsspitze) jeweils Mitglied von zwei Gruppen sind: der Gruppe, die sie führen und der übergeordneten Gruppe.

Wenn sich die in Abbildung 8 gewählte Darstellung auch nicht wesentlich von den üblichen hierarchischen Gebilden unterscheidet, soll sie doch dokumentieren, daß man von der üblichen Mann-zu-Mann-Führung abweicht und sich mehr einem Gruppenhandeln zuwendet. Entscheidend ist nicht so sehr die Darstellung, sondern die Form der Führung und Zusammenarbeit im täglichen Handeln. In vielen Unternehmen wird der Team-Gedanke gerade im Führungsbereich proklamiert; betrachtet man jedoch die Form der Zusammenarbeit näher, dominieren Konkurrenz- und Machtaspekte das Handeln. Die für das Team-Work-Management notwendige kollektive Verantwortung für gemeinsame Handlungsziele, ein gemeinsames Problembearbeiten und Entscheiden sowie das von KATZENBACH & SMITH (1993: 32 ff) angesprochene Lernen neuer Fähigkeiten, Werte und Verhaltensweisen, sind eher die Ausnahme.

2.4.6. Organische Strukturierungsformen

Nach einer massiven Rationalisierungswelle entstanden in Deutschland bereits in den 20-er Jahren Zweifel an der wissenschaftlichen Betriebsorganisation TAYLOR's und es begann der "Kampf um die Arbeitsfreude" (de MAN, 1927), bei dem das Idol der Betriebs-, Arbeits- bzw. Werks-Gemeinschaft, vorgestellt als "lebendiger Organismus" (TÖNNIES, 1926), im Vordergrund stand. In den 40-er Jahren wurden diese Gedanken von ARNHOLD (1942) wieder aufgenommen und zu einer "Nationalsozialistischen Arbeitsideologie" (BARDMANN, 1994) weiterentwickelt. Die tayloristische Ordnung der Betriebe mit der Tendenz zur Technisierung und Fragmentierung hat nach ARNHOLD die "artgemäßen Grundlagen" für das "natürliche, organische Verhältnis zwischen Mensch und Arbeit" verletzt. ARNHOLD (zit. n. BARDMANN, 1994: 304) faßt seine Kritik wie folgt zusammen:

> "Was wir entwickelten, bezog sich auf das, was man mit den Händen greifen konnte: wir haben die Materie entwickelt, den Betrieb verbessert, wir haben mechanisiert und rationalisiert. Aber indem wir unseren Blick einseitig auf den

technischen Apparat richteten, vergaßen wir darüber, daß dieser technische Apparat nur einen Teil des Betriebes darstellt. Das Lebenswichtige sind nämlich nicht die Maschinen, die Betriebsorganisation und das Geld, sondern der wesentlichere Teil unserer Betriebe ist der schaffende Mensch."

Der "schaffende Mensch" wird von ARNHOLD (1942) in den Mittelpunkt einer Naturmetaphorik gestellt, "um zu jenen Leistungsquellen vorzustoßen, die nicht mit rein technischen Mitteln (.) sondern allein durch organische Betriebsgestaltung und Führung zu erschließen sind". Um die Menschen zu einer einheitlichen Gemeinschaft zu verbinden, fällt dem Organisator die Aufgabe zu, "sein Haus in einen gesunden Organismus umzubauen" (NICKLISCH, 1920). Daß die entwickelten Ideen zu einer organischen Gestaltung mit unseren heutigen Vorstellungen zu dieser Organisationsform nur bedingt übereinstimmen, zeigt folgender Kommentar von BARDMANN (1994: 307):

"Entsprechend der Verlautbarung, daß im organisch gestalteten Betrieb der Mensch und also auch der Arbeiter auf unterster Stufenleiter im Mittelpunkt stehen soll, könnte man annehmen, daß dem Arbeiter in diesem Modell Kontroll- und Kritikchancen an der Betriebsführung eingeräumt werden. Das ist jedoch nicht der Fall. Der Arbeiter wird hier nicht als wirkliche Kritik- und Korrekturinstanz der Betriebsführung ernst genommen, denn artikulieren darf er lediglich, was der von Oben vordefinierten Wesensart des 'deutschen Arbeiters' entspricht."

BURNS & STALKER (1961) waren in neuerer Zeit die ersten Organisationswissenschaftler, die wieder für eine Substitution von "mechanischen" durch "organische" Managementsysteme plädierten; für eine Abkehr von hierarchisch festgelegten zu interaktiv ausgehandelten Arbeitsteilungen und Prozessen. Seither werden in der Literatur immer wieder, sich z.T. nur in Nuancen unterscheidende alternative Strukturierungsmodelle diskutiert, die hier unter dem Begriff "organische Strukturierungsformen" zusammengefaßt werden. Organisationen werden dabei als "lebendige Kreaturen" betrachtet, als ein "lebendiges, dynamisches Ökosystem, eine Gemeinschaft, die sich stetig weiterentwickelt und ihrem Umfeld anpaßt" (GARFIELD, 1993: 35). Nachfolgend werden die wichtigsten organischen Strukturierungsformen kurz vorgestellt und danach versucht, die in Abbildung 4 dargestellte funktionale Gliederung in eine organische Form zu bringen.

2.4.6.1. Adhocratie

Eine erste Abkehr von hierarchischen Strukturen stellt die von BENNIS & SLATER (1964) und dann später von TOFFLER (1970) beschriebene Adhocratie dar, eine Mischung aus hierarchischen und organischen Strukturen, die erstmals in den 60-er Jahren vom NASA-Zentrum für bemannten Raumflug realisiert wurde. Bei der Adhocratie werden Macht und Einfluß teilweise an multidisziplinäre, funktions- bzw. marktorientierte und für die Erledigung von innovativen Aufgaben gebildete (Projekt-)Gruppen und Teams delegiert, die ihre jeweils notwendigen Koordinationsaufgaben eigenverantwortlich wahrnehmen und ihre Strukturen immer wieder überprüfen und gegebenenfalls ändern. So wurden, wie MINTZBERG (1992: 359) darstellt, bei der NASA innerhalb der ersten acht Jahre die Strukturen 17 mal geändert, was schließlich dazu führte, daß man keine Organisationspläne mehr zeichnete.

Wie MINTZBERG (1992) ausführt, erfolgt bei der Adhocratie lediglich eine selektive Dezentralisation von neuartigen oder innovativen Aufgaben. Die Erledigung der routinemäßigen Aufgaben erfolgt weiterhin über hierarchische Strukturen. Adhocratien haben dadurch eine Ähnlichkeit mit den von HEDBERG (1984) beschriebenen Palast- und Zeltstrukturen, bei der Teile der Organisation (die Paläste) stabil und andere (die Zelte) anpassungsfähig gestaltet werden, bzw. der Projektorganisation. Im Gegensatz zur Projektorganisation hat sie aber dadurch, daß die Engführung an einem verbindlich vorgegebenen Ziel oder einer zentralistisch gebildeten Strategie im Prinzip ausgeschlossen wird, eine modernisierungstheoretische Pointe. Da bei Adhocratien die klassischen Hierarchieprinzipien, wie z.B. eine zentralistische Strategie- bzw. Zielentwicklung, die Einheit der Auftragserteilung und die Formalisierung von Abläufen, erheblich eingeschränkt werden, gewinnt die Ausgestaltung eines Kontaktinstrumentariums zur gegenseitigen Abstimmung in und zwischen den Gruppen eine übergeordnete Bedeutung. MINTZBERG (1992: 364) beschreibt die Ziele, die mit der Adhocratie verbunden werden, zusammenfassend wie folgt:

> "Die Adhocratie ist die einzige Konfiguration für Leute, die von der Notwendigkeit einer verstärkten Demokratie bei gleichzeitig verringerter Bürokratie überzeugt sind."

PETERS (1993) beschreibt anhand von Praxisbeispielen eine Vielzahl von unterschiedlichen Adhocratien, bei denen Projekte bzw. Projektgruppen, die lose miteinander verknüpft und von kleinen Zentralstellen gelenkt, koordiniert und überwacht werden, eine Schlüsselstellung haben. Die Gruppen werden nach folgenden Kriterien gebildet bzw. haben folgende Aufgaben (PETERS, 1993: 119 f):

> "Kohärente, autonome, multifunktionelle, voll verantwortliche, sich selbst verwaltende Zellen / Gruppen / Teams / Betriebe von zwei bis fünfunddreißig Mann - unterstützt in Echtzeit durch alle Informations- und Fachressourcen oder Quellen der Organisation (.) auf Abruf, voll ausgestattet mit den entsprechenden Befugnissen, alles Nötige zu tun, um den Kunden / andere Mitglieder der Wertschöpfungskette zu bedienen / auf sie zu reagieren."

Hierzu ein Beispiel von TITEFLEX, einem Hersteller von Flüssigkeits- und Gasbehältern in den USA (PETERS, 1993: 112 f):

> "Es hat sich viel geändert bei Titeflex: Die Bürokratie wurde hinweggefegt. Ganze Hierarchieebenen von Führungskräften wurden abgeschafft. Verfahren wurden zu Makulatur. Dann völlig neu erfunden.(...) Auftragseingänge kommen jetzt in eine 'Verwaltungszelle', die *Genesis-Gruppe*. Sie besteht aus sechs Mitarbeitern, deren Tische kreisförmig angeordnet sind. Zu dieser Mannschaft gehören (1) ein Auftragsbearbeiter, die Stimme von Titeflex für den Kunden draußen. Er bespricht die Preise, Liefertermine usw. und erstellt Rahmenverträge mit den firmeneigenen Kleinbetrieben im Haus; (2) Anwendungsingenieure, die jeden Auftrag sofort vom technischen Standpunkt her prüfen; (3) ein Konstruktionsingenieur, der die Herstellungsbedingungen festlegt; (4) ein Zeichner, der, wenn es nötig sein sollte, neue Pläne anfertigt und (5) ein weiterer Sachbearbeiter. An Stelle der früheren endlosen Vorbereitungsmeetings tauschen die Mitglieder der Genesis-Gruppe einfach Material und Gedanken untereinander aus und sprechen informell miteinander.(...)
> Der restliche Teil der Operation (die Fabrikation) ist de facto in 'Kleinbetriebe' organisiert worden (konzentrierte autonome Produktionszellen) von jeweils fünf bis fünfzehn Mitarbeitern. Da gibt es zum Beispiel die *Business Development Teams*, verschiedenartige kleine Einheiten/Zellen im Haus, die komplette Schlauch- und Armaturensätze an die Genesis-Gruppe 'verkaufen', *Final Assembly Teams* sind für die Endmontage zuständig.(...) Eilaufträge werden von einem speziellen, blitzschnellen *Rapid Deployment Team* erledigt - einer Zweipersonenmannschaft, die die ganze Sache vom Auftragseingang bis zum Versand in mitunter nur drei

bis vier Stunden abwickeln kann.(.) Die Steuerungsplanung der Produktion wurde völlig abgeschafft. Die Kalkulationsabteilung, die den Aufpasser spielte, wurde ebenfalls aufgelöst, ähnlich wie die große Abteilung für Qualitätssicherung. Eine kleine Finanzabteilung besteht noch, um die monatlichen Konsolidierungen durchzuführen und Analysen zu überwachen, aber die meisten 'Erbsenzähler' wurden der Produktion zugeordnet."

Die einzelnen Projektgruppen können in einer - wie dies PETERS (1993: 325 ff) nennt - "Cluster-Organisation" zusammengefaßt und geordnet werden. PETERS differenziert diese Cluster in sechs unterschiedliche Formen:

- das "Kernteam", das in etwa der bisherigen Geschäftsleitung entspricht;
- die "Geschäftseinheiten", die Geschäftsabschlüsse mit externen Kunden direkt tätigen;
- die "Stabseinheiten", die für die internen Kunden zuständig sind;
- die "Projektteams", die mit dem Ziel einer konkreten Verbesserung oder der Entwicklung eines strategischen Projekts gegründet werden;
- die "Bündnisteams", die - zusammen mit Außenstehenden - für das Unternehmen insgesamt verantwortlich sind;
- die "Wandelteams", die die Aufgabe haben, die Aktivitäten des Unternehmens generell zu modifizieren.

2.4.6.2. Kybernetische Modelle

Bei diesen Modellen wird das Unternehmen als ein "sich selbstregelndes und durch Rückkopplungsschleifen gekennzeichnetes System" (FLIK, 1969: 14) betrachtet, bei dem Prozesse durch Vorgabe von Steuergrößen und entsprechende Kontrollen gelenkt werden.

Kybernetische Modelle sind geprägt von der Selbstregulierungsidee. Dies bedeutet, daß sich organisatorische Einheiten z.B. auf der Basis von vereinbarten Zielen dezentral und eigenverantwortlich organisieren bzw. steuern, wobei die Entwicklung dieser weitgehend autonomen Einheiten über Rückkopplungsschleifen, vor allem in ihrer Zielerreichung, kontrolliert wird. Die von FLIK entwickelten Gedanken, die sich zunächst auf den Führungsbereich konzentrierten, wurden z.B. in der "Lattice-Organisation" von GORE-TEX auch in den unteren Stufen des Unternehmens realisiert. KOCH (1988: 180 f) beschreibt die Lattice-Organisation wie folgt:

> So bilden sich bei GORE-TEX Gruppen "ohne feste Regeln je nach Entscheidungsbedarf. Bis zu 15 Fachleute, gewerbliche Mitarbeiter aus der Produktion, Wissenschaftler und Verkäufer, halten gemeinsame Konferenzen ab. Die Mitarbeiter können gleichzeitig Mitglieder in mehreren Gruppen sein.(...)
> Die Arbeit in den Gruppen regeln Gores "Selbstverpflichtungs- und Fairneß-Paragraphen": Mitarbeiter werden in den Gruppen daran gemessen, für welche Vorhaben und Aufgaben sie sich sogenannte "Commitments" auferlegen. Die Einhaltung der Versprechen verfolgen danach alle Gruppenmitglieder mit Kritik und Lob. (...)
> Alle Verkaufsgruppen geben regelmäßig kurz- und langfristige Absatzprognosen für ihre Gebiete und Produkte ab. Ein selbstentwickeltes Softwaresystem leitet daraus Hochrechnungen über Liquidität und Investitionspläne für die Projektgruppen ab. 'Weil jeder Verkäufer seinen Markt am besten kennt und mit der Prognose quasi ein Commitment abgibt, trafen die Ist-Umsätze nach den Fünf-Jahres-Plänen bisher auf zehn Prozent genau ein'."

2.4.6.3. Sich selbstorganisierende Systeme

Grundgedanke der sich selbstorganisierenden Systeme ist, daß man Gruppen installiert, die weitgehende Autonomie hinsichtlich der Erfüllung ihrer Arbeit haben. PROBST (1987: 81) definiert sich selbstorganisierende Systeme wie folgt:

> "Im selbstorganisierenden System gibt es keine Trennung zwischen dem organisierenden, gestaltenden oder lenkenden Teil und dem organisierten, gestalteten oder gelenkten. Gestaltung und Lenkung sind über das System verteilt."

Wesentliche organisatorische Merkmale selbstorganisierender Systeme sind:

- die selbstverantwortliche Zielsetzung, Planung, Organisation, Steuerung und Kontrolle der laufenden Aufgaben innerhalb der Gruppen durch gegenseitige, interaktive Abstimmung und partizipative Entscheidungen;
- die ständige, selbstverantwortliche Initiierung von Prozessen, um die Leistung und Qualität zu verbessern oder Kostensenkungsmaßnahmen durchzuführen;

- die Koordination von Aufgaben zwischen den Gruppen durch selbstverantwortliche Abstimmung oder Einschaltung von Koordinatoren bzw. übergeordnete Gremien.

Am weitesten verwirklicht sind diese Gedanken bei den zuvor beschriebenen teilautonomen Arbeitsgruppen. BLÄSKE (1993) berichtet über die Organisation der NISSAN-Fabrik Sunderland in England:

> "Jeder Einzelne, jede Gruppe, jeder Bereich strebe danach, Qualität und Output ständig zu verbessern."(.) Die Gruppen mit 20 bis 25 Personen, haben dabei, gelenkt von einem Meister und dem Vorarbeiter, "nicht nur weitgehende Befugnisse was den Arbeitsablauf, die Taktabstimmung, den Einsatz innerhalb der Gruppe und finanzielle Fragen anbetrifft."

In enger Verbindung mit den sich selbstorganisierenden Systemen stehen die auf die Arbeiten von MATURANA & VARELA (1987) und LUHMANN (1984) zurückgreifenden selbstreferentiellen Systeme. Hierbei handelt es sich um komplexe soziale Handlungssysteme (dies könnten z.B. teilautonome Arbeitsgruppen sein), die ihre Strukturen und Elemente ständig auf der Basis von Selbstbeobachtungen selbst reproduzieren und ihre Beobachtungen und Handlungsweisen den jeweiligen internen und externen Vorstellungen und Gegebenheiten anpassen (siehe KASPER, 1990 und 1991). Daß sich selbstorganisierende Systeme ohne Fremdeinwirkung auch selbst etablieren können, zeigt die von PALASS & RISCH (1993: 331 ff) beschriebene Restrukturierung der BÜTTNER AG:

> "Wer aus Befehlsempfängern Erfinder machen will, um schneller zu sein als die Konkurrenz, kann sich nicht mit kleinen Kurskorrekturen zufriedengeben - der muß Strukturen komplett einreißen und neue aufbauen. Seit anderthalb Jahren, seit Wirchers Ernennung zum Chef, ist bei Büttner deshalb nichts mehr, wie es vorher war.
>
> Der neue Mann an der Spitze hat alles auf den Kopf gestellt: Organigramme aufgehoben, Stellenbeschreibungen abgeschafft, Privilegien gestrichen, Profit Center und Business Units gegründet, Positionen neu definiert, Leute verschoben - und mit seinen Aktionen ein Chaos verursacht. Ein halbes Jahr lang hat keiner gewußt, wer wofür zuständig war, wer die Entscheidungen traf und wer sie ausführte. Und viele Mitarbeiter haben daraus die Konsequenz gezogen zu gehen. Wer durchgehalten hat, lebt heute in einer Organisation, die sich wie von selbst strukturiert hat und in der jeder das tut, was er am besten kann.(...)

> Dazu wurde die kleine Pelikan-Tochter (Büttner ist eine Tochter der Pelikan-Holding AG; H.-K.W.) in noch kleinere Einheiten zerteilt. Drei Profit Center in drei räumlich getrennten Werken agieren wie eigenständige Firmen. Darüber hinaus gibt es sieben nach Produktgruppen sortierte Business Units, die bisher vor allem Koordinationsaufgaben haben, weil identische Produkte zum Teil noch in zwei Betriebsstätten entstehen. (...)
> Weil bei Büttner neuerdings jeder seinen Ideen nahezu freien Lauf lassen kann, werden von den Mitarbeitern auch laufend Projektgruppen gebildet. Das können Teams sein, die versuchen, wiederverwertbare Produkte zu entwickeln, oder solche, die den Telephonverkauf neu organisieren wollen. Keine Idee, die nicht wenigstens ausprobiert werden darf - die Initiatoren werden dafür von 20 bis 30 Prozent ihrer eigentlichen Aufgaben befreit.(...) Nichts gilt mehr, keiner hat recht, alles kann heute in Frage gestellt werden, was gestern noch richtig war, erweist sich morgen vielleicht schon als falsch. Was die Pelikan-Leute umzusetzen versuchen, hat nichts mit einer neuen Managementmethode zu tun, sie rütteln an den Grundpfeilern von Lebenseinstellungen - und damit ist am Anfang jeder überfordert.(...) Und das soll funktionieren? Da sollen alle erleichtert aufatmen und begeistert mitmachen? Gar nichts funktioniert - zumindest nicht am Anfang, ein solcher Prozeß dauert Jahre."

In Erweiterung zu diesem Praxisbeispiel möchte ich noch kurz auf das von COHEN, MARCH & OLSEN (1972) beschriebene "Mülleimer-Modell" der Organisation eingehen das zur Grundlage hat, daß Entscheidungen in Organisationen in Wirklichkeit sehr oft nicht in der vermuteten wohlgeordneten, rationalen Weise getroffen werden. Es ist vielmehr davon auszugehen, daß in den "Mülleimer" der Organisation weitgehend ungeregelt: Probleme (Interessen, Forderungen oder Ansprüche interner und externer Gruppierungen), Lösungen (Ideen, Technologien und Produkte, die zum Teil unabhängig von den Problemen entwickelt werden), Wahlsituationen (Situationen, in denen etwas entschieden werden muß) und Menschen (Akteure, die Problemdefinitionen und -lösungen entwickeln) hineingekippt werden, die dann von der Organisation aufgenommen und bearbeitet werden. In einigen Aspekten sind hier Parallelen zu den Praxisbeispielen GORE-TEX und BÜTTNER erkennbar. Interessant ist die daraus folgernde Definition der Organisation von COHEN, MARCH & OLSEN (entnommen aus WEICK, 1985: 38), die auch den Glauben an die Macht von hierarchischen Ordnungen etwas erschüttern kann:

> "Eine Organisation ist eine Sammlung von Entscheidungen, die nach Problemen suchen, von Themen und Gefühlen, die nach Entscheidungssituationen suchen, in denen sie Ausdruck finden können, von Lösungen, die nach Fragen suchen, auf die sie Antworten sein könnten, und von Personen in Entscheidungspositionen, die nach Arbeit suchen."

Wie BAECKER (1993: 27 und 128) zeigt, ermöglicht es vor allem die mit dem Mülleimer-Modell angesprochene "Wiedereinführung von Anarchie", daß jenseits der Despotie hierarchischer Systeme und dadurch, daß sich kommunikative Abläufe aus der Indifferenzzone in eine Differenzzone hineinbewegen, ganz bewußt neue, der jeweiligen Situation angepaßte Lösungen hervorgebracht werden können.

2.4.6.4. Heterarchische Strukturen und lose Kopplung

In Verbindung mit sich selbstorganisierenden Systemen werden oft heterarchische Strukturen (einem Begriff, der erstmals 1965 von Warren Mc CULLOCH geprägt wurde) diskutiert, die von PROBST (1992: 495) wie folgt definiert werden:

> "Unter Heterarchie versteht man das Prinzip fluktuierender hierarchischer Beziehungen zwischen Individuen oder Systemen. Das bedeutet, daß sich die hierarchischen Strukturen je nach Bedarf umkehren lassen, ebenso wie die für die hierarchische Ordnung ausschlaggebenden Kriterien - Kompetenz, Status, Ansehen usw. - von Fall zu Fall verschieden sein können."

Wesentliche organisatorische Merkmale heterarchischer Systeme sind:

- Es fehlt (zumeist) ein dominantes (Macht-)Zentrum;
- es besteht eine Vielzahl von verschiedenen, z.T. fluktuierenden (Sub-) Zentren, die alle Funktionen des Systems einbeziehen;
- jedes Subsystem organisiert sich so, daß es die vielfältigen und jeweils erforderlichen Funktionen integriert;
- die Strategie des Gesamtsystems ist die Summe aus den Strategien der einzelnen Subsysteme, es gibt keine durchgehende Strategie;

- die einzelnen Subsysteme und das Gesamtsystem sind durch entsprechende Informationssysteme lose miteinander verknüpft;
- jedes Subsystem pflegt direkte Kontakte zur jeweils relevanten organisationsinternen und -externen Umwelt.

Man kann aus diesen Merkmalen erkennen, daß die Heterarchie keine Anarchie ist; und: sie "ist sowenig das Gegenteil von Ordnung, wie die Hierarchie ihr Garant ist" (BAECKER, 1993: 130). Die Heterarchie ist so unprognostizierbar wie reich an querschießenden Effekten, so inkonsistent wie selbstorganisationsfähig. Die einzelnen Subsysteme und Gruppen sind bei Heterarchien zumeist durch selektive Verknüpfungen oder eine "lose Kopplung" (WEICK, 1976 und 1985), bei der sich die Gruppen ihre Kontakte zu anderen Gruppen selbst suchen oder die Koordinationsaufgaben an übergeordnete Gremien delegieren, miteinander verbunden. Es bleibt hierbei dem Management überlassen, die jeweiligen Selektionen und Verknüpfungen zu kontrollieren und gegebenenfalls zu korrigieren, also durch ein switching der Organisation zwischen loser und fester Kopplung, Gruppen auch wieder in eine engere Führung zu nehmen. Dieses System kann, wie BAECKER (1993: 218) ausführt, wohl "von keiner Stelle der Organisation aus verwaltet oder verfügt werden"; andererseits entstehen jedoch Flexibilität und Stabilität dadurch, daß Störungen, die sich in einem Teil des Systems bemerkbar machen, auch dort bearbeitet werden ohne das gesamte System zu tangieren oder zu gefährden. Die Stabilität der Gesamtorganisation wird dadurch erreicht, daß man Instabilitäten in den Teileinheiten bewußt zuläßt, u.U. sogar provoziert. PROBST (1992: 498) faßt die Bedingungen dieser Strukturierung wie folgt zusammen:

> "Heterarchie entsteht dadurch, daß Verantwortungs- und Kompetenzbereiche sowie Kontrollinstanzen nur virtuell gegeben sind und je nach den Gegebenheiten der Umwelt oder Interaktionssituation aktiv werden. Zwei Ebenen sind daher unverzichtbar: die der Individuen und Arbeitsteams, die für Denkprozesse und Handlungen zuständig sind, und die der Koordination, die die Aufgabe hat, die Ziele für den einzelnen im Hinblick auf den Systemzweck abzustimmen und Interaktions- und Austauschprozesse zu koordinieren und zu überwachen."

2.4.6.5. Fraktale Organisationen

In neuerer Zeit werden von verschiedenen Autoren (so z.B. LASZLO, 1992; WARNECKE, 1993) fraktale Organisationsmodelle, als Ersatz für hierarchische Strukturen, in die Diskussion gebracht. Die Grundannahmen fraktaler Organisationsstrukturen unterscheiden sich nicht wesentlich von den zuvor dargestellten organischen Strukturierungsmöglichkeiten. Der Begriff "Fraktal" entstammt der Chaostheorie und bezeichnet die selbstähnliche Wiederholung eines bestimmten Musters in kleineren Dimensionen. MANDELBROT, der "Erfinder" der Fraktale, führt hierzu folgendes aus (zit. n. BRIGGS & PEAT, 1990, 351):

> "Fraktale Gestalten hoher Komplexität lassen sich allein durch die Wiederholung einer einfachen geometrischen Transformation gewinnen, und geringfügige Änderungen dieser Transformation bewirken globale Änderungen. Dies legt nahe, daß eine kleine Menge genetischer Information die Entstehung komplexer Gestalten bewirken kann". Er fügt hinzu: "Das Ziel der Wissenschaft ist es immer gewesen, die Komplexität der Welt auf simple Regeln zu reduzieren."

WARNECKE (1992: 152 f) beschreibt die Grundzüge einer fraktalen Organisation wie folgt:

> "Ein Fraktal ist eine selbständig agierende Unternehmenseinheit, deren Ziele und Leistung eindeutig beschreibbar sind.
>
> - Fraktale sind selbstähnlich, jedes leistet Dienste.
> - Fraktale betreiben Selbstorganisation:
>   *Operativ*: Die Abläufe werden mittels angepaßter Methoden optimal organisiert.
>   *Taktisch und strategisch*: In einem dynamischen Prozeß erkennen und formulieren die Fraktale ihre Ziele sowie die internen und externen Beziehungen. Fraktale bilden sich um, entstehen neu und lösen sich auf.
> - Das Zielsystem, das sich aus den Zielen der Fraktale ergibt, ist widerspruchsfrei und muß der Erreichung der Unternehmensziele dienen.
> - Fraktale sind über ein leistungsfähiges Informations- und Kommunikationssystem vernetzt. Sie bestimmen selbst Art und Umfang ihres Zugriffes auf die Daten.
> - Die Leistung des Fraktals wird ständig gemessen und bewertet.
>
> Das Fraktal wird somit zu einem zentralen Gestaltungselement im Unternehmen."

Nachdem die Organisationsstruktur von METTLER-TOLEDO in der Literatur (WARNECKE, 1993) den fraktalen Strukturen zugeordnet wird, möchte ich zur Veranschaulichung fraktaler Organisationen nochmals auf dieses von SCHNEIDER (1993: 109 ff) beschriebene Praxisbeispiel, das der zuvor beschriebenen Organisation von TITEFLEX (siehe S. 93 f) sehr ähnlich ist, zurückgreifen:

> "Möglichst wie Zellen in einem Organismus, die zwar einander ähnlich sind, aber in den verschiedenen Organen unterschiedliche Aufgaben haben, sollten auch Gruppen und Teams arbeiten. Danach agieren die Einheiten, die zueinander in einem Verhältnis wie Kunden und Dienstleister stehen, nach folgenden Prinzipien:
> - Die Selbststeuerung verlangt eine Verlagerung von Kompetenzen auf die untersten Hierarchieebenen in einem vorgegebenen Rahmen. Konkret heißt das, daß den Teams überlassen wird, wie sie ihre Aufträge vollständig und pünktlich erfüllen.(...)
> - Die Funktionsintegration bedeutet eine Aufhebung der Arbeitsteilung und hat geschlossene Prozesse zum Ziel. Die Folge für die Montage: Fast jeder ist an jedem Arbeitsplatz einsetzbar, die herkömmlichen Arbeitsplatzbeschreibungen werden zu Makulatur.
> - Die Eigenverantwortung nimmt den einzelnen in die Pflicht.(...)
> - In der streng absatzgesteuerten Produktion (.) ist die Arbeitsteilung aufgehoben. Aufträge werden von eigenverantwortlichen Teams abgewickelt.(...)
> - Alle früheren zentralen Bereiche, die mit neuen Produkten zu tun haben, also Marketing, die F + E-Abteilung oder die Produktionsplanung, wurden (.) aufgelöst und die Mitarbeiter in Teams für eine sogenannte synchrone Produktentwicklung (SPE-Teams) zusammengefaßt. Derzeit arbeiten (.) fünf Teams mit jeweils bis zu sieben Spezialisten, die für die von ihnen betreuten Projekte vom Erspüren der Marktchance bis zur Einführung eines neuen Produkts verantwortlich sind - sie treiben Marketing, entwickeln die Arbeitsplanung, kalkulieren, schreiben die technischen Dokumentationen sowie Service-Manuals und schulen Techniker ebenso wie Verkäufer."

2.4.6.6. Holarchien und Flex-Teams

Weitgehend identisch mit fraktalen Strukturen sind die von GARFIELD beschriebenen, in eine "Holarchie" eingebetteten, "Flex-Teams". Die Grundzüge der Holarchie werden von GARFIELD (1993: 36) wie folgt dargestellt:

> "Der Philosoph Arthur Koestler hat den Begriff *Holon* geprägt, um die Untersysteme der Natur zu beschreiben, die sowohl Ganzes als auch Bestandteil eines größeren Ganzen sind. Ein Baum wäre beispielsweise ein Holon, ein eigenständiges System, dessen Existenz von einem übergeordneten System, der Umwelt, abhängig ist. Jedes Holon, behauptet Koestler, läßt zwei entgegengesetzte Bestrebungen erkennen: die Neigung zur *Integration*, das heißt den Wunsch, seinen Aufgaben als Teil eines größeren Ganzen gerecht zu werden, und die Neigung zur *Selbstbehauptung*, um seine Autonomie zu wahren.(...)
> Die Wissenschaftlerin Elisabeth Sahtouris hat Koestlers Idee einen Schritt weitergeführt und das Wort *Holarchie* geprägt, um das 'aus Ganzen bestehende Ganze' zu beschreiben, das größere Umfeld, in das Holons eingebettet sind. Ein Unternehmen ist eine Holarchie, in der Holons wie beispielsweise Arbeitsgruppen ihre Funktionen erfüllen."

Flex-Teams, als lebende, organische Basis-Systeme der Holarchie weisen folgende Merkmale auf (GARFIELD 1993: 192f):

> "Selbstbestimmung.
>
> Es erhält keine Befehle von höherer Ebene. Es handelt in Einklang mit dem Unternehmen und erhält vielleicht Hilfe von der übergeordneten Holarchie, aber es trifft seine eigenen Entscheidungen und entwickelt Strukturen, die auf seine spezifischen Bedürfnisse abgestimmt sind.
>
> Selbsterneuerung.
>
> Es funktioniert auch dann, wenn sich seine Strukturen oder Mitglieder ändern. Es hat eine innere Handlungseinheit.
>
> Selbstvernetzung.
>
> Es grenzt sich nicht aus, sondern nimmt Kontakt mit seiner Umwelt auf. Es vernetzt sich mit Einzelpersonen, anderen Gruppen oder Unternehmen, um Ideen und Ressourcen auszutauschen und gemeinsame Ziele zu erreichen. Mit anderen Worten, es lernt."

2.4.6.7. Zusammenfassung

In den Ausführungen zu den organischen Strukturierungsformen wurden unterschiedliche Ansätze einer alternativen Organisationsgestaltung dargestellt. Zusammenfassend kann man feststellen, daß diese Ansätze viele Gemeinsamkeiten aufweisen; sich selbstorganisierende Systeme, heterarchische und fraktale Organisationen sind unterschiedliche Begriffe für weitgehend ähnliche organische Strukturierungsformen. Diese greifen im Prinzip auf folgende Gestaltungsregeln zurück:

1 Die übliche Gestaltung der Struktur von oben nach unten wird ersetzt durch eine Strukturierung, die von unten nach oben wächst. Hierbei werden im ersten Schritt den an der Basis gebildeten Gruppen 1.Ordnung, die mehrere Funktionen innerhalb eines abgrenzbaren Gesamtzusammenhangs (z.B. Entwicklung, Herstellung oder Vertrieb von abgegrenzten Produktfamilien) übernehmen, neben den üblichen Kernaufgaben möglichst viele, prozessual zusammenhängende Aufgaben zugeordnet.

2 Eine strikte Arbeitsteilung bzw. Zuordnung von Einzelaufgaben innerhalb der Gruppen an bestimmte Personen wird weitgehend reduziert und eine Mehrfachqualifikation der Mitarbeiter angestrebt, so daß diese, je nach Bedarf und Abstimmung in der Gruppe, immer wieder wechselnde Aufgaben übernehmen können.

3 Zentralseitige, beschaffende, planende, vorbereitende, steuernde und kontrollierende Organisationseinheiten werden weitgehend aufgelöst und deren Aufgaben, so weit dies möglich ist, zu den Basisgruppen verlagert.

4 Die Gruppen 1.Ordnung werden durch Gruppen 2.Ordnung, die übergeordnete Systeme bilden, lose gekoppelt zusammengefaßt. Die Gruppen 2.Ordnung bilden sich aus den Vertretern der Gruppen 1.Ordnung. Im gleichen Sinn können in größeren Organisationseinheiten übergeordnete Systeme 3. oder 4.Ordnung gebildet werden. Die übergeordneten Systeme übernehmen für die zugeordneten Gruppen vorrangig Koordinationsaufgaben innerhalb des Gesamtsystems bzw. zu anderen oder höheren Systemeinheiten (siehe Abbildung 10), soweit diese von den Gruppen, im Sinne einer losen Kopplung, nicht selbst geleistet werden können.

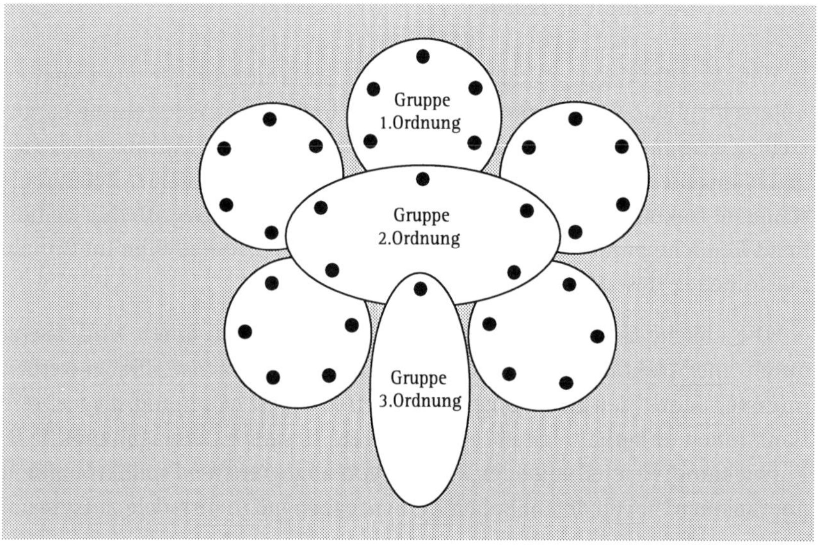

Abbildung 10: Das Gestaltungsprinzip organischer Gruppenorganisationen

5 Die einzelnen Gruppen erhalten, im Sinne einer Selbststeuerung, weitgehende Eigenverantwortlichkeiten zur Planung, Organisation, Steuerung und Kontrolle der ihnen zugeordneten Aufgaben. Darüber hinaus haben sie die Aufgabe, autopoietisch eine ständige Anpassung und Optimierung ihrer Strukturen und Prozesse an geänderte (Umwelt-)Bedingungen vorzunehmen.

6 Die übergeordneten Systeme übernehmen über die Eigenkontrolle der Gruppen hinausgehende Kontrollaufgaben (z.B. die Erfüllung vereinbarter Aufgaben für das Gesamtsystem) und verändern in kooperativer Abstimmung die Freiheitsgrade der zugeordneten Gruppen bei Bedarf.

Ausgehend vom in Abbildung 5 dargestellten Organigramm, wird in Abbildung 11 eine organische Strukturierung beispielhaft dargestellt, die nach den zuvor dargestellten Regeln gestaltet wurde, wobei die Basis in allen Bereichen von teilautonomen Gruppen gebildet wird, deren Kernaufgaben - entsprechend der Darstellung in Abbildung 2 - durch die Bildung von komplexen Aufgabenbereichen prozessual erweitert wurden. Neben den Produktionsgruppen gibt es Entwicklungs- und Vertriebsgruppen, die jeweils für ihren Produktbereich zuständig sind. Die Verwaltung wird im gegebenen Beispiel als Dienstleistungsfunktion für die übrigen Bereiche betrachtet, deren Funktionen und Aufgaben aber zentral organisiert bleiben.

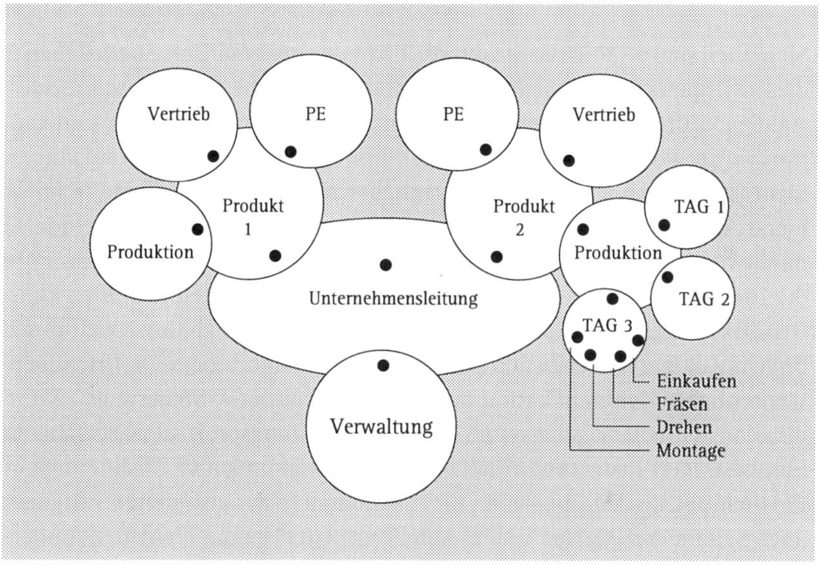

Abbildung 11: Beispiel für eine organische Organisationsstruktur

Die Aufgaben, die in der Praxis z.B. von Qualitätszirkeln übernommen werden, könnten als laufende Aufgaben den teilautonomen Arbeitsgruppen zugeordnet werden. Außerdem könnte diese Organisation z.B. um Projekt- oder Wertanalysegruppen beliebig erweitert werden.

Bei dieser Art der Strukturierung bildet der Gruppengedanke das Grundmuster der Organisationsgestaltung. Gruppen werden nicht an eine Hierarchie angehängt, wie bei den zuvor beschriebenen Integrations- und Segregationsstrategien, sondern bilden das Grundmuster, das sich auf höheren Ebenen, im Sinne von Fraktalen, weiterbildet und wiederholt. Auf den höheren Ebenen übernehmen jedoch nicht (einzelne) Hierarchen die Lenkung der zugeordneten Einheiten, sondern immer wieder Gruppen: die Autonomie und Macht der Hierarchen wird stets auf Gruppen übertragen. Gebildet werden die übergeordneten Gruppen durch die Gruppensprecher, die im Sinne einer linking-pin-Funktion, die Interessen ihrer Gruppen in den übergeordneten Systemen vertreten und, soweit dies auf direktem Wege durch die Gruppe selbst nicht möglich ist, mit anderen Gruppen koordinieren.

Sicherlich sind organische Strukturen nicht unproblematisch. Es entstehen in diesen Organisationsformen (notwendigerweise) eine Vielzahl von Widerständen, Differenzen, Mehrdeutigkeiten, Paradoxien, Konflikten und Störungen, die das System zunächst destabilisieren, es insgesamt und auf längere Sicht jedoch stabilisieren und beweglicher machen. Diese Effekte treten in hierarchischen Systemen zumeist im gleichen Umfang auf. Dort werden sie durch verschiedene hierarchische Mechanismen zumeist einseitig im Sinne der Hierarchie bearbeitet, was zu erheblichen Folgeproblemen führen kann. Der Erfolg organischer Strukturierungen hängt davon ab, inwieweit es gelingt, die in und zwischen den Gruppen notwendigen, zumeist auf zwischenmenschlicher Kommunikation beruhenden, Planungs-, Steuerungs-, Koordinations-, Problemlösungs- und Konfliktbearbeitungsprozesse zu bewältigen. Eine besondere Bedeutung erhält hierbei die kommunikative Ausbildung und Entwicklung der Gruppenleiter, die in Anbetracht der geänderten Aufgaben auch nicht mehr "Meister" oder "Abteilungsleiter" genannt werden, sondern "Gruppensprecher", "Moderator" oder "Koordinator", und der Einsatz effektiver Kommunikationstechniken, wie z.B. der Moderationsmethode.

Die Einführung von organischen Strukturierungsformen ist die einzige Möglichkeit, die Vorteile von umfassenden Gruppenkonzeptionen in Unternehmen zu realisieren. Wenn man lediglich in Ergänzung zur täglichen Arbeit inselhaft Gruppenkonzeptionen (wie z.B. Qualitätszirkel oder Wertanalysegruppen) einführen will, muß man die hierarchischen Strukturen nicht grundsätzlich ändern; diese Gruppen kann man an die Hierarchie anhängen. Längerfristig sollte jedoch jedes Unternehmen prüfen, ob man nicht angesichts einer immer dynamischer werdenden Umwelt und den sich daraus ergebenden wechselnden Anforderungen, umfassende Gruppenkonzeptionen, z.B. in der Form von teilautonomen Arbeitsgruppen, installiert und die Organisation im Sinne von organischen Strukturen gestaltet.

2.5. Implementierung von Gruppenarbeit

Gruppenarbeit im Unternehmen zu implementieren erfordert eine sorgsame Vorbereitung und Durchführung, die in den folgenden Ausführungen in einem 3-Phasen-Modell beschrieben werden, wobei zu bemerken ist, daß diese Phasen, da sie sich teilweise überlagern, z.T. parallel abgearbeitet werden.

2.5.1. Entscheidungs- und Vorbereitungsphase

2.5.1.1. Notwendige Entscheidungsprozesse

Die Einführung von Gruppenarbeit hat, vor allem wenn sie mit der Einführung von organischen Strukturen verbunden ist, erhebliche Auswirkungen auf das gesamte Unternehmen. Dieser Prozeß wird, wie dies auch in den Praxisbeispielen anklang, von erheblichen Turbulenzen, Irritationen, Ängsten und Widerständen, vor allem bei den Führungskräften, begleitet sein. Am Beginn von Veränderungsmaßnahmen in Richtung Gruppenarbeit muß deshalb ein Bewußtwerdungsprozeß, was auf einen zukommt, und ein Bewußtseinswandel hin zur Gruppenarbeit stattfinden, an dessen Ende sich die wesentlichen Entscheider auch ganz bewußt für die Einführung dieser Organisations- und Arbeitsform entschließen. Dieser Umdenkprozeß, in dem es zu einem bestimmten Zeitpunkt - vergleichbar dem von Thomas KUHN beschriebenen Paradigmenwechsel (siehe hierzu: SCHMIDT, 1993) - "klick" macht, soll durch folgende Praxisbeispiele von KROMSCHRÖDER (zit. n. GOTTSCHALL & HIRN, 1992: 213) und METTLER-TOLEDO (zit. n. SCHNEIDER, 1993:110 f) veranschaulicht werden:

> "Noch auf dem Rückflug (von einer Betriebsbesichtigung in Japan; H.-K.W.) zogen die vier Manager für ihren Betrieb (die Firma KROMSCHRÖDER; H.-K.W.) Bilanz: Die Abläufe im heimischen Werk waren wegen der gewachsenen Arbeitsteilung zu kompliziert und ließen sich auch durch verstärkten Computereinsatz nicht wesentlich vereinfachen. Und: Sie boten zu wenige Entfaltungsmöglichkeiten für den Menschen.
> Bis zu diesem Zeitpunkt hatten die Führungskräfte ihre Leute als Störgrößen im Maschinenbetrieb gesehen. Alles erschien ihnen planbar, nur das Verhalten der

> Beschäftigten nicht. Jetzt erkannten sie, daß sie die technischen und organisatorischen Strukturen der komplexen menschlichen Wesensart gemäß gestalten mußten."

> "'Das war damals eine verteufelte Situation', erinnert sich Tikart (Geschäftsführer der METTLER-TOLEDO; H.-K.W.), 'die Vertriebsleute schimpften auf uns, weil wir Geräte herstellten, die sie nicht verkaufen konnten.' Ein Ausweg aus dem Dilemma war nicht in Sicht (...).
> Ihm und Wienbeck war bald klar, daß sie die Firma von Grund auf renovieren mußten. Tikart: 'Wir begriffen, daß wir uns, um zu überleben, ausschließlich nach den Marktbedürfnissen richten müssen'(...). 'Wir mußten zugleich Bedingungen schaffen, in denen sich kreatives Potential entfalten kann'."

Noch etwas drastischer beschreibt GOTTSCHALL (1987: 234 ff) den Bewußtwerdungsprozeß, mit dem bei HESTERBERG ein Restrukturierungsprogramm eingeleitet wurde:

> "Es kam (während einer Kreativsitzung; H.-K.W.) zum großen 'Gewölle-Auskotzen', zum 'Mülleimer-Entleeren'.(...) 'Wir hatten unser geistiges Aufbrucherlebnis gehabt und einander erst mal vors Schienbein getreten'.(...) 'Manche haben geweint, als sie merkten, wie sie ihre Energien verschleudert haben'.(.) 'Sie haben ihre Bewußtseinsmuster erkannt und damit die Chance, diese Muster zu verlassen'.(.) Nach diesem Auftakt waren bei Hesterberg die Weichen für weitere Aktivitäten gestellt. Einer 'Commitment-Phase'(...) folgte die eigentliche Innovationsphase: Vier Projektteams beschäftigten sich..."

Im Zentrum dieser Beschreibungen steht jeweils ein Bewußtwerdungsprozeß, der verursacht wird durch "Zusammenbrüche" im Sinne von WINOGRAD & FLORES (1989): die Feststellung einer existenzgefährdenden, ausweglosen Situation, das Nicht-mehr-weiter-Wissen oder das "Auskotzen" von behindernden Umständen, die wohl jedem bekannt sind, aber nicht kommuniziert wurden. Wie LUHMANN (1986: 63 f und 77) darstellt, wird ein Problem erst dann zur Realität, wenn es kommunikativ behandelt und reflektiert wird: "solange darüber nicht kommuniziert wird, hat es keine (.) Auswirkungen." In der Folge entsteht dann das Erkennen eines Ausweges und es fällt eine Entscheidung über die Einführung von Gruppenarbeit, wobei dieser Ausweg natürlich auch in einer ganz anderen Richtung gesehen werden kann: z.B. in einem nochmaligen Kostensenkungsprogramm oder der Suche nach einem

Sündenbock. Im anschließenden Aufbrucherlebnis kommt es zur Einleitung erster Maßnahmen.

Aus meinen Erfahrungen in der Begleitung von Gruppenprojekten kann man die Motive, Gruppenarbeit in Unternehmen einzuführen, (ganz grob) zwei Bereichen zuordnen. Der erste Bereich umfaßt im weitesten Sinn Motive, die man unter dem Begriff "Humanisierung der Arbeit" zusammenfassen kann. Im zweiten Bereich dominieren überwiegend ökonomische Motive. Führungskräfte, bei denen diese Gründe im Vordergrund stehen, entschließen sich erst dann ernsthaft zur Einführung von Gruppenarbeit, wenn eine ausweglose, u.U. sogar lebensbedrohliche Situation vorliegt, die anderen Mittel, ein Unternehmen zu restrukturieren, erfolglos praktiziert wurden und bereits erfolgreiche Vorreiter erkennbar sind, denen man - im Sinne eines Benchmarking - nacheifern kann. Bei der zweiten Gruppe ist für den Erfolg ganz wesentlich, daß es "klick" gemacht hat und die Voraussetzungen zur Einführung von Gruppenarbeit erkannt wurden. Ansonsten wird die Einführung von Gruppenarbeit in der Form einer optischen Kosmetik und ohne weitere positive Effekte betrieben.

Auch wenn die Maßnahmen zur Einführung von Gruppenarbeit sorgfältig geplant werden, kommt es immer wieder zu Problemen und Hemmnissen in der Realisierungsphase. Eine der Ursachen ist, daß man bestimmte Gruppierungen zu Widerständlern stigmatisiert bzw. die Mitglieder der einen hierarchischen Stufe den Mitgliedern anderer Stufen nicht so recht trauen. Wie folgende Praxisberichte (SCHNEIDER, 1993: 111 f und *Süddeutsche Zeitung* vom 28.7.1993: 21) zeigen, können diese Widerstände z.T. in Workshops oder durch Information reduziert werden; manchmal bedarf es jedoch eines Sündenbocks, um notwendige Prozesse vorantreiben zu können:

> "Mitarbeiter und Führungskräfte (von METTLER-TOLEDO; H.-K.W.) standen dem neuen Konzept anfangs skeptisch gegenüber. Die Befürchtungen - Mitarbeiter hatten die Angst, sich zu blamieren, Führungskräfte trauten sich ihre neue Rolle als Coach eines Teams nicht recht zu - waren jedoch rasch verflogen, nachdem sich Tikart mit allen Beschäftigten der Montage für ein Wochenende in Klausur begeben hatte.(...) Ein Problem bleibt: 'Nur bezweifeln dann die Facharbeiter, ob ihre Chefs mitziehen. Und die Chefs wiederum befürchten Widerstand in der Belegschaft'."

"In Braunschweig (bei VW; H.-K.W.) heißt es, die mittleren Jahrgänge seien am schwersten zur Gruppenarbeit zu bewegen. Wenig Probleme träten mit den Jüngeren und den Älteren aus der 'Aufbaugeneration' auf. Haase sagt: 'Ein Problem ist der Kampf der Teams mit der Hierarchie, denn alle Gruppenmitglieder haben einen Vorgesetzten.' López umgeht das mittlere Management, das 'Lähmschicht' genannt wird. 'Entweder sie produzieren Sympathisanten oder Saboteure', sagt einer, der die Gruppenarbeit in Braunschweig vorantreibt. Und so heißt es in VW-nahen Kreisen auch schon: 'Die Lähmschicht wird gelähmt. Die igeln sich ein, das könnte noch schwierig werden'."

Wie dargestellt wurde, tauchen bei der Einführung von Gruppenarbeit immer wieder Hemmnisse, Unsicherheiten teilweise sogar Ängste und Widerstände auf, die auf eine Infragestellung von erlernten und praktizierten Verhaltensweisen sowie den Abbau von Autoritäts- und Machtstrukturen zurückführbar sind. Vor allem in diesen Momenten ist das Management gefordert, den eingeschlagenen Weg konsequent und einig weiterzugehen. Dies ist, wie GROOTHUIS (1993: 58) berichtet, eine Hürde, die die meisten Unternehmen nicht überspringen:

"Zu groß sind die Berührungsängste des Managements, ihr Unternehmen um 180 Grad zu drehen. 'Die reagieren erst, wenn es weh tut', so Claus Tiby, Sprecher der Geschäftsführung der Unternehmensberatung Arthur D. Little in Wiesbaden. 'Höchstens fünf Prozent haben ihr Unternehmen wirklich reorganisiert und auf den Kopf gestellt', glaubt er, 'der Rest schiebt Entscheidungen erst einmal von der linken in die rechte Ecke.'

Das belegt auch die Droege-Studie. Alle Unternehmen haben zwar erkannt, daß es aufgrund der strengen Funktionstrennung und -spezialisierung zwischen den einzelnen Unternehmensbereichen permanent zu Abstimmungsproblemen kommt, doch Reorganisation - nein danke. (...)

'Daß diese Probleme an den Schnittstellen ignoriert werden, ist doch kein Wunder', mokiert sich Unternehmensberater Lohse. 'Reorganisation muß in den Köpfen ganz oben stattfinden, wer sich dagegen sträubt, bleibt bei der alten Kostenmasche: Das Unternehmen wird wie eine Zitrone ausgepreßt - so lange bis kein Tropfen mehr herauskommt'."

Die Methoden, mit diesen Problemen umzugehen, sind, wie die zuvor genannten Praxisbeispiele zeigen, unterschiedlich. Während man im ersten Beispiel den notwendigen Einstellungs- und Bewußtseinswandel in Workshops in die Wege leitet, greifen andere Unternehmen auf die bekannten Machtstrukturen zurück. Der erste Weg ist m.E. der bessere. Er erfordert, daß man sich im Kreis der Führungskräfte über die Konsequenzen, die mit der Einführung von Gruppenarbeit verbunden sind, klar wird und sich darüber verständigt, wie man den Prozeß der Umgestaltung bewältigen will. Außerdem sollte man sich, wenn ein entsprechendes Wissen über die Einrichtung und Entwicklung von Gruppenarbeit im Unternehmen nicht vorhanden ist, darüber klar sein, daß man diesen Prozeß durch die Unterstützung von gruppenarbeitserfahrenen Fachleuten unterstützen muß.

2.5.1.2. Vorbereitung der Einführung

Hat man sich eindeutig für die Einführung von Gruppenarbeit entschieden, sind, z.B. von einer schon im Anfangsstadium zu etablierenden Steuergruppe, die Ziele, die mit der Einführung von Gruppenarbeit erreicht werden sollen, in Abstimmung mit der Unternehmenspolitik und -kultur zu definieren und das Design, die Rahmenbedingungen sowie die Vorgehensweise festzulegen. Hierbei sind folgende Fragen umfassend zu beantworten.

- Welche ökonomischen und personellen Ziele verfolgt das Unternehmen mit der Einführung der Gruppenarbeit und welche Gruppenkonzepte erfüllen diese Ziele am besten?
- Welche Konsequenzen ergeben sich aus der gewählten Gruppenkonzeption für die organisatorische Gestaltung und im personellen Bereich (neue Aufgaben- und Rollenstrukturen)?
- Wie kann der gesamte Prozeß, von den ersten Überlegungen bis zur laufenden Betreuung der installierten Gruppen, organisatorisch, z.B. durch die Etablierung einer Projektorganisation, unterstützt werden?
- Wie kann man die notwendige fachliche Unterstützung, z.B. durch den Einsatz von Organisationsfachleuten und Trainern, in der Planungs- und Realisierungsphase sicherstellen?
- Welche Gruppen werden gebildet und welche (funktionalen) Aufgaben sollen den Gruppen zugeordnet werden; also: was wird dezentralisiert und was nicht, und wie sieht die Rest-Organisation aus?

- Wie kann das Zusammenwirken in und zwischen den Gruppen sowie auf höheren Ebenen durch die Gestaltung der Koordinations-, Kommunikations-, Informations-, Lenkungs- und Kontrollprozesse geregelt werden?
- Wie kann man die betriebliche Arbeitnehmervertretung in den Prozeß integrieren; welche Vereinbarungen und Regelungen müssen z.B. hinsichtlich der tariflichen Aspekte und der Gestaltung des Lohn- und Arbeitszeitsystems getroffen werden?
- Wie werden die Gruppen, insbesondere die Leiter der Gruppen, auf ihre Aufgaben z.B. durch Informations-, Schulungs- und Trainingsmaßnahmen vorbereitet?
- Wie beginnt man mit der Gruppenarbeit; sollen evtl. Pilotgruppen installiert werden; wie können die Gruppen in ihrer Arbeit durch begleitende personelle Maßnahmen (z.B. Unterstützung durch Trainer, Moderatoren) und entsprechende Hilfmittel (z.B. geeignete Gruppenarbeitsräume und entsprechendes Arbeitsmaterial) unterstützt werden?
- Welche Aktivitäten sind notwendig, damit alle Mitarbeiter über die neue Konzeption informiert werden und notwendige Auseinandersetzungen über die geplanten Veränderungen bereits im Vorfeld stattfinden?

2.5.1.3. Etablierung einer Projektorganisation zur Realisierung der Gruppenarbeit

In der Praxis hat es sich als hilfreich erwiesen, den Prozeß zur Einführung von Gruppenarbeit durch Etablierung einer Projektorganisation zu steuern und zu unterstützen. In den folgenden Ausführungen werden die Grundzüge einer Projektorganisation zur Einführung von Gruppenarbeit kurz beschrieben (siehe hierzu z.B. STÜRZL, 1993). In Abbildung 12 sind die wesentlichen Institutionen, aus denen sich eine Projektorganisation zur Einführung von Gruppenarbeit zusammensetzen kann, dargestellt. Dieser Vorschlag zur Gestaltung einer Projektorganisation ist jeweils unter Berücksichtigung der Größe des Unternehmens und des Gesamtvorhabens (wieviel Gruppen werden insgesamt etabliert und müssen betreut werden) zu variieren. Im einzelnen können bei der vorgeschlagenen Projektorganisation folgende Gremien unterschieden werden:

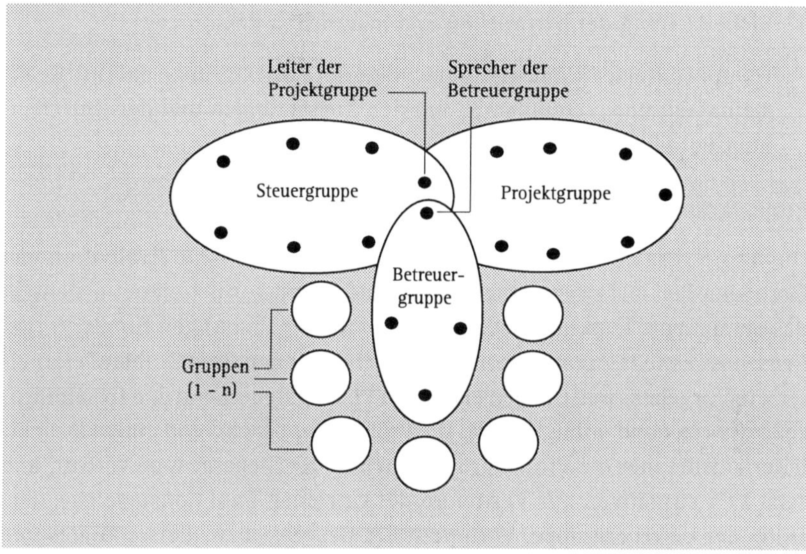

Abbildung 12: Projektorganisation zur Realisierung von Gruppenarbeit

Steuergruppe

Die Steuergruppe soll in den wesentlichen Phasen der Realisierung einen richtungsgebenden Einfluß auch im Sinne der Unternehmenspolitik und der gesetzten Ziele sicherstellen. Sie setzt sich zusammen aus Mitgliedern der Geschäftsleitung, aus Führungskräften der funktionalen Bereiche, dem Leiter der betrieblichen Arbeitnehmervertretung und den Leitern der Projekt- bzw. Betreuergruppe. Die Steuergruppe könnte folgende Aufgaben übernehmen:

- Beeinflussung des politisch-sozialen Umfeldes im Sinne der Zielsetzung und Sicherstellung der Umsetzung des Gesamtkonzepts;
- Abstimmung der Aktivitäten unter Berücksichtigung der gesetzten Rahmenbedingungen;
- Abstimmung der Aktivitäten mit der betrieblichen Arbeitnehmervertretung;
- Ernennung der Mitglieder der Projektgruppe und der Gruppenbetreuer;

- Sicherstellung der personellen und materiellen Ressourcen;
- Überprüfung der Pläne und Vorschläge der Projektgruppe auf ihre Realisierbarkeit und Vereinbarkeit mit den Zielsetzungen und der Unternehmenspolitik.

Projektgruppe

Die Projektgruppe soll die Einführung, Erprobung und Evaluation der Gruppenarbeit im Unternehmen planen und verantwortlich steuern. Sie stellt das permanente Funktionszentrum dar, indem sie Planungen für die Vorgehensweise erstellt, organisatorische Vorgaben für den Gesamtablauf erarbeitet, die Vorgehensweise in den einzelnen Phasen steuert und den Gesamtprozeß auswertet und dokumentiert. Die Projektgruppe wird von einem Projektleiter geleitet, der die Projektgruppe auch in der Steuergruppe vertritt, und setzt sich zusammen aus Vertretern der einzelnen Funktionsbereiche, dem Leiter der Betreuergruppe, Vertretern des Betriebs- bzw. Personalrates und externen oder internen Fachleuten für Fragen der Organisation und Gruppenarbeit. Aufgaben der Projektgruppe können sein:

- Erarbeiten von Vorschlägen zur organisatorischen Gestaltung der Gruppenarbeit und Aufgabenzuordnung an die Gruppen;
- Erarbeiten von Vorschlägen für arbeitsorganisatorische Fragen und die Ausgestaltung der Arbeitsplätze (z.B.: Klärung von Raumfragen, Arbeitsmitteln, Fragen der Informationsbereitstellung...);
- Festlegen der Rahmenbedingungen für die Arbeit der Pilotgruppen (z.B.: Aufgaben, Verantwortlichkeiten, Vollmachten und Freiheitsgrade, Koordinationsaufgaben der Gruppen);
- Planung und Durchführung von Informations-Veranstaltungen für alle Betroffenen;
- Planung und Sicherstellung der notwendigen Ausbildungsaktivitäten (z.B.: Welche Ausbildungsaktivitäten sind für welche Personengruppen notwendig und wie können diese realisiert werden?);
- Planung der notwendigen personellen und materiellen Ressourcen (z.B.: Auf welche Personen sollte bei der Besetzung der einzelnen Stellen

zurückgegriffen werden; wo können die Gruppen räumlich zusammentreffen und welche Hilfsmittel werden benötigt?);

- Klärung von Entlohnungs- und Arbeitszeitfragen (z.B.: Welche Entlohnungsformen können bei Einführung von Gruppenarbeit realisiert werden?);
- Abstimmung der Vorgehensweise mit den Fachabteilungen (z.B.: In welchem Bereich soll mit der Gruppenarbeit begonnen werden?);
- Erarbeiten von Vorschlägen über die zeitliche und sachliche Vorgehensweise (z.B.: Wo sollen Pilotgruppen installiert werden?);
- Erarbeiten von Vorschlägen zur Messung der einzelnen Erfolgsparameter und zur Entwicklungskontrolle.

Betreuergruppe und Gruppenbetreuer

Ansprechpartner für die einzelnen Gruppen sind die Gruppenbetreuer, die für die ihnen zugeordneten Gruppen Koordinations-, Promotions- und Trainingsaufgaben übernehmen. Die Betreuergruppe dient zur Koordination der Aktivitäten der Betreuer und zum gegenseitigen Austausch von Erfahrungen. Sie wird geleitet von einem Sprecher, der die Interessen der Betreuergruppe in der Steuer- und Projektgruppe vertritt. Der Gruppenbetreuer übernimmt für die ihm zugeordneten Gruppen z.B. folgende Aufgaben:

- Er initiiert, plant, organisiert und steuert die ersten Gruppenaktivitäten;
- er erläutert die Ziele, Inhalte und Vorgehensweisen der Gruppenarbeit;
- er begleitet die Gruppen in methodischer Sicht, bietet didaktische Hilfestellungen, unterstützt die Gruppen in der Vorbereitung externer Präsentationen und hilft bei der Raum- und Zeitgestaltung;
- er berät die Gruppen bei der Umsetzung von Problemlösungen;
- er berät die Gruppen bei auftretenden Problemen und Konflikten;
- er vermittelt Kontakte zu den von den Gruppen benötigten internen und externen Fachleuten.

In den Empfehlungen zur Gestaltung einer Projektorganisation wird, wie zuvor dargestellt, zumeist vorgeschlagen, die einzelnen Gremien in einer Parallelorganisation hierarchisch zu gliedern (siehe Abbildung 7). In Abbildung 12 wurde für die Gestaltung der Projektorganisation bewußt eine organische Struktur gewählt. Wenn es in den Gremien, in denen die Gruppenarbeit für das Unternehmen geplant, projektiert, gelenkt und betreut wird, nicht gelingt, gruppenorientiert zu arbeiten und von hierarchischen Strukturierungen abzurücken, wo soll es dann gelingen?

2.5.2. Einführung

2.5.2.1. Information der Mitarbeiter

Wesentlich in der zweiten Phase ist zunächst, daß die betroffenen Führungskräfte und Mitarbeiter umfassend über die Gesamtkonzeption sowie über die Beweggründe, Ziele, erwarteten Effekte und die geplante Vorgehensweise bei der Einführung von Gruppenarbeit informiert werden. Zweck dieser Vorinformation ist, für alle Betroffenen Transparenz zu schaffen; Widerständen und Ängsten möglichst schon im Vorfeld dadurch zu begegnen, daß offengelegt wird, was auf den einzelnen zukommt und welche Veränderungen sich zum bisherigen System und zu den bisherigen Anforderungen ergeben können.

Wie man diese Aufgabe, die für die spätere Realisierung von wesentlicher Bedeutung ist, bewältigen könnte, möchte ich in Anlehnung an das von GOTTSCHALL (1991) beschriebene und erstmals bei VW im Werk Emden realisierte Integrationsprogramm darstellen. Beim Integrationsprogramm werden die in der Hierarchie üblichen Informationswege von oben nach unten gezielt durch Informations- und Kommunikationsprozesse von unten nach oben und eine entsprechende Querkommunikation angereichert. Dies bedeutet, daß man auf die üblichen Großveranstaltungen, z.B. in Form von Betriebsversammlungen, verzichtet, und die für die verschiedenen Zielgruppen notwendigen Informationen möglichst umfassend in kleinen Gruppen, in denen auch Raum für notwendige Diskussionen und kritische Fragen vorhanden sein muß, weitergibt.

Die Vorgehensweise für eine umfassende Information und Diskussion mit den Betroffenen könnte z.B. in folgenden Stufen erfolgen:

In bereichsweisen Informationsveranstaltungen werden in einem ersten Schritt alle Führungskräfte möglichst umfassend über das geplante Gesamtvorhaben, das sich in dieser Phase in der Form eines noch veränderbaren Rohkonzeptes befinden sollte, informiert. Die Information erfolgt durch einen Machtpromotor, dieser sollte Mitglied der Unternehmensspitze sein, zusammen mit einem Fachpromotor, dieser könnte beispielweise der Leiter der Projektgruppe sein. Das Grobkonzept sollte im Kreis der Führungskräfte umfassend diskutiert und, unter Einbezug der Vorstellungen der Führungskräfte, anschließend endgültig festgelegt werden. Ein besonderes Augenmerk muß in dieser Phase den Führungskräften aus den mittleren und unteren Führungsebenen gelten, da diese erfahrungsgemäß Interventionen in der späteren Realisierungsphase boykottieren können.

Im zweiten Schritt werden gruppenweise Workshops und Informationsveranstaltungen bei den betroffenen Mitarbeitern durchgeführt. Diese Veranstaltungen können, je nach Unternehmensgröße, vom Macht- und Fachpromotor oder von für diese Aufgabe speziell ausgebildeten Moderatoren durchgeführt werden. Wesentlich ist, daß die Mitarbeiter umfassend und konkret über die zukünftige Arbeitsorganisation und ihre neue Aufgaben informiert werden. Auch bei diesen Veranstaltungen muß genügend Raum für Fragen und zur Diskussion gegeben sein; nur auf diesem Weg können Widerstände und Ängste transparent gemacht werden.

Die verbale Kommunikation sollte durch eine möglichst umfassende schriftliche Information unterstützt werden, so z.B. durch Veröffentlichung der wesentlichen Aspekte in Informationsbroschüren. Sinnvoll ist auch, daß man Multiplikatoren oder Betriebsratsmitgliedern, z.B. durch Besuche von Unternehmen, die bereits Gruppenarbeit eingeführt haben, Möglichkeiten bietet, sich über die wesentlichen Aspekte dieser Organisationsform zu informieren.

2.5.2.2. Qualifizierungsmaßnahmen

Neben einer umfassenden Information ist für den späteren Erfolg der Gruppenarbeit eine ausreichende Qualifizierung der Mitarbeiter von entscheidender Bedeutung. Möglichst zeitnah zum Start der Gruppenarbeit sind die betroffenen Führungskräfte (z.B. Gruppensprecher) sowie die Mitarbeiter auf die neue Form der Zusammenarbeit durch Qualifizierungsmaßnahmen vorzubereiten. GOTTSCHALL & HIRN (1992: 207 f) beschreiben die beim OPEL-Werk in Eisenach durchgeführten Ausbildungsmaßnahmen der Gruppenmitglieder wie folgt:

> "Solche motivierten Mitarbeiter, die zudem noch im Team arbeiten können, müssen erst einmal geschult und mit dem neuen Denken vertraut gemacht werden. (...) In einem einwöchigen Orientierungs-Workshop (.) lernen die einst Werktätige genannten die Grundbegriffe der Lean Production, proben in Rollenspielen das Arbeiten und Problemlösen in Gruppen und werden mit dem Einmaleins des ständigen Verbesserungsprozesses vertraut gemacht."

Die Qualifizierungsmaßnahmen sollten folgende drei Bereiche umfassen:

Fachliche Vorbereitung

Die Gruppenmitglieder werden über die zukünftige Organisation und die von ihnen bzw. den Gruppen zu übernehmenden Aufgaben durch fachspezifische Informationsveranstaltungen und im Rahmen von Trainings vorbereitet.

Mentale Vorbereitung

In Workshops und Trainings werden Fragen, Erwartungen und Befürchtungen zum Gruppenkonzept aus der Sicht der Betroffenen behandelt und weitere Informationen zum geplanten Konzept vermittelt.

Vermittlung gruppenspezifischer Schlüsselqualifikationen

Durch Vermittlung der für das Problemlösen in Gruppen erforderlichen Kommunikations-, Kreativitäts- und Konfliktlösetechniken, das Einüben des Umgangs mit der Moderationsmethode und eine Vermittlung von Wissen über die Grundlagen der Gruppenarbeit werden, vor allem den Gruppenleitern, die notwendigen gruppenspezifischen Schlüsselqualifikationen vermittelt.

Wesentlich ist, daß sich die Lernprozesse an realen, in der Gruppe zu übernehmenden Aufgaben orientieren und die späteren Anforderungen vor Ort in das Lernen mit einbezogen werden. Dies erfordert eine mehr handlungs- und erfahrungsorientierte Ausrichtung der Workshops und Seminare, bei denen Aufgabenstellungen, wie sie später z.B. in Problemlösungsprozessen auftauchen, im Vordergrund stehen.

Bei den unterschiedlichen Gruppenkonzepten entstehen für die Qualifizierung unterschiedliche Zielgruppen, Ausbildungsinhalte und zeitliche Aufwendungen. So werden bei der Einführung der Lernstatt oder von Qualitätszirkeln lediglich die Moderatoren bzw. Gruppenleiter in 2-4-tägigen Workshops ausgebildet. Bei der Einführung von teilautonomer Gruppenarbeit werden neben den Gruppenleitern, die in 3-5-tägigen Seminaren und Workshops das notwendige Wissen vermittelt bekommen, auch die Gruppenmitglieder in Teamtrainings auf die Gruppenarbeit vorbereitet.

Die zuvor dargestellten Ausbildungsmaßnahmen sind mit nicht unerheblichen Kosten verbunden. So berichtet WARNECKE (1993: 228), daß bei der Einführung von teilautonomen Arbeitsgruppen bei SULZER-WEISE die Kosten für Personalentwicklungsmaßnahmen in der Anfangsphase 20 Prozent des Investitionsbudgets erreichten, sich in der Folge jedoch kontinuierlich verringerten. Daß die neue Organisation klappt, läßt sich auch METTLER-TOLEDO einiges kosten. So werden dort sieben Prozent der Arbeitszeit in Aus- und Weiterbildungsmaßnahmen der Mitarbeiter investiert. Über die Umstrukturierung bei LEVI STRAUSS berichtet TENBROCK (1994):

> "Alle Fabriken in Nordamerika wurden inzwischen von Band- auf Teamarbeit umgestellt. Gruppen von etwa 35 Beschäftigten fertigen Hemden und Hosen von Anfang bis Ende.(...) Auch der einfachste Arbeiter soll auf Dauer in der Lage sein, Entscheidungen selbständig oder gemeinsam im Team zu treffen.(...) Um all dies zu realisieren, investiert das Unternehmen gut hundert Millionen Dollar, unter anderem in die Umschulung von 15 000 Arbeiter in den Vereinigten Staaten."

2.5.2.3. Einrichtung und Anlaufen der Gruppen

Nach Durchführung der Informations- und Qualifizierungsmaßnahmen und Bereitstellung der personellen und materiellen Ressourcen können die ersten Gruppen installiert werden. In der Praxis hat es sich als sehr sinnvoll erwiesen, Gruppenarbeit zunächst einmal in einer oder mehreren Pilotgruppen zu erproben. Die Erfahrung in Pilotgruppen ermöglicht, die Konzeption nochmals zu überprüfen und gegebenenfalls den praktischen Gegebenheiten anzupassen. Beim Start der Gruppenarbeit kann man in den einzelnen Gruppen beispielsweise in folgenden Schritten vorgehen:

- Leitung der ersten Gruppensitzung (Einführungsrunde) durch den Gruppenbetreuer;
- Leitung der zweiten Gruppensitzung durch den Gruppenleiter - in der zweiten Gruppensitzung ist der Gruppenbetreuer lediglich begleitender Beobachter, der bei Bedarf eingreift;
- Leitung der weiteren Gruppensitzungen durch den Gruppenleiter - der Gruppenbetreuer steht der Gruppe für eine begleitende Betreuung zur Verfügung und kann von dieser bei Bedarf angefordert werden.

Wichtig in der Startphase der Gruppenarbeit ist, daß die ersten Schritte in der Gruppenarbeit durch einen Gruppenbetreuer unterstützt werden. Andererseits sollten die Gruppenleiter jedoch relativ schnell lernen, die Gruppe selbständig zu leiten; im Rahmen einer "Selbstentwicklung" (siehe NEUBERGER, 1989) lernen, ohne Eingriffe von Außenstehenden die Prozesse in der Gruppe zu organisieren und zu lenken. Im weiteren Verlauf der Zusammenarbeit sollte die Gruppe immer die Möglichkeit haben, z.B. in Konfliktsituationen oder bei der Bearbeitung neuartiger Aufgaben, den Gruppenbetreuer, wenn sie dies für erforderlich hält, zur Unterstützung anzufordern.

2.5.3. Laufende Betreuung der Gruppen

Die zuvor beschriebenen Phasen sind von konstituierender Bedeutung für die Einführung von Gruppenarbeit. Praxiserfahrungen zeigen, daß es damit nicht getan ist. Etablierte Gruppen müssen laufend betreut, die festgelegten Gruppenkonzeptionen immer wieder auf ihre Zielerreichung hin kontrolliert und an neue Gegebenheiten angepaßt werden. Dies sind die laufenden Aufgaben der Projektgruppe und der Gruppenbetreuer. Beide Institutionen können nach Anlauf der Gruppen quantitativ reduziert werden, müssen als Ansprechpartner der Gruppen jedoch erhalten bleiben. Von wesentlicher Bedeutung in dieser Phase sind folgende Aktivitäten:

Laufende Betreuung der Gruppen

Lernprozesse in Gruppen sind langfristiger Natur. Neben den praktischen Erfahrungen benötigen Gruppen in diesem Prozeß, vor allem bei der Erledigung neuartiger Aufgaben oder bei Konflikten innerhalb der Gruppe, immer wieder Unterstützung. Auch die Ausbildung der Gruppenleiter ist mit einem 2-4-tägigen Training nicht abgeschlossen; es tauchen in der Moderation der Gruppen immer wieder Fragen, Probleme und Aufgaben auf, für die der Gruppenleiter Unterstützung von außen benötigt. Die notwendige Betreuung der Gruppen, wie auch des Gruppenleiters übernehmen die Gruppenbetreuer, die auf Anforderung den Gruppen zur Verfügung stehen und Weiterbildungsaktivitäten für die Gruppenleiter bzw. Möglichkeiten zum Erfahrungsaustausch initiieren.

Evaluierung der erreichten Ergebnisse

Durch eine begleitende Evaluation der Gruppen ist ständig zu prüfen, inwieweit sich diese den gesetzten Zielen nähern; welche Ziele erreicht wurden, welche Ziele sich als unrealistisch herausgestellt haben und welche Maßnahmen zu veranlassen sind. Der Gefahr, daß sich stark kohäsive Gruppen, dadurch, daß sie eigene Ziele verfolgen, von den Zielen der Organisation entfernen und eher kontraproduktiv wirken, sollte im Rahmen einer begleitenden Evaluation durch die Gruppenbetreuer entgegengewirkt werden.

Aufrechterhaltung des Prozesses

Bei längerlaufenden Gruppenaktivitäten besteht die Gefahr, daß sich die Gruppe immer mehr den eigenen Kommunikationsbedürfnissen widmet oder die Bereitschaft zur engagierten Arbeit an einem Projekt erlahmt und dadurch die Gruppenarbeit ihre Wirksamkeit und Effektivität für das Unternehmen verliert. Dieser Tendenz kann durch eine begleitende Betreuung der Gruppen und durch eine entsprechende Informations- und/oder Prämienpolitik (z.B.: Berichterstattung über die Arbeit/Erfolge der Gruppenarbeit in der Firmenzeitung und Auszeichnung von besonderen Gruppenleistungen) entgegengewirkt werden. Außerdem kann man im Rahmen von Erfahrungsaustauschgruppen versuchen, das Engagement der Gruppenleiter immer wieder positiv zu beeinflussen.

Insgesamt erfordert die Einführung von Gruppenarbeit umfangreiche und zeitaufwendige Aktivitäten in der Planungs- und Implementierungsphase, sowie einen langen Atem bei der Aufrechterhaltung des Prozesses. So benötigen beispielsweise die Vorbereitungsarbeiten zur Einführung von teilautonomen Arbeitsgruppen - wie auch WILDEMANN (o.J.) darstellt - zwischen acht und zehn Monaten. Bis das Konzept realisiert ist und die Gruppen arbeiten, vergehen nochmals acht bis zehn Monate. Danach sollten die Gruppen über den Zeitraum mindestens eines Jahres begleitend betreut werden. Wenn man heute, Anfang 1994, z.B. über die positiven Effekte bei METTLER TOLEDO diskutiert, muß man bedenken, daß dort, wie TIKART (1993) berichtet, mit der Einleitung erster Maßnahmen bereits 1985 begonnen wurde. Auch HEWLETT-PACKARD, ein Unternehmen, über das im Rahmen von Gruppenkonzepten immer wieder berichtet wird, hat bereits vor Jahren damit begonnen, gruppenorientierte Führungs- und Organisationsstrukturen einzuführen. Sicherlich ist der Zeitaufwand bei der Einführung von Qualitätszirkeln oder Lernstattgruppen wesentlich geringer. Doch auch hier muß damit gerechnet werden, daß sich positive Effekte erst nach Monaten abzeichnen.

2.6. Zusammenfassung

In den vorausgegangenen Ausführungen wurde dargestellt, welche Formen von Gruppenarbeit Unternehmen bei der Verfolgung unterschiedlicher Ziele und Aufgaben einsetzen können, wie die unterschiedlichen Gruppenformen in das Unternehmen zu integrieren sind und welche Aktivitäten bei der Implementierung notwendig werden. Die wesentlichen Kriterien, Auswirkungen und Aufwendungen für die unterschiedlichen Gruppenkonzeptionen sind in Abbildung 13 zusammengefasst. Insgesamt kann man feststellen, daß

- die Wahl für eine bestimmte Form der Gruppenarbeit abhängt von den jeweiligen Zielen und Aufgaben, die mit der Gruppenarbeit verfolgt oder gelöst werden sollen;
- die unterschiedlichen Gruppenkonzeptionen ganz unterschiedliche Auswirkungen auf die bestehende Organisation und die notwendigen Informations- und Ausbildungsmaßnahmen haben.

Gruppen-konzeption	primäre Aufgaben/ Ziele der Gruppen	Auswirkungen auf die Organisation	Aufwand für Informations- und Ausbildungsmaßnahmen
teilautonome Arbeitsgruppen	Eigenverantwortliche und selbständige Erledigung komplexer Aufgaben durch Gruppen an der Basis	Umfassende Umgestaltung der gegebenen Organisation; starke Auswirkung auf hierarchische Strukturen	Umfassende Informations- und Ausbildungsmaßnahmen der Gruppenleiter und der betroffenen Mitarbeiter
Team-Work-Management	Kooperative, gemeinsame Verfolgung von Zielen bzw. Lösung von Problemen durch Gruppen im Führungsbereich	Keine oder geringe Umgestaltung der gegebenen Organisation; mittlere Auswirkungen auf hierarchische Strukturen	Trainingsmaßnahmen bei den Führungskräften (evtl. gruppendynamische Trainings)
Qualitätszirkel	Bearbeitung von Qualitäts-Problemen	Geringe Auswirkungen auf die gegebene Organisation und Hierarchie	Ausbildungsmaßnahmen konzentrieren sich weitgehend auf die Moderatoren
Lernstatt	Bearbeitung von Aufgaben/ Problemen aus dem eigenen Aufgabenbereich	Geringe Auswirkungen auf die gegebene Organisation und Hierarchie	Ausbildungsmaßnahmen konzentrieren sich weitgehend auf die Moderatoren
Projektgruppen	Bearbeitung von ausgelieder-ten und nicht routinemäßigen Aufgaben	Geringe Auswirkungen auf die gegebene Organisation und Hierarchie	Ausbildungsmaßnahmen konzentrieren sich weitgehend auf die Projektleiter
Wertanalysegruppen	Wertanalytische Bearbeitung von Produktverbesserungen oder anderen Projekten	Geringe Auswirkungen auf die gegebene Organisation und Hierarchie	Ausbildungsmaßnahmen konzentrieren sich weitgehend auf die Moderatoren

Abbildung 13: Die verschiedenen Gruppenkonzeptionen im Überblick

Am weitreichendsten sind die Auswirkungen bei der Einführung teilautonomer Arbeitsgruppen. Bei der Wahl dieser Form der Gruppenarbeit muß man davon ausgehen, daß die Organisation völlig umgestaltet und die Mitarbeiter durch umfassende Informations- und Ausbildungsmaßnahmen auf diese Organisationsform vorbereitet werden. Die Einführung von teilautonomen Arbeitsgruppen sollte mit einer Umgestaltung der Hierarchie in eine organische Strukturierungsform verbunden werden, zumindest aber Anlaß sein, im Führungsbereich das Team-Work-Management einzuführen.

Bei der Einführung des Team-Work-Management im Führungsbereich sind wesentlich geringere Änderungen in der Organisation als bei der Einführung von teilautonomen Arbeitsgruppen notwendig. Auf jeden Fall ist vorzusehen, daß - unter Berücksichtigung der Phasen der Organisationsentwicklung - zunächst verfestigte hierarchische Strukturen, Regelungen, Procedere, Haltungen und Einstellungen aufgetaut und abgebaut werden, damit überhaupt Teamarbeit in Gang kommen kann. In der Folge sind die Führungskräfte durch Ausbildungs- und Trainingsmaßnahmen auf die neue Form der Zusammenarbeit vorzubereiten. Die Auswirkungen auf die Organisation sind bei der Einführung des Team-Work-Management nicht einschneidender Natur. Wesentlich für den Erfolg dieser Konzeption ist, daß hierarchische, machtorientierte, zentralistische Verhaltensformen abgebaut und durch kooperative, an gemeinsamen Aufgaben und Zielen orientierte Einstellungen und Verhaltensweisen ersetzt werden.

Qualitätszirkel, Lernstattgruppen, Projektgruppen und Wertanalysegruppen können, je nach Anzahl der zu etablierenden Gruppen, relativ einfach an die bestehende hierarchische Organisation angehängt oder in einer Parallelhierarchie zusammengeführt werden. Bei dieser Einfachlösung werden sich in der Zusammenarbeit zwischen den Gruppen und der bestehenden Hierarchie immer wieder Probleme ergeben. Das Anhängen von Gruppen an die Hierarchie kann nur ein erster Schritt sein zu einer generellen Veränderung und Verbesserung von betrieblichen Abläufen, wie sie beispielsweise in den Lean- oder Reengineering-Konzeptionen gefordert werden. Dieser erste Schritt entspricht gleichsam dem Versuch, als wollte man das Essen durch das vorherige Händewaschen ersetzen. GARFIELD (1993: 44) führt in diesem Zusammenhang aus:

> "Solange die Unternehmensstrukturen nicht völlig umgestülpt werden, lassen sich keine merklichen Verbesserungen in Reaktionsgeschwindigkeit oder Anpassungsfähigkeit erreichen. Eine Pyramide, so klein sie auch sein mag, ist nun einmal starr und träge. Was hier erforderlich wäre, ist ein völlig anders geartetes Gefüge, das die Nachteile der Pyramidenform überwindet und der Notwendigkeit fortlaufender Innovation und voller Arbeitnehmermitbestimmung Rechnung trägt.(.) Dies läßt sich nur erreichen, wenn man die Pyramidenstruktur gänzlich aufgibt und mit völlig neuen Organisationsformen experimentiert."

Die verschiedenen Gruppenkonzepte haben somit in qualitativer Sicht und in ihren Auswirkungen für das Unternehmen ganz unterschiedliche Dimensionen. Es ist, wie man dies in der betrieblichen Praxis feststellen kann und worauf in der Literatur auch ausdrücklich hingewiesen wird, keinesfalls damit getan, daß man ein paar Qualitätszirkel installiert und Teamarbeit verkündet, ansonsten aber alles beim alten läßt; also lediglich partiell versucht, Neues im Alten zu verwirklichen. Wenn es darum geht, nachhaltig und in einem wesentlichen Umfang Kosten zu verringern, Qualität zu verbessern, Durchlauf- und Entwicklungszeiten zu verkürzen und auf Markt- und Kundenentwicklungen flexibler zu reagieren, muß man hierarchische Strukturen konsequent abbauen und die Implementierung von (umfassenden) Gruppenarbeitskonzeptionen mit der Einführung von organischen Strukturierungsformen verbinden.

3. Strukturen und Prozesse in Gruppen

Nachdem im letzten Kapitel die organisatorischen Aspekte der Gruppenarbeit behandelt wurden, stehen in den folgenden Ausführungen die organisationspsychologischen und gruppendynamischen Aspekte im Mittelpunkt. Die in Anlehnung an SADER (1976) vorgenommene Trennung in (Gruppen-)Strukturen und (Gruppen-)Prozesse ist, wegen zwangsläufiger Überschneidungen, sicherlich nicht unproblematisch, ermöglicht jedoch eine Betrachtung des gleichen Gegenstandes aus einer mehr statischen und einer mehr dynamischen Perspektive.

3.1. Die Entdeckung der Gruppe als Leistungsfaktor

Ausgangspunkt für die Beschäftigung mit Gruppenphänomenen waren die zwischen 1924 und 1932 von MAYO, ROETHLISBERGER & DICKSON im Hawthorne-Werk der GENERAL ELECTRIC durchgeführten Untersuchungen über die Auswirkungen von physischen Arbeitsbedingungen auf die Leistung der Beschäftigten. Zunächst wurden die Auswirkungen der Beleuchtungsverhältnisse auf die Leistung untersucht, danach andere Faktoren, wie die Farbgebung der Arbeitsräume und Pausenregelungen. ROSENSTIEL, MOLT & RÜTTINGER (1979: 44) beschreiben die Untersuchungen und deren Ergebnisse wie folgt:

> "Die naheliegende Hypothese, die dabei geprüft werden sollte, ging dahin, daß die Arbeitsleistung systematisch mit der Lichtstärke variiert. Bereits die ersten Ergebnisse ließen Zweifel an der Richtigkeit der Hypothese aufkommen: Obwohl zwar bei steigender Lichtstärke auch die Leistung anstieg, war die Kovariation der beiden Datenreihen gering. In der weiteren Folge des Experimentierens zeigten sich Ergebnisse, die zunächst ganz unerklärlich schienen: Zwei Gruppen innerhalb einer Abteilung - die Versuchsgruppe, bei der die Lichtintensität gesteigert wurde, und die Kontrollgruppe, die unter konstanten Lichtverhältnissen arbeitete - zeigten ein gleiches und deutliches Ansteigen der Produktivität. (...)
> Noch verwirrender mußten die Ergebnisse erscheinen, als nicht nur in der Kontrollgruppe die Leistung weiter anstieg, sondern auch in einer Versuchsgruppe, in der die Lichtintensität sogar gesenkt wurde."

Ausschlaggebend für die Erhöhung der Leistung war offensichtlich das Interesse, das den Beschäftigten während des Experiments entgegengebracht wurde. Die Beschäftigten fühlten sich als Menschen und nicht als Produktionsfaktoren behandelt; ihr Bedürfnis nach Anerkennung wurde im Verlauf der Untersuchungen stärker als zuvor befriedigt und sie reagierten darauf mit erhöhtem Leistungseinsatz.

Die Vorgehensweise, Ergebnisse und Schlußfolgerungen der Hawthorne-Studie wurden wohl durch nachträgliche Recherchen von McIlvaine PARSONS in Frage gestellt (siehe RICE, 1982), sie bilden bis heute jedoch den Kern der Human-Relations-Bewegung, deren Ziel es ist, durch Pflege der Arbeitsgruppen und der Beziehungen zwischen Management und Arbeitsgruppen das Selbstgefühl und die Bindung der Arbeitenden an die Organisation zu stärken. Die Hawthorne-Studie war Ausgangspunkt für die Entwicklung weiterer sozialpsychologischer Studien und Theorien und gilt seit den 30-er Jahren als "Faszinosum und Angelpunkt der Gestaltung von Unternehmensorganisationen" (BAECKER, 1993: 180) in Richtung Gruppen- bzw. Teamarbeit. Die Kleingruppenbewegung wurde in ihren Anfängen von den 1947 in Bethel (USA) gegründeten "National Training Laboratories" (NTL) und dem seit 1945 bestehenden Londoner "Tavistock Institute of Human Relations" forciert. Anfang der 50-er Jahre wurden die ersten teilautonomen Arbeitsgruppen (Integrated Task Teams) von TRIST & BAMFORTH (1951) in Waliser Kohlebergwerken eingerichtet. Parallel beschäftigte sich der Gestaltpsychologe LEWIN seit Ende der 30-er Jahre mit unterschiedlichen Führungsstilen in Gruppen. Von LEWIN wurde auch der Begriff "Gruppendynamik" geprägt. Mitte der 60-er Jahre wurden die Ideen und Methoden der Gruppendynamik von LINDNER in den deutschen Sprachraum getragen und die ersten gruppendynamischen Trainings als Methode zur Selbsterfahrung und Reflexion von Gruppenprozessen durchgeführt (siehe SCHWARZ et al., 1993).

Ab Beginn der 70-er Jahre rückten auch in Deutschland Fragen einer menschengerechten Arbeitsgestaltung stärker in den Mittelpunkt der Diskussion. So wurde 1974 vom Bundesminister für Arbeits- und Sozialordnung das Aktionsprogramm "Humanisierung des Arbeitslebens" (HdA) gestartet, für das erhebliche Forschungsmittel zur Verfügung gestellt wurden. Vor allem ging es in diesem Programm um die Erprobung neuer Modelle für die

Arbeitsorganisation und die Einführung teilautonomer Arbeitsgruppen. Außerdem standen Fragen der Persönlichkeitsentfaltung durch kommunikative Selbstbestimmung, sowie die Möglichkeiten einer Erweiterung der Handlungs- und Entscheidungsspielräume durch Partizipation und Autonomie der Beschäftigten im Vordergrund. Insgesamt führte das HdA-Programm zu keinen bedeutsamen Effekten. In vielen Fällen scheiterte es an bürokratischen Strukturen. Ein im Rahmen des Programms bei VW vorgesehener Versuch zur Einführung teilautonomer Gruppen kam nicht zustande, weil die spezifischen juristischen Bedingungen nicht ausreichend berücksichtigt wurden (siehe ROSENSTIEL, 1980: 17). Die positiven Erkenntnisse dieses Programms wurden, vor allem auf der politischen Bühne, durch Unterstellungen linker und rechter Ideologien zerrieben; es wurde ein Scheingegensatz: Humanisierung vs. Wirtschaftlichkeit aufgebaut, der bis in unsere Zeit wirkt. So sieht man auf der Arbeitgeberseite u.U. die Gefahr eines Neuauflebens der Humanisierungsdiskussion der 70-er Jahre oder gar Allianzen zwischen Management und Gewerkschaften. Die Gewerkschaften erkennen in der Partizipationsentwicklung der Mitarbeiter einen Ansatzpunkt für "gewerkschaftliche Zukunftstätigkeit von hoher Bedeutung" (MÜLLER-JENTSCH, 1993: 149 f). Angesichts der Probleme in vielen Wirtschaftsbereichen sollte bei diesem Thema nicht mehr die Durchsetzung ideologischer Ziele im Vordergrund stehen, sondern, ohne Weltverbesserungspathos, die Sicherung der Leistungsfähigkeit der Unternehmen im weltweiten Wettbewerb.

Ich möchte an dieser Stelle kurz auf eine Frage eingehen, die, wenn es um Gruppenarbeit geht, immer wieder gestellt wird: "Wann bzw. unter welchen Umständen ist Gruppenarbeit der Einzelarbeit vorzuziehen?". Diese Frage ist, wie ROSENSTIEL (1993: 325) darstellt, "ebenso alt wie falsch gestellt". Ausgangspunkt für diese Frage ist sicherlich das Bemühen aufzuzeigen, wo man - in einer nicht umgehbaren Hierarchie - durch die Übertragung von einzelnen Aufgaben an Gruppen Verbesserungen erreichen kann. Grundlage für die Argumentation ist dann z.B. die in sozialpsychologischen Experimenten gewonnene Erkenntnis, daß Gruppen in Problemlösungsprozessen bessere Ergebnisse erzielen als Einzelpersonen bzw., daß die Akzeptanz der von den Betroffenen in Gruppen getroffenen Entscheidungen größer ist. In Kapitel 2 wurde durch verschiedene Praxisbeispiele dargestellt, daß man dauerhafte oder temporäre Gruppen mit positiven Effekten über das gesamte Unternehmen hinweg und bei vielfältigen Aufgabenstellungen einsetzen kann, wobei es sicherlich immer wieder einzelne Arbeitsplätze gibt, die sich nicht sinnvoll in Gruppen integrieren lassen. Gruppenkonzeptionen werden hiermit zu einer alternativen organisatorischen Gestaltungsmaßnahme: zu einer Antwort auf die Hierarchiekrise. Die mit der Organisationsform Gruppenarbeit angepeilten Effekte gehen damit auch weit über die ursprüngliche Fragestellung: "Wann ist Gruppenarbeit der Einzelarbeit vorzuziehen?", hinaus.

3.2. Strukturen in Gruppen

Im Unterschied zum alltagssprachlichen Gebrauch des Begriffs "Gruppe" sollen nachfolgend mit diesem Begriff Personenmehrheiten bezeichnet werden, die folgende Merkmale aufweisen:

- Eine Anzahl zwischen 3 und 20 Personen,
- die über einen längeren Zeitraum in direkter Interaktion stehen,
- sich als Gruppe, im Sinne eines Wir-Gefühls, wahrnehmen,
- und im Laufe ihres Zusammenseins differenzierte Rollen und
- gemeinsame Normen entwickelt haben.

Diese Definition der Gruppe, die leicht von anderen Definitionen (so z.B. ROSENSTIEL, 1992: 261) abweicht, ist sicherlich eine Minimaldefinition, die jedoch die wesentlichen Strukturmerkmale von (Arbeits-)Gruppen beinhaltet. In den folgenden Ausführungen werden zunächst die für die praktische Gestaltung der Gruppenarbeit wichtigsten Aspekte der einzelnen Strukturmerkmale dargestellt.

3.2.1. Gruppengröße

Zumeist scheiden sich schon die Geister an der Frage, wieviel Personen eine Gruppe umfassen kann. Nach unten hin ist die Personenzahl dadurch begrenzt, daß man zwei Personen üblicherweise als Dyade oder Paar, aber nicht als Gruppe bezeichnet. Schwieriger wird es, die Gruppengröße nach oben hin abzugrenzen. Die kritische Obergrenze wird in der Literatur zumeist mit 20 bis 25 Personen angegeben. Die Festlegung einer generellen Obergrenze ist jedoch nicht sehr sinnvoll, da diese von der jeweiligen Aufgabe, den Interaktionsmöglichkeiten in der Gruppe und den kommunikativen Fähigkeiten der Gruppenmitglieder beeinflußt wird.

Aus Untersuchungen von GIBB & BASS über das Kommunikationsverhalten in Gruppen, deren Ergebnisse in Abbildung 14 (in geänderter Form übernommen aus ROSENSTIEL, 1992: 302) dargestellt sind, läßt sich schließen, daß

- sich der Prozentsatz der Personen, die Ideen haben, sie aber nicht äußern, bei steigender Gruppengröße, schon beginnend bei vier Personen, zunehmend erhöht,
- und der Prozentsatz der Personen, die während einer Diskussion nie sprechen, sich bei steigender Gruppengröße ständig vergrößert.

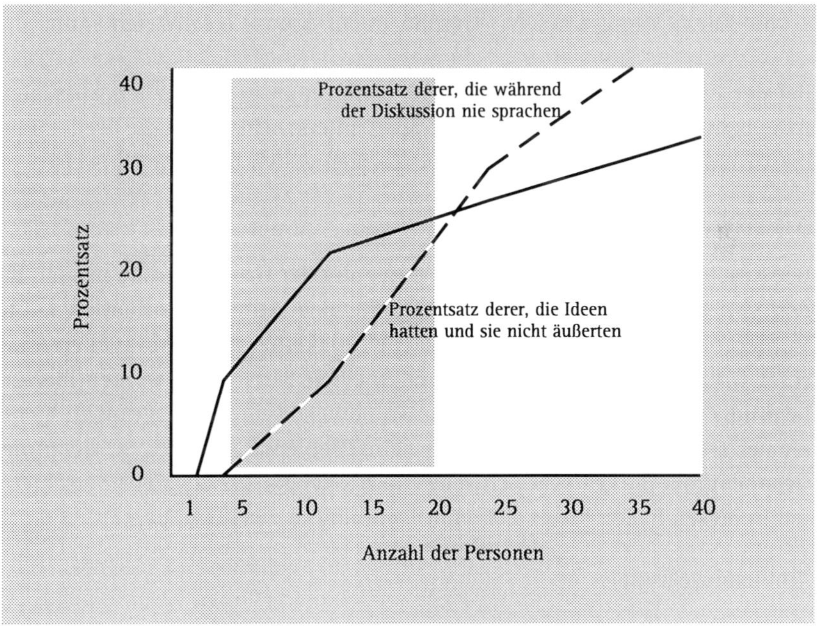

Abbildung 14: Gruppengröße und kommunikatives Verhalten

Neben den kommunikativen Verhaltensweisen hängt die Festlegung der Gruppengröße von den Arbeits- und Kommunikationsbedingungen und der sozialen bzw. kommunikativen Kompetenz der Mitglieder ab. Die Ergebnisse aus verschiedenen Untersuchungen und aus praktischen Erfahrungen lassen sich in folgenden (Faust-)Regeln zusammenfassen:

- Je mehr es auf die kommunikative Einbeziehung und die Ideen aller Gruppenmitglieder ankommt, wie dies z.B. bei Problemlösegruppen der Fall ist, desto kleiner sollte die Gruppe sein.
- Je mehr der physische Arbeitsbezug im Vordergrund steht und damit der kommunikative Aspekt etwas in den Hintergrund rückt, wie dies z. B. bei teilautonomen Arbeitsgruppen der Fall ist, desto größer kann die Gruppe sein.
- Bei einer Gruppengröße von mehr als 20 Personen werden die notwendigen kommunikativen Kontakte stark behindert und es besteht die Gefahr, daß sich allmählich Untergruppen (Cliquen) bilden, was wiederum die Entwicklung eines Wir-Gefühls in der Gruppe erschweren kann.

Bei der Festlegung der Gruppengröße sollte man grundsätzlich zwischen Arbeitsgruppen und Problemlösegruppen unterscheiden. Für die Festlegung der Gruppengröße bei diesen Gruppenformen gelten folgende Hinweise:

Arbeitsgruppen

Bei Arbeitsgruppen sollte sich die Festlegung der Gruppengröße primär an den von der Gruppe jeweils zu bearbeitenden Aufgaben orientieren. Im Vordergrund steht also die Frage: Welche Tätigkeiten sollten sinnvollerweise einer Gruppe zugeordnet werden und wieviele Mitarbeiter werden hierfür benötigt? Schon aus ökonomischen Gründen sollten Arbeitsgruppen nicht kleiner als fünf oder sechs Personen sein. Problematisch wird es, wenn die Gruppengröße die kritische Schwelle von 20 oder gar 25 Personen überschreitet. In diesen Fällen bietet sich eine Trennung in zwei Gruppen an.

Problemlösegruppen

Die Größe von Problemlösegruppen sollte zwischen fünf und neun Personen liegen. Bei diesen Gruppengrößen ist die Kommunikationsdichte und der

Austausch von Ideen am höchsten, wobei die Bestimmung der jeweiligen Personenzahl von der Aufgabe (wieviel Personen müssen fachlich beteiligt werden) und systemischen Aspekten (Koalitionsalternativen in der Gruppe) abhängt.

Auch wenn man bei Problemlösegruppen den Rahmen für die optimale Gruppengröße relativ eng zieht, ergeben sich bei unterschiedlichen Personenzahlen nicht unerhebliche Unterschiede hinsichtlich der Kommunikationsdichte und den Möglichkeiten der Koalitions- bzw. Untergruppenbildungen. Die Möglichkeiten sozialer Beziehungen wachsen exponentiell in Abhängigkeit von der Art der möglichen Konstellationen (Dyaden, Triaden, Quadrupel...). Wesentlich für die Entwicklung der Gruppe ist, daß sich durch einen "unendlichen Tanz wechselnder Bündnisse" (BATESON) Interessen ausgleichen und Koalitionen bilden, welche die Gruppe anregen und langfristig für deren Überleben sorgen. Da ausgeschlossene Personen oder Subgruppen immer wieder versuchen werden, zur Durchsetzung ihrer Vorstellungen und Ziele wechselnde Koalitionen einzugehen, sind Konflikte in Gruppen durchaus normal. Je mehr in Gruppen eine harmonische Familie betont wird, desto wahrscheinlicher ist ihr Zerfall in zwei oder mehrere gegensätzliche Subgruppen. Ursache hierfür sind zumeist nicht die individuellen Motive, sondern gruppendynamische oder strukturelle Zwangsläufigkeiten. Aufschlußreich sind die Überlegungen von WEICK zur Gruppengröße, wobei sich WEICK (1985: 338) vor allem auf die kritischen Übergänge in der Gruppengröße konzentriert:

> "Der Übergang von drei zu vier (Personen; H.-K.W.) schafft die Möglichkeit von zwei gleichen Dyaden oder Bündnissen, und dies kann sowohl die soziale Einheit als auch die Probleme der Kontrolle perpetuieren. Das charakteristische Merkmal bei vieren ist, daß ein Bündnis zwischen zweien nicht ausreicht zur Gewinnung der Kontrolle.(...) Der Sprung von vier auf sieben ist deshalb entscheidend, weil Gruppen ebenso wie Individuen im Interesse der Kontrolle Koalitionen bilden können. In einer Sieben-Personen-Gruppe gibt es die Möglichkeit der Spaltung in zwei Dyaden und eine Triade. Wenn die zwei Dyaden ihre Ressourcen kombinieren, können sie eine gewisse Kontrolle über die größere Triade gewinnen.(...) Vollständige Symmetrie (.) findet sich in der Neun-Personen-Gruppe. Hier kann es drei Dreiergruppen geben. Dies erlaubt Koalitionen *innerhalb* einer bestimmten Triade und Koalitionen *zwischen* einem Paar von Triaden."

Zusammenfassung:

- Wie in Abbildung 14 durch das gerasterte Feld dargestellt ist, kann sich die Größe von Arbeits- und Problemlösegruppen (in etwa) zwischen fünf und maximal 20 Personen bewegen.
- In Arbeitsgruppen, in denen ein teamorientiertes Zusammenarbeiten angestrebt wird, sollten nicht weniger als fünf und nicht mehr als 20 Personen zusammengefaßt werden; in Problemlösegruppen liegt die ideale Gruppengröße zwischen fünf und neun Personen.
- Die Wahl einer konkreten Personenanzahl innerhalb dieser Bandbreiten sollte sich vorrangig an den jeweiligen Aufgaben orientieren; desweiteren sind bei der Festlegung der Gruppengröße gruppendynamische und strukturelle Aspekte sowie die Kommunikationsfähigkeit der Gruppenmitglieder zu berücksichtigen.

3.2.2. Dauer und Intensität der Zusammenarbeit

Gruppen bilden sich, wenn mehrere Menschen über eine längere Dauer hinweg in intensivem kommunikativem Kontakt zusammenarbeiten. Bei der Trennung der einzelnen Gruppenkonzeptionen (siehe S.33 f) war die Dauer der Zusammenarbeit eines der wesentlichen Unterscheidungsmerkmale. Getrennt wurden hierbei die Gruppenkonzeptionen nach dauerhaft bzw. nur von Zeit zu Zeit zusammenarbeitenden Gruppen. Dies bedeutet, daß es einerseits Gruppen gibt, die in u.U. unveränderter Zusammensetzung über Jahre hin zusammenarbeiten (z.B. teilautonome Arbeitsgruppen), also den Typus einer geschlossenen Gruppe darstellen. Andererseits gibt es Gruppen, die nur über einen kurzen Zeitraum existieren und in wechselnder Personenkonstellation immer wieder neu etabliert werden (z.B. Qualitätszirkel), bzw. Gruppen, die über einen längeren Zeitraum bestehen, deren Mitglieder aber mitunter stark fluktuieren (z.B. Projektgruppen). Die letztgenannten Gruppen kann man als offene Gruppen bezeichnen.

Ein Vorteil der offenen Gruppen ist, daß relativ schnell viele Mitarbeiter die Möglichkeit erhalten, sich in der Gruppenarbeit zu qualifizieren. Offene

Gruppen neigen nicht zur Bildung starrer Normen bzw. dazu, sich von der Organisation abzukapseln. Problematisch hingegen ist, daß bei offenen Gruppen der gruppendynamische Prozeß zur Bildung von Gruppenstrukturen, also die notwendige Normierung von Verhaltensanforderungen, die Bildung von spezifischen Rollen und die Entwicklung eines Wir-Gefühls, bei Neu- oder Umstrukturierungen oder der Aufnahme neuer Mitglieder immer wieder durchlaufen werden muß. Bei der Gestaltung der Gruppenarbeit zu berücksichtigen ist, daß Gruppen ausreichend Zeit erhalten, sich zu etablieren und leistungsfähig zu werden. Eine kritische Schwelle wird bei Qualitätszirkeln erreicht, wenn diese, wie in manchen Konzeptionen vorgesehen, lediglich fünf Sitzungen à ca. 90 Minuten zusammenarbeiten. Bei dieser Konzeption kann man nicht erwarten, daß unter Berücksichtigung gruppendynamischer Aspekte eine hohe Leistungsfähigkeit erreicht wird.

Unter dem Aspekt der Leistungsfähigkeit haben längerfristig und dauerhaft zusammenarbeitende Gruppen sicherlich Vorteile. Nach den Ergebnissen verschiedener Untersuchungen (siehe ROSENSTIEL, 1992: 272) ist davon auszugehen, daß sich Gruppen, wie in Abbildung 15 dargestellt, im ersten Abschnitt ihrer Zusammenarbeit, also in einem Zeitraum bis zu 1,5 Jahren, zunächst formieren. In dieser Zeit und danach steigt die Leistung der Gruppen ständig an. Nach 2,5 bzw. 3,5 Jahren beschäftigt sich die Gruppe zunehmend mit sich selbst und die Leistung nimmt leicht ab. Bei einer noch längeren Zusammenarbeit fällt die Gruppenleistung relativ stark ab. SADER (1976) begründet diesen Verlauf damit, daß bei einer kurzen Zusammenarbeit die Mitglieder zunächst viel Energie darauf verwenden, den eigenen Status zu unterstreichen, Rollen und Normen zu definieren. Bei einer längeren Zusammenarbeit haben sich Rollen und Normen etabliert, und es wird wesentlich mehr Energie für die Erledigung der eigentlichen Aufgaben frei. Arbeiten Gruppen über einen Zeitraum von mehreren Jahren zusammen, besteht u.U. die Tendenz, daß man sich immer mehr mit sich selbst und immer weniger mit der organisatorischen Umwelt und den eigentlichen Problemen beschäftigt, oder, wie SADER sarkastisch sagt: "so hat man sich einen Kaffee gekocht und findet sich wahnsinnig nett!".

Bei geschlossenen Gruppen besteht weiterhin die Gefahr, daß sie starre Normen bilden und Normverstöße der Mitglieder sanktionieren. Dies führt

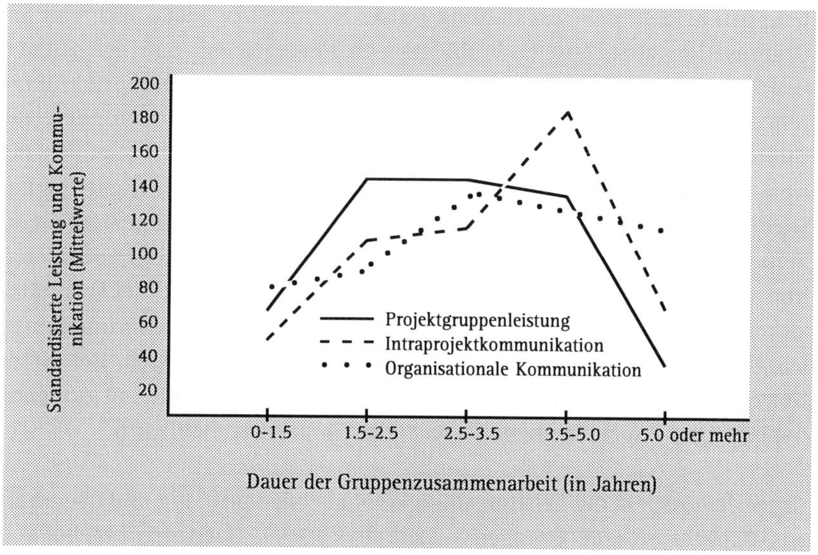

Abbildung 15: Gruppenleistung in Abhängigkeit von der Dauer der Zusammenarbeit (modifiziert übernommen aus: ROSENSTIEL, 1992: 273)

u.U. dazu, daß Gruppen ihre Offenheit für Veränderungen verlieren, eine gruppenspezifische Eigendynamik entwickeln und, hinsichtlich der zu bearbeitenden Aufgaben, Lösungen entwickeln, die mit den Zielen und Vorstellungen der Organisation nicht mehr in Übereinklang stehen.

Neben der Dauer der Gruppenzusammengehörigkeit ist die Intensität der Zusammenarbeit, hier verstanden als Möglichkeit der Gruppenmitglieder, in eine unmittelbare Kommunikation und Interaktion miteinander treten zu können, von wesentlicher Bedeutung für die Entwicklung von Gruppen. Dies erfordert, daß die Kontakte zu den Mitgliedern der eigenen Gruppe häufiger sein müssen, als zu anderen Personen des Unternehmens. Bei der Gestaltung der Kommunikation in dauerhaft zusammenarbeitenden Gruppen ist es weiterhin erforderlich, daß die Gruppenmitglieder immer wieder Möglichkeiten haben gemeinsam in Kontakt zu treten, also die übliche Mann-zu-Mann-Kommunikation durch sogenannte kommunikative Vollstrukturen, wie dies in Abbildung 16 dargestellt ist, ersetzt wird.

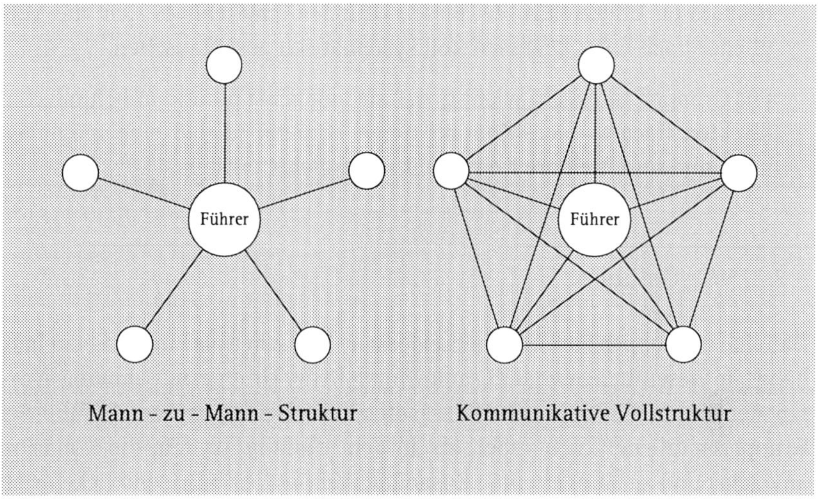

Abbildung 16: Kommunikationsstrukturen in Gruppen

Schlußendlich muß bei Zusammenkünften der Gruppe sichergestellt sein, daß jedes Gruppenmitglied uneingeschränkte Möglichkeiten hat, sich an der Kommunikation zu beteiligen; Meinungen, ohne Beeinträchtigung durch hierarchische Barrieren, offen zu äußern - oder zu schweigen, wenn man es für angebracht hält.

Zusammenfassung:

- Gruppen benötigen eine gewisse Zeitspanne und Intensität in der Zusammenarbeit, um die gruppenspezifischen Merkmale wie Normen, Rollen und ein Wir-Gefühl entwickeln zu können.
- Gruppen, die eine zu kurze Lebensdauer haben, oder deren Mitglieder ständig wechseln, müssen den gruppendynamischen Prozeß immer wieder durchlaufen und verlieren deshalb an Effektivität. Stark wechselnde oder kurzlaufende Gruppenaktivitäten sollten deshalb vermieden werden.
- Gruppen, die über einen längeren Zeitraum zusammenarbeiten, neigen dazu, sich zunehmend mit sich selbst zu beschäftigen, starre Normen zu entwickeln bzw. sich von der Organisation abzukapseln und verlieren

deshalb an Effektivität. Bei diesen Gruppen empfiehlt es sich, die Mitglieder nach einer gewissen Zeit systematisch auszutauschen.

- Für Gruppen ist es sehr wichtig, daß sie möglichst oft und unbehindert in direkten (face-to-face-)Kontakt treten können, so daß eine möglichst hohe und unmittelbare Kommunikationsdichte entsteht.

3.2.3. Wir-Gefühl

Daß sich in Gruppen zusammengeschlossene Menschen als Einheit verstehen, hängt im wesentlichen vom Zusammenhalt in der Gruppe, mit anderen Worten: der Gruppenkohäsion als Maß für die wechselseitig positiven Gefühle der Gruppenmitglieder zueinander, ab. In dem Umfang, in dem die Kohäsion anwächst und zu einer erlebten Zusammengehörigkeit führt, entwickelt sich auch ein Wir-Gefühl innerhalb von Gruppen.

Die Kooperation von selbständigen Individuen in Gruppen ist eine konfliktreiche und immer wieder gefährdete Entwicklungsleistung, die von Phantasien der Gruppeneinheit und dem Verschwimmen und Verschwinden von Ich-Grenzen bedroht wird. Im Prozeß der Gruppenbildung entstehen immer wieder phasenspezifische Probleme und Bewältigungsmechanismen, die von BION (1971) wie folgt beschrieben werden: Zu Beginn der Zusammenarbeit liefern sich die Gruppenmitglieder zunächst passiv dem Führer aus; erwarten von ihm in der noch unsicheren Situation Schutz, Unterstützung und Fürsorge. In der Folge entstehen starke innere Polarisierungen und Spannungen und ein hohes Maß an Aggression gegen innere und äußere Feinde. In Gruppen dieser Prägung bildet sich dann "das Gefühl, dazuzugehören, Einigkeit zu erleben, gegen Feinde geschlossen aufzutreten, an einer gemeinsamen Sache mitzuwirken, aktiv und vital sein zu können - und es scheint ein wichtiges menschliches Bedürfnis zu sein, Arbeit unter solchen Bedingungen (und nicht isoliert und bindungslos) auszuführen" (NEUBERGER, 1988: 32). Allerdings entsteht in dieser Phase auch die Angst, von der Gruppe geschluckt zu werden und seine Individualität zu verlieren. Mögliche Reaktionen sind dann: man begibt sich blind in die Abhängigkeit der Gruppe, man wehrt sich durch Kampf oder Flucht oder man idealisiert den Leiter der Gruppe als Vater-

oder Heldenfigur, mit dem man sich verbinden möchte. BION ist der Überzeugung, daß in allen Gruppen diese Spannungsverhältnisse zwischen Fusion und Individuation zu bewältigen sind. Auf dieser fundamental-archaischen Betrachtungsebene der Gruppe-als-Ganzes läßt sich erkennen, daß die Entstehung eines Wir-Gefühls nicht innerhalb einer kurzen Zeitspanne und auch nicht konfliktfrei verlaufen wird. Es ist, wie SCHWARZ (1991: 18) darstellt, vielmehr davon auszugehen, daß die Einheit der Gruppe nur über die Bewältigung dieser Konflikte entsteht.

Nachstehend werden die wichtigsten Faktoren zusammengefaßt, die nach verschiedenen empirischen Untersuchungen die Kohäsion und in der Folge das Wir-Gefühl von Gruppen beeinflussen können (siehe hierzu z.B. ROSENSTIEL, 1992 und STAEHLE, 1989):

Gruppengröße

Kleinere Gruppen weisen tendenziell eine höhere Kohäsion auf als größere; abfallend ist die Kohäsion bei Gruppen mit mehr als 20 Mitgliedern.

Erfolg und Anerkennung der Gruppe

Gruppen, die eine herausfordernde Aufgabe erfolgreich bewältigt haben und deshalb Anerkennung innerhalb der Organisation genießen, weisen tendenziell eine höhere Kohäsion auf als weniger erfolgreiche Gruppen.

Homogenität der Gruppe

Haben die Gruppenmitglieder eine ähnliche Ausbildung und ähnliche Einstellungen (homogene Gruppen), weisen sie tendenziell eine höhere Kohäsion auf als heterogene Gruppen.

Soziale Kontakte

Gruppen, die eine hohe Dichte von face-to-face-Kontakten ermöglichen, weisen tendenziell eine höhere Kohäsion auf als Gruppen in denen das, z.B. wegen interaktionsbehindernden Arbeitsbedingungen (z.B. Fließbandarbeit), nicht der Fall ist.

Wettbewerb mit anderen Gruppen / gruppeninterner Wettbewerb

Gruppen, die im Wettbewerb mit anderen Gruppen stehen und solche, die Angriffen von außen ausgesetzt sind, weisen tendenziell eine höhere Kohäsion auf als solche, die einem gruppeninternen Wettbewerb ausgesetzt sind.

Vereinbarung gemeinsamer Ziele

Gruppen, die von ihren Mitgliedern als Mittel zur Erreichung ihrer Ziele wahrgenommen werden, weisen tendenziell eine höhere Kohäsion auf als solche, bei denen dies nicht der Fall ist.

Fähigkeit des Leiters der Gruppe

Gruppen mit einem starken, charismatischen Führer, weisen tendenziell eine höhere Kohäsion auf als solche, bei denen der Gruppenleiter diese Eigenschaften nicht besitzt.

Gegenseitige Unterstützung

Gruppen, in denen sich die Mitglieder gegenseitig helfen und unterstützen weisen tendenziell eine höhere Kohäsion auf als Gruppen, in denen dies nicht der Fall ist.

Daß eine hohe Gruppenkohäsion nicht in allen Fällen auch zu einer positiven Leistung führt, wie dies in der Human-Relations-Bewegung angenommen wurde, zeigen die Untersuchungen von SCHACHTER et al. (1951), die in schematisch vereinfachter Form in Abbildung 17 dargestellt sind (die Flächen in Abbildung 17 begrenzen den Streubereich der Einzelwerte). So wurde festgestellt, daß Gruppen mit einer hohen Kohäsion und einer positiven Einstellung zum Leiter der Gruppe sowie zum Unternehmen hohe Leistungen im Sinne des Unternehmens erreichen können. Haben Gruppen mit einer hohen Kohäsion eine negative Einstellung zum Leiter der Gruppe und zum Unternehmen, führt dies zu z.T. stark verringerten Leistungen.

Hoch kohäsive Gruppen widersetzen sich häufig organisatorischen Änderungen oder geänderten Aufgabenstellungen, da in ihnen die Tendenz besteht, eingeübte Interaktionsmuster und Zielsetzungen erhalten zu wollen.

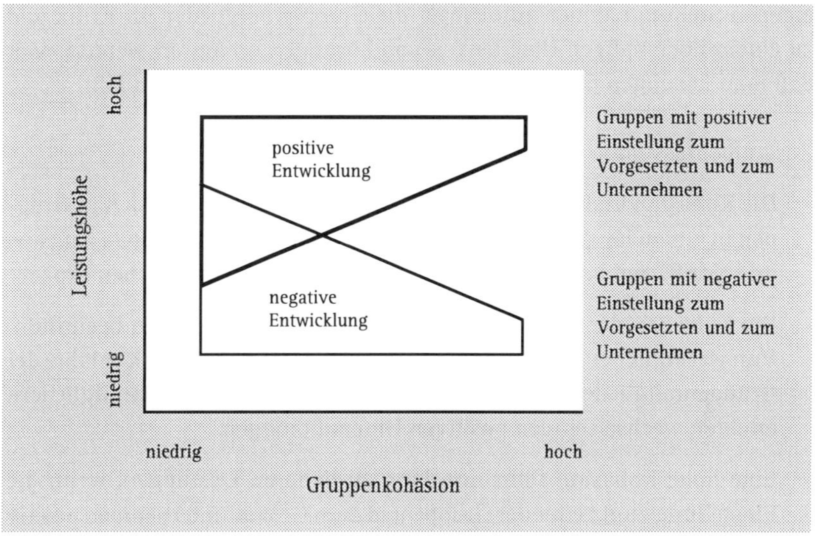

Abbildung 17: Beziehungen zwischen der Gruppenkohäsion und der Leistung (geändert übernommen aus: ROSENSTIEL, 1992: 271)

Hoch kohäsive, geschlossene Gruppen neigen darüber hinaus zur Gruppenbefangenheit (groupthink). Seit den Untersuchungen von ASCH (1965) ist bekannt, daß sich die Mitglieder einer Gruppe auch gegen ihre Überzeugung einer vermeintlichen Mehrheitsmeinung anschließen. Ein zu starker Gruppendruck kann, wie JANIS (1972) in seinen Analysen der Kabinettsentscheidungen in der Kennedy-Ära nachgewiesen hat, auch zu einer Abnahme von Problemerkenntnis und Lösungsfähigkeit führen. So entsteht in hoch kohäsiven Gruppen leicht ein "blinder Fleck", der in der Folge zu kollektiven Rationalisierungen, einer abwertenden Verdrängung der eigenen Zweifel, Überschätzung der Einheitlichkeit der Gruppenmeinung und Abschirmung gegen Informationen und Kritik von außen führt. Die Gruppe verbeißt sich, zumeist geleitet von einem übertriebenen Teamgeist, in eine Position, auch wenn sie deren Nichthaltbarkeit längst erkannt hat. Als Maßnahmen gegen die Gruppenbefangenheit wurde von JANIS z.B. vorgeschlagen, daß man Gruppen über die Gefahren des Gruppendrucks aufklärt, sich der Führer der Gruppe mit eigenen Stellungnahmen zurückhält, die Gruppenmitglieder zur Kritik und zu einem nochmaligen Überdenken von Lösungen ermuntert werden, oder daß man Lösungen durch gruppenexterne Fachleute beurteilen läßt.

Zusammenfassung:

- Die Kohäsion und in der Folge das Wir-Gefühl entwickeln sich in Gruppen in einem länger dauernden, von individuellen Hoffnungen, Ängsten und Konflikten begleiteten gruppen- bzw. psychodynamischen Prozeß.
- Die Kohäsion der Gruppe wird von verschiedenen Faktoren beeinflußt. Von wesentlicher Bedeutung sind hierbei die Häufigkeit der Kontakte der Gruppenmitglieder untereinander und die von den Gruppenmitgliedern erlebten wechselseitigen positiven Unterstützungen.
- Eine hohe Kohäsion führt nur dann zu höheren Leistungen, wenn die Einstellung zum Leiter der Gruppe und zum Gesamtunternehmen positiv sind. Ist dies nicht der Fall, kann sich in hoch kohäsiven Gruppen die Leistung negativ entwickeln.
- In hoch kohäsiven Gruppen sind geeignete Maßnahmen gegen den groupthink vorzusehen. Dies kann z.B. dadurch erreicht werden, daß sich der Gruppenleiter mit eigenen Stellungnahmen zurückhält, man die Gruppenmitglieder immer wieder zum Überdenken von Lösungen auffordert, bzw. diese durch Fachleute beurteilen läßt.

3.2.4. Rollen

Es ist eine der zentralen Erkenntnisse der sozialpsychologischen Gruppenforschung, daß es in Gruppen relativ schnell und spontan zu sozialen und kommunikativen Rollendifferenzierungen kommt. Der Begriff "Rolle" wird dabei einerseits verstanden als das Gesamt von Verhaltenserwartungen, das man in einer sozialen Situation an das Mitglied einer Gruppe richtet; andererseits ist die Rolle ein wichtiger Mechanismus, durch den Menschen ihre Werte zum Ausdruck bringen und versinnbildlichen. Die an die Rolle eines Gruppenmitgliedes gestellten Verhaltenserwartungen determinieren deren Möglichkeiten, eine bestimmte Position oder ein bestimmtes Verhalten innerhalb der Gruppe einzunehmen. In der Literatur werden Rollen in der Regel nach zwei Dimensionen unterschieden: Die vertikale Dimension drückt aus, welche Chancen die Gruppenmitglieder haben, im Rahmen von Machtstrukturen Einfluß auf das Gruppengeschehen und Gruppenentscheidungen zu nehmen. Die horizontale Dimension zeigt, welche Aufgaben die Gruppenmitglieder innerhalb der Gruppe bevorzugt erledigen, wobei festzustellen ist, daß auch die horizontale Rollenstruktur keinesfalls machtneutral ist. Jede Aufgabe, und ist sie noch so inoffiziell, bietet auch Chancen, auf das Gruppengeschehen Einfluß zu nehmen.

3.2.4.1. Vertikale Rollendifferenzierungen

Von besonderem Interesse sind seit den Untersuchungen von SCHJELDERUP-EBBE (1924) über die "Hackordnung" bei Hühnern die vertikalen Rollendifferenzierungen in Gruppen. Im Zentrum weiterer Untersuchungen zur vertikalen Rollendifferenzierung stand (und steht z.T. heute noch) die Führungsrolle. Ein besonderes Interesse haben hierbei die Untersuchungen von BALES (1958) zum Führungsverhalten gefunden. Wie BALES feststellt, kann man bei der Führung von Gruppen zwei Rollen unterscheiden: die Rolle des Beliebten und die Rolle des Tüchtigen, wobei sich diese beiden Rollen - im zeitlichen Längsschnitt gesehen - zumeist auf zwei Personen innerhalb der Gruppe verteilen und in vielen Fällen nicht von einer Person realisiert werden können. Auch in der betrieblichen Praxis stehen Fragen der Führung, wie folgender Bericht von PALASS & RISCH (1992: 312) zeigt, im Mittelpunkt des Interesses:

> "Das Lernprogramm (für die neu installierten Gruppen bei OPEL im Werk Bochum; H.-K.W.) begann bereits bei der Wahl des Gruppensprechers: 'Zunächst wurde dafür nicht der Beste bestimmt, sondern ein Dummer, der die Schreibarbeiten macht und das Protokoll führt', berichtet Manager Thönnes. Doch inzwischen hätten die meisten Gruppen erkannt, daß der bequemste Weg nicht unbedingt der beste ist: Sie wählen jetzt nur als Sprecher, wer die Gruppeninteressen engagiert nach außen vertreten kann."

Geht man davon aus, daß Gruppen, wie später noch ausführlicher dargestellt wird, vor allem danach streben sollten, gesetzte Sachziele zu erreichen und dabei den Zusammenhalt der Gruppe zu sichern, könnte man sich vorstellen, daß jeweils zwei Personen als Führungsdual arbeitsteilig eine Gruppe leiten. Eine Person (der Tüchtige) bemüht sich darum, die Gruppe zum Sachziel zu führen; die andere (der Beliebte) bemüht sich um ihren sozialen Zusammenhalt. So wird in den Lernstattmodellen teilweise vorgeschlagen (z.B. BMW, 1983), daß zwei Moderatoren die Gruppe leiten. Die von BALES & SLATER (1969) ausdrücklich als Hypothese formulierte Idee eines "Führungsduals" wurde von verschiedenen Autoren vorschnell als "Divergenztheorem" verabsolutiert und gefordert, daß parallel oder in unterschiedlichen Phasen der Zusammenarbeit einer Gruppe, jeweils zwei Personen unterschiedliche Leitungsaufgaben übernehmen sollten. Im Kern läuft diese Forderung darauf hinaus, daß die Binnenstruktur bzw. der soziale Zusammenhalt der Gruppe und die Zielerreichung im Gleichgewicht stehen müssen und zwei Personen permanent dafür zu sorgen haben, daß dieses Gleichgewicht nicht gestört wird. Gewinnt ein System die Oberhand (z.B. Forcierung der Leistungsanstrengungen), so geht es auf Kosten des anderen (z.B. Frustration der sozialen Bedürfnisse der Gruppenmitglieder). In der Folge muß dann der Sozialspezialist für den Ausgleich sorgen, den der Aufgabenspezialist nicht leisten kann. NEUBERGER (1987: 877) weist darauf hin, daß diese duale Betrachtungsweise zu kurz greift; daß vielmehr davon auszugehen ist, daß in Gruppen eine Vielzahl von unverzichtbaren Führungsrollen bzw. -funktionen zu erfüllen sind, um das Überleben bzw. die Wirksamkeit von Gruppen zu sichern. Diese unterschiedlichsten Rollen können in die formale Position *eines* Gruppenleiters integriert sein. WEISSENBERG u.a. (siehe GEBERT & ROSENSTIEL, 1981: 153) haben in Untersuchungen festgestellt, daß Gruppenleiter in einem hohen Maß sowohl beziehungs- wie auch aufgabenorientiert führen können. Wenn auch die Begrifflichkeiten in diesen Untersuchungen etwas anders sind, kann man davon ausgehen, daß mehrere Rollen weitgehend von einer Person abgedeckt werden können. Sie können aber auch, im Sinne eines "Führungsplurals" und ohne, daß es die formale Position des Gruppenleiters beeinträchtigen würde, auf eine Vielzahl von Personen temporär oder dauerhaft verteilt sein. Es gibt keine schlüssigen Beweise, daß es besser ist, wenn Gruppen von zwei Personen geführt werden. Führungsduale haben nur dann einen Sinn, wenn Gruppen sehr groß, die zu bewältigenden Aufgaben vielschichtig und die Fähigkeiten des Gruppenleiters in der Moderation nicht sehr ausgeprägt sind.

In der Organisationsentwicklung (OE) plädiert man teilweise für Leitungsgespanne bestehend aus Macht- und Fachpromotoren, wobei beide als Leiter gleichzeitig aktiv werden. Hinsichtlich des Einsatzes von Macht- bzw. Fachpromotoren berichtet GOTTSCHALL (1991: 123 f) über die bei VW eingesetzten Integrationsteams:

> "In den Betrieben wirken - wie es der OE-Ansatz verlangt - stets ein Gespann von Macht- und Fachpromotoren zusammen. Denn nur der Machtpromotor, der oberste Hierarch, kann dem Fachpromotor die Autorität vermitteln, die er unbedingt braucht, um das Programm glaubwürdig voranzutreiben. Die (.) Promotoren (.) verkörpern den erwünschten, von einer Idee besessenen Menschentyp, der das Team, das er zur Unterstützung braucht, mitreißen kann."

Einen wesentlich differenzierteren Ansatz über Rollendifferenzierungen in vertikaler Sicht entwickelte SCHINDLER (1957), der davon ausgeht, daß sich Rollen in der Auseinandersetzung mit einem Gegner bilden und erhalten. Die hierbei entstehenden Rollen werden in einer soziodynamischern Grundformel wie folgt definiert: Der Führer, Alpha, leitet die Gruppe in ihrer Auseinandersetzung mit einem Gegner. Die Mehrzahl der Gruppenmitglieder, Gammas, identifizieren sich mit dem Führer, weil er die Ziele der Gruppe zu seinen gemacht hat. In der Verfolgung des Ziels fordert Alpha von den Gammas Leistung und Aufgabenbezug; gleichzeitig verhindert er Entspannung, Auflehnung und Unordnung. Die Aggressionen, die er deshalb auf sich zieht, lenkt er auf das schwächste Mitglied der Gruppe: Omega. Von Omega wird angenommen, daß er sich mit dem Gegner identifizieren könnte; Omega wird damit zum stellvertretenden Gegner. Außerhalb dieses Dreiecks (Alpha, Gammas und Omega) steht, mit einem loyalen Verhältnis zu Alpha, der sachliche Fachmann und Aufgabenspezialist, Beta, der versucht, den Realitätskontakt der Gruppe sicherzustellen. SCHINDLER (1957: 314) faßt seine Ausführungen zu den verschiedenen Rollenpositionen wie folgt zusammen:

> "Jede Gruppe weist eine typische innere Dynamik auf, die von vier charakteristischen Positionen getragen wird. Dies sind die Positionen des 'Führers', 'Fachmanns', 'Mitglieds' und des 'Prügelknaben'. Die Identifikation mit dem 'Führer', als innerem Repräsentanten der Gruppe, und die Aggression gegen den 'Prügelknaben', als innerem Repräsentanten des Gegenspielers (Feindes), unterhält die Aktivitätsspannung der 'Mitglieder'. Wer in die Gruppe eintritt, muß eine dieser Rollen einnehmen, wobei deren spezifischer Charakter mit dem individuellen Charakter der Persönlichkeit interferiert."

Wesentlich an diesem Modell ist, daß Rollen in Gruppen nicht statisch bzw. determiniert sondern dynamisch und gestaltbar sind. Alpha-Positionen können also aktiv gestaltet und erhalten werden, indem man z.B. ein Gruppenmitglied (Omega) als Repräsentanten des Gegners identifiziert und stigmatisiert, die Gammas normiert und diszipliniert und deren Aggressionen auf Omega lenkt, sowie ein loyales Verhältnis zu Beta entwickelt. Auf dieser Ebene werden, wie NEUBERGER (1988: 22) darstellt, "scheinbar auf rationale Aufgabenlösung fixierte Arbeitsgruppen als eine störbare dynamische Konstellation" gesehen, die ihre Dynamik fernab der jeweiligen betrieblichen Aufgabenstellung entwickeln können - und vielfach auch werden.

Ein in der Praxis verbreitetes Instrument zur Messung von affektiven Beziehungen (Sympathieverhältnissen) in Gruppen ist der von MORENO (1954) entwickelte soziometrische Test, bei dem versucht wird, die soziale Struktur einer Gruppe durch Messung von Anziehungen und Abstoßungen quantitativ darzustellen. Hierzu notiert jedes Gruppenmitglied z.B., mit welchem anderen Gruppenmitglied es besonders gern bzw. besonders ungern in einer Gruppe zusammensein bzw. zusammenarbeiten würde. Die positiven und negativen Wahlen werden anschließend innerhalb eines Soziogramms als Verbindungslinien zwischen den Gruppenmitgliedern visualisiert. Je nach Fragestellung können unterschiedliche Aussagen zur sozialen Struktur der Gruppe getroffen werden. MORENO unterscheidet zwischen

- einer Tüchtigkeitsrangordnung
  (Frage: Mit wem würden Sie am liebsten in einer Gruppe zusammenarbeiten?) und
- einer Beliebtheitsrangordnung
  (Frage: Mit wem würden Sie am liebsten bei einem Betriebsausflug zusammensein?).

In soziometrischen Tests können auf der Basis des Soziogramms auch Aussagen

- zur Stellung des formalen Führers
  (inwieweit ist er von der Gruppe akzeptiert?),
- zum Vorhandensein eines informalen Führers bzw. "Stars"
  (gibt es ein Gruppenmitglied, das in der Rangordnung von der Gruppe

höher bewertet wird als der formale Führer?),

- zu Cliquen
(gibt es abgespaltene Personenmehrheiten, die eine Untergruppe bilden?),
- zu von der Gruppe abgelehnten Personen
(gibt es Gruppenmitglieder, die keine positiven Wahlen erhalten?),
- zur Kohäsion von Gruppen
(wie gestalten sich die gegenseitigen positiven Wahlen?)

gemacht werden (siehe z.B.: CROTT, 1979; STAEHLE, 1989). Soziometrische Test lassen sich in der Praxis, beispielsweise bei der Zusammenstellung von Gruppen oder bei der Auswahl des Gruppenleiters, sicherlich sinnvoll einsetzen. In einer Untersuchung von VAN ZELST (1952) wurde festgestellt, daß auf der Basis soziometrischer Untersuchungen zusammengesetzte Gruppen bessere Leistungsergebnisse erzielen können.

Zusammenfassung:

- Rollenpositionen in einer Gruppe (auch die des Führers) entstehen und verändern sich in einem gruppen- bzw. psychodynamischen Prozeß.
- Da Gruppen schnell eine für sie richtige vertikale Rollendifferenzierung finden, sollte man es ihnen überlassen, ihre Führer selbst zu bestimmen. Welcher Führer für die jeweilige Gruppe der richtige ist, der "Tüchtige" oder der "Beliebte"..., sollte die Gruppe selbst entscheiden. Gruppen sind, wenn es um die Vertretung ihrer Interessen geht, lernfähig und änderungsbereit.
- Es ist möglich, daß der Leiter einer Gruppe vielfältige und ganz unterschiedliche Rollen übernimmt. Eine Aufteilung der Führungsrolle auf zwei Personen ist nur dann notwendig, wenn die Gruppen sehr groß und/ oder der Gruppenleiter in der Moderation von Gruppen nicht geübt ist.
- Beim Start einer Gruppe kann es durchaus sinnvoll sein, daß ein Machtpromotor die ersten Schritte initiiert und unterstützt. Von Vorteil ist die Unterstützung durch einen Machtpromotor auch, wenn Gruppenarbeit neu eingeführt wird. Hierdurch wird ein symbolisches Zeichen gesetzt, daß sich die wichtigen Personen mit dem Projekt identifizieren.

3.2.4.2. Horizontale Rollendifferenzierungen

Neben der vertikalen Dimension kann man in Gruppen immer auch horizontale Rollendifferenzierungen, also welche Aufgaben die Gruppenmitglieder bevorzugt übernehmen, feststellen. In vielen Veröffentlichungen zur Gruppen- und Teambildung stehen die horizontalen Rollendifferenzierungen im Vordergrund. Zumeist geht es dabei um die Frage, welche (kommunikativen) Rollen notwendig sind, um die Gruppe in ihren interaktiven Prozessen zu fördern. Hierzu ein Beispiel von BOSETZKY & HEINRICH (1980: 129):

> "Eine gewerkschaftliche ad-hoc-Gruppe strukturiert sich: die Kollegin, die sich durch gelungene Formulierungen profiliert hat, übernimmt die Rolle des Texters; der zynisch nörgelnde Intellektuelle wird wichtig als Mahner wider die bequemen Fallen des anpasserischen Pragmatismus; der Kollege mit den guten Beziehungen zur Chefetage wird zur zentralen Informationssammelstelle; die clevere und redegewandte, in programmatisch und praktischer Arbeit geübte Gewerkschafterin wächst in die Rolle der Gruppensprecherin, die die Außenkontakte übernimmt. Alles nicht statisch, unwiderrufbar und offiziell, sondern unausgesprochen, kaum bemerkt, wirklich, weil wirksam."

Die am Interaktions- bzw. Kommunikationsverhalten der Gruppenmitglieder orientierten Rollendifferenzierungstheorien gehen zumeist zurück auf die "Interaktions-Prozeß-Analyse" (IPA) von BALES (1950), der in seinen Untersuchungen festgestellt hat, daß sich das kommunikative Verhalten der Gruppenmitglieder nach folgenden vier Bereichen gliedern läßt:

- Zeigt positive Reaktionen
  (z.B.: zeigt Freundlichkeit, Solidarität, Unterstützung...),
- ist bemüht um Antwort
  (z.B.: macht Vorschläge, gibt Informationen...),
- stellt Fragen
  (z.B.: fragt nach Meinungen, bittet um Stellungnahmen...),
- zeigt negative Reaktionen
  (z.B.: widerspricht, zeigt emotionale Spannungen und Feindseligkeit...).

Eine andere Aufteilung der kommunikativen Rollen in Gruppen, auf die in der Literatur oft zurückgegriffen wird, stammt von BENNE & SHEATS (1948).

Diese unterscheiden zwischen:

- Aufgabenrollen
  (z.B.: informieren, orientieren, koordinieren...),
- Gruppenaufbau- und Erhaltungsrollen
  (z.B.: ermutigen, harmonisieren, kompromißbereit sein...),
- individuellen Rollen
  (z.B.: aggressiv sein, blockieren, dominieren...).

In den mehr populärwissenschaftlichen Veröffentlichungen zur moderierten Gruppen- bzw. Teamarbeit werden immer wieder unterschiedliche kommunikative Stör-Charaktere dargestellt (siehe folgende Aufstellung von BÖNING, 1991; eine nahezu identische Liste findet man bei KOCH, 1988) und in der Folge beschrieben, was man tun sollte, um deren für die Kommunikation in Gruppen hinderlichen Verhaltensweisen zu reduzieren:

- der Vielredner (kommt vom Hundertsten ins Tausendste);
- der Aggressive (reagiert unsachlich und emotional);
- der Witzbold (macht Witze und lacht selbst mit);
- der Nörgler (verschlechtert durch Nörgeln die Atmosphäre);
- der Rechthaber (äußert seinen Standpunkt kompromißlos);
- der Hierarch (übertritt Spielregeln, an die sich andere halten);
- der Schüchterne (hält sich mit Ausführungen sehr zurück);
- der Schweigsam-Distanzierte (beteiligt sich nur wenig);
- der Drängler (redet dazwischen, unterbricht andere);
- der Tuschler (führt immer wieder Seitengespräche);
- der Pingelige (ist umständlich in der Ausdrucks- und Vorgehensweise).

In der neueren englischsprachigen Literatur geht man einen Schritt weiter und ordnet die interaktionellen bzw. kommunikativen Verhaltensweisen nach Team-Charakteren/Typen. So unterscheidet BELBIN (1993) auf der

Basis von "behaviour characteristics (.) in which one team member interacts with another" acht Team-Rollen (wie z.B. den konservativ, vorsichtigen "Company Worker"; den individuell, unorthodoxen "Plant"; den sozial orientierten, empfindsamen "Teamworker"). MARGERISON & McCANN (1991) unterscheiden in ihrem "Team-Wheel", in Anlehnung an C.G. JUNG, folgende acht Schlüsselrollen in Teams:

- Der Berater / Reporter-Adviser
  (vertieft sich in Details und nimmt sich hierfür viel Zeit);
- Der Kreative / Creator-Innovator
  (stellt Bestehendes in Frage und sucht nach neuen Wegen);
- Der Überzeuger / Explorer-Promotor
  (nimmt Ideen auf und begeistert andere für diese);
- Der Bewerter / Assessor-Developer
  (sucht nach Wegen, Neues in die Praxis einzuführen);
- Der Entscheider / Thruster-Organizer
  (erzeugt Druck bei der Umsetzung neuer Ideen);
- Der Macher / Concluder-Producer
  (setzt das um, was sich andere ausgedacht haben);
- Der Prüfer / Controller-Inspector
  (ist stark ordnungsorientiert und kümmert sich gerne um Details);
- Der Bewahrer / Upholder-Maintainer
  (ist Träger der Gruppennormen und sorgt für Stabilität in der Gruppe).

Weiter empfehlen diese Autoren, daß nach Analyse der jeweiligen Charaktere die Teams so zusammengestellt werden, daß möglichst viele Team-Rollen abgedeckt werden. Nach MARGERISON & McCANN sollten in jedem Team alle Rollen vertreten sein, damit das Team erfolgreich arbeiten kann; nach Meinung von BELBIN müssen von acht Rollen mindestens fünf vertreten sein. Daß die über Fragebogen ermittelten Team-Typen nur ein Hilfmittel für die Zusammenstellung von Teams sein können, sehen auch deren eifrigste Verfechter, wie nachfolgender Bericht von WEBER (1990: 56 f) über Erfahrungen mit dem "Team-Wheel" zeigt:

"Mit dem Managementkreis, so warnen Stefan Boethius und Hansruedi Zellweger Voreilige, hätten Personalmanager keineswegs ein Patentmittel zur richtigen Auswahl von Mitarbeitern an der Hand. Er könne nur eines von mehreren Hilfsmitteln sein, betonen die beiden Chefs (der Beratungsgesellschaft 'Team Design'; H.-K.W.). Wunder könne der Managementkreis nicht bewirken, aber (.) 'er schafft Voraussetzungen dafür, daß Beziehungen im Team wachsen und Störungen ausgeräumt werden'.(...) Wenig hilfreich wäre es freilich, wenn sich in einem Unternehmen irgendwo ein Team nach Erkenntnissen des Managementkreises etabliere, ohne das Umfeld im Auge zu haben. Paßt es nicht zur Kultur und den Wertvorstellungen der Firma, dann scheitert es, sobald wichtige Aufgaben dort nicht nur beraten, sondern auch entschieden werden."

Da diese Teamtheorien leicht mit dem Alltagsverständnis vereinbar sind, haben sie, wie nachstehender Bericht im *Spiegel* (1993: 210) zeigt, auch bei Fußballtrainern Anklang gefunden, wie übrigens auch die Teamtheorien von Fußball-, Baseball- und Cricket-Trainern wiederum Anklang bei den Management-Theoretikern gefunden haben (siehe z.B. DRUCKER, 1993: 123 ff und KATZENBACH & SMITH, 1993: 335 ff):

"Laktatwerte, Schußkraft und Kopfballstärke allein sind allenfalls das Rüstzeug für Siege - über dauerhaften Erfolg entscheiden psychologisches Feingefühl des Trainers der Mannschaft und gruppendynamische Prozesse. Beim seligen Sepp Herberger genügten noch elf Freunde zum Erfolg. Der moderne Fußball erfordert ein kompliziertes Gefüge, in dem Trainer Teamwork mit spielbestimmenden Persönlichkeiten schaffen müssen. Kölns Fußball-Lehrer Morten Olsen sieht seine vorrangige Aufgabe darin, 'verschiedenartige Menschen wie ein Puzzle zusammenzufügen'. (...)
Doch es fällt schwer, da Gesetzmäßigkeiten zu entdecken. Stars bringen in Leverkusen Siege, in Dortmund aber bisher nur Verwirrung.(...) Und wenn der Erfolg kaum erklärbar ist, dann paßt - wie beim Hamburger SV - ganz lapidar 'die Mischung'. 'Wie Schachfiguren', lobt Professor Henning Allmer, der bei der Fußball-Lehrer-Ausbildung in Köln das Fach Psychologie lehrt, habe zum Beispiel Volker Finke beim SC Freiburg sein Personal aufeinander abgestimmt. Der Trainer hatte in den ersten beiden Jahren seines Freiburger Jobs den Kader nach der Devise gemischt: 'Von jeder Sorte Mäuse ein paar'. Er holte Profis, 'die stinkig und aggressiv werden, wenn es im Training kein Erfolgserlebnis gibt', aber auch besonnene, ausgleichende Charaktere. Indem er einen bestimmten Typ hervorhebe, so Finke, könne er nun das Betriebsklima 'unbemerkt steuern'.

Die Rolle des Antreibers - Hitzfeld nennt ihn 'Aggressivleader' - besetzt in Dortmund Fleming Povlsen. Eine Mannschaft mit elf Povlsens sei jedoch undenkbar (.). Gilt es, ein Reizklima zu beruhigen, ist der Mann des Ausgleichs gefragt, Kapitän Michael Zorc. Daß beide Grundpfeiler des Borussia-Gefüges seit Wochen verletzt oder außer Form sind, dient Hitzfeld als Erklärung für die Dortmunder Instabilität.
Alle erfolgreichen Mannschaften, weiß der Karlsruher Coach Winfried Schäfer, hatten eine Führungscrew, 'die auf und neben dem Rasen den anderen sagte, wo es langgeht'. Was die Achse Maier-Beckenbauer-Breitner-Müller für die Münchner Bayern, waren Kleff-Vogts-Netzer-Wimmer in Mönchengladbach. Bis heute gilt diese Struktur als erstrebenswert: 'Von den Älteren erwarte ich Dialog', sagt Olsen, 'die Jüngeren müssen den Mund halten'."

Bundesligatrainer, die ja zumeist die gleiche Ausbildungsstätte haben, mischen fast beliebig die vertikale "Hackordnung" mit den horizontalen Rollentheorien - wie's eben gerade paßt. Einen ganz anderen Weg geht da, wie SCHÜMANN in der *Süddeutschen Zeitung* vom 21. März 1992 berichtet, "Stepi", der frühere Trainer von Eintracht Frankfurt:

"Bloß kein Friede, bloß keine Eintracht, 'das würde mich wirklich stören, wenn wir keine Probleme mehr hätten', sprach Dragoslav Stepanovic, Trainer beim Klub mit der höchstentwickelten Streitkultur seit Schalkes besten Zeiten. Das heißt, die reine Lehre auf den Kopf zu stellen. 'Ich brauche keine elf Freunde, ich brauche elf Profis, die sich anschnauzen. Wenn einer den anderen anbrüllt: 'Es geht um unsere Kohle, du Idiot', dann habe ich eine Gemeinschaft, die Erfolg will.' Ob das nun knallhart ehrlich den Gepflogenheiten der Branche Rechnung trägt oder nachträglich die Not zur Tugend erklärt, sei dahingestellt - am Tabellenstand (die "Eintracht" (!) stand zu diesem Zeitpunkt auf dem 2.Platz der Bundesligatabelle; H.-K.W.) ist Eintracht Frankfurts unerklärlicher Erfolg mit der konsequenten Elf-Feinde-Mentalität in dieser Saison abzulesen."

Sicherlich wird man in Gruppen auf horizontaler Ebene immer wieder unterschiedliche Rollen identifizieren können. Gruppen auf der Basis von horizontalen Aspekten zu gestalten, wie dies z.B. von BELBIN und MARGERISON & McCANN vorgeschlagen wird, erscheint mir aus folgenden Gründen fragwürdig und auch nicht sinnvoll:

- Die Aufteilung in eine zumeist geringe Anzahl von Rollen ist schon wegen Abgrenzungsproblemen und des Übergangs von einer Rolle zur anderen schwierig. Das hochkomplexe Verhalten in Gruppen läßt sich nicht in z.B. acht Rollen differenzieren und eindeutig beschreiben.

- Die Rollen-Modelle sind statisch; die Dynamik der Rollenentwicklung wird nicht annähernd berücksichtigt. Rollen verändern sich in ihrer Komplexität, Bestimmtheit und Potenz; sie wachsen, verkümmern und verschwinden; sie wechseln und pulsieren in der sozialen Interaktion.
- Außerdem entwickeln soziale Systeme eine Eigendynamik, die zumeist nichts mehr mit den kommunikativen Eigenschaften der teilnehmenden Personen zu tun hat: Die Interaktion löst sich - wie LUHMANN (1984) darstellt - von den teilnehmenden Personen.

Unabhängig davon, wie man die kommunikativen Verhaltensweisen jeweils ordnet, bleibt festzuhalten, daß in unterschiedlichen Phasen der Zusammenarbeit von Gruppen, unterschiedliche Kommunikations- und Verhaltensweisen anzutreffen bzw. erforderlich sind. Je nach Gruppen- bzw. Konfliktlage sollten die Gruppenmitglieder unterschiedliche kommunikative Rollen ausfüllen um dadurch jeweils relevante Gruppenaffekte auszudrücken bzw. zu binden.

Von wesentlicher Bedeutung ist bei einer horizontalen Rollendifferenzierung die fachliche Kompetenz der Gruppenmitglieder. Diese ist einerseits bestimmt durch die Auswahl der Beteiligten (wer kann am besten die notwendigen fachlichen Aspekte in die Gruppe einbringen?); andererseits gewinnt die fachspezifische Kompetenz in der Gruppe durch unterschiedliche Teilnahme an Gruppensitzungen an Gewicht. So hat WEINER festgestellt, daß Gruppenmitglieder, die weniger häufig an Gruppenzusammenkünften teilnahmen, sich schlechter informiert fühlten und zunehmend unfähiger wurden, sich an Diskussionen zu beteiligen. WEINER nennt dieses Phänomen "Kompetenz-Multiplikator" und führt hierzu aus (Zitat entnommen aus WEICK, 1985: 228):

> "Wenn ihre hohen Teilnehmerraten andauern, werden die aktivsten Mitglieder schließlich zu einer relativ kleinen Gruppe mit einer Quasi-Monopolstellung bezüglich des für den Entscheidungsprozeß erforderlichen Sachwissens. Das Zusammenwirken dieser Faktoren erzeugt eine positive Feedback-Schleife, in der größere Aktivität größere Kompetenz verursacht und größere Kompetenz zu

größerer Aktivität führt... Demnach liegt eine Auswirkung der steil ansteigenden Teilnehmerraten bei einigen Entscheidungsbeteiligten darin, daß die aktivsten Teilnehmer ein viel höheres Maß an Sachwissen und Erfahrung gewinnen, welche für die Behandlung der verbleibenden Probleme unerläßlich sind. In dem Maß, wie sie tatsächlich sachverständiger werden, wird es für andere potentielle Teilnehmer immer schwieriger, Zugang zum Entscheidungsprozeß zu gewinnen."

Zusammenfassung:

- In unterschiedlichen Phasen der Zusammenarbeit von Gruppen müssen die Gruppenmitglieder, um Gruppenaffekte auszudrücken oder zu binden, unterschiedliche kommunikative Rollen übernehmen.
- Eine Zusammenstellung von Gruppen nach Team-Typen ist in der Praxis zumeist nicht möglich. Man muß bei der Bildung von Gruppen in der Regel auf die Personen zurückgreifen, die bereits vorhanden sind bzw. die aufgrund ihres jeweiligen Fachwissens oder ihrer betrieblichen Funktion in eine Gruppe gehören.
- Menschen entwickeln über die Kommunikation in der Gruppe soziale Systeme. Soziale Systeme bestehen nicht aus Menschen (psychische Systeme) sondern aus Interaktionen, die sich, um es metaphorisch auszudrücken, von den handelnden Personen ablösen und eigene, von den psychischen Systemen nahezu unabhängige, Gesetzmäßigkeiten entwikkeln.
- Damit die aktivsten Teilnehmer durch ihren "Kompetenz-Multiplikator" nicht zu sehr die Diskussionen und Entscheidungen in der Gruppe dominieren, sollte bei Gruppensitzungen eine (weitgehende) Teilnahmepflicht eingeführt werden.

3.2.5. Normen

Gruppen benötigen für ihre Zusammenarbeit gemeinsam entwickelte und vereinbarte Normen. Die Einhaltung von Normen macht die Erreichung von beabsichtigten Zielen wahrscheinlicher; außerdem entlasten sie Gruppen, da sie in häufig wiederkehrenden Situationen nicht immer wieder einen Konsens herbeiführen müssen, wie z.B. bei der Bewertung von Verhalten und Leistungen oder notwendigen Gruppenentscheidungen zu verfahren ist. Der Begriff "Norm" wird hierbei verstanden als verbindliche Forderung eines bestimmten Verhaltens. Gruppennormen können:

- Verhaltensanforderungen beschreiben,
- als Leistungsanforderungen oder -standards formuliert werden oder
- Vorgehensweisen bei der Aufgabenbearbeitung festlegen.

Diese Normen entwickeln sich in Gruppen relativ schnell als von der Mehrheit getragene standardisierte Denk- und Handlungsmuster in Form von Aufforderungen. Der Punkt, an dem sich die Vorstellungen und Erwartungen einzelner Mitglieder zu Normen einpendeln, kann durch die Gruppe selbst oder durch die Autorität hervorgehobener Gruppenmitglieder beeinflußt werden.

In Bezug auf die Leistung von Arbeitsgruppen haben vor allem Leistungsnormen Beachtung gefunden. So ist aus einer Vielzahl von klassischen Untersuchungen (siehe ROSENSTIEL, 1992: 266 ff) bekannt, daß Gruppen ihre geplante Leistungsabgabe auf einem selbstbestimmten Niveau fixieren können, das zumeist unterhalb der Anforderungen des Unternehmens an die Gruppe liegt. Bestehen in Arbeitsgruppen hohe Leistungsnormen und ein hoher Gruppenzusammenhalt, führt dies zu guten Gesamtleistungen bei geringen Streuungen der Einzelleistungen. Hält sich ein Gruppenmitglied nicht an die geltenden Normen, muß es, soweit es für die Gruppe wesentliche Normen betrifft, mit Sanktionen rechnen und zwar in um so stärkerem Ausmaß, je größer die Abweichung von der Norm ist. Insbesondere in Problemlösegruppen können Normen innovative Leistungen und Kreativität verhindern. Durch entsprechende Kommunikationsregeln ("Keine Killerphrasen!" oder "Keine apodiktischen Behauptungen!") kann man u.U. verhindern, daß neue Gedanken oder Normabweichungen unterdrückt werden.

Normen bestehen in Gruppen sowohl in manifester, ausgesprochener Form, als auch in latenter, unausgesprochener Form. TITSCHER & KÖNIGSWIESER (1985: 60) haben in einem konkreten Fall versucht, zusammen mit den

Betroffenen die Kluft zwischen proklamierten und praktizierten Normen offenkundig zu machen. Dabei wurden folgende manifeste, ausgesprochene Normen von der Gruppe festgestellt:

- "Du sollst kommunizieren.
- Man darf Fehler machen.
- Du sollst im Team arbeiten.
- Du sollst vertrauen und informieren.
- Du sollst Konflikte austragen.
- Jede Arbeit ist gleich wichtig."

Den ausgesprochenen Normen standen folgende unausgesprochene Normen gegenüber:

- "Du sollst schauen, daß Dein Machtkuchenstück nicht angeknabbert wird.
- Jeder soll seine Leistung alleine erbringen.
- Du kannst nie genug Mißtrauen haben.
- Konflikte dürfen nicht ausdiskutiert werden.
- Die Oberen sind besser, schöner und gescheiter als die Unteren.(...)
- Du sollst den Schuldigen suchen."

Neben den ausgesprochenen Normen wird es in Gruppen also immer auch unausgesprochene, deswegen aber nicht minder wirksame Normen geben, die die erstgenannten z.T. überlagern und damit auch außer kraft setzen können. Außerdem wird man in Gruppen auch widersprüchliche Normen, wie: "Übe offen Kritik, aber sei bereit, die Folgen zu tragen!" oder "Wir respektieren Individualität - aber handeln wie ein Mann!" vorfinden, die das Zusammenwirken der Gruppe erheblich belasten können. In den Maßnahmen zur Verbesserung der Gruppen- bzw. Teamarbeit (z.B. Maulkorb-Sitzungen oder Feedback-Übungen) geht es zumeist auch darum, unausgesprochene, implizite und widersprüchliche Normen des Gruppenzusammenlebens transparent zu machen und neu zu definieren (siehe NEUBERGER, 1988: 6 f).

In diesem Zusammenhang möchte ich noch kurz auf Gruppen-Ziele, als eine spezifische Form von (Leistungs-)Normen eingehen. Die Verfolgung gemeinsamer, vorgegebener oder selbstbestimmter Ziele wird in den meisten Gruppendefinitionen als eines der wesentlichen Merkmale von Gruppen dargestellt. WEICK (1985: 132 f) relativiert diese Auffassung und führt in seiner Begründung folgendes aus:

> "Individuen kommen zusammen, weil jedes *irgendeine* Handlung ausführen will und darauf angewiesen ist, daß die andere Person bestimmte Dinge tut, um die Durchführung möglich zu machen. Um kollektiv zu handeln, müssen sich die Leute nicht einig sein über die Ziele. Sie können recht verschiedene Zwecke aus recht unterschiedlichen Gründen verfolgen. Alles was einer vom anderen in diesem Anfangsstadium verlangt, ist die Mitwirkung an ihrer Aktion.(...) Partner in einer kollektiven Struktur teilen Raum, Zeit und Energie miteinander, sie müssen nicht Visionen, Sehnsüchte und Absichten teilen. Dieses Teilen kommt sehr viel später, wenn es überhaupt kommt."

Folgt man den Ausführungen WEICK's ist es also wesentlich, daß die Gruppenmitglieder zunächst hinsichtlich der Mittel übereinstimmen. Die Gemeinsamkeit der Ziele kann die Interaktion in der Gruppe belohnender oder befriedigender machen, sie ist aber nicht der "Kitt", der die Gruppe zusammenhält. WEICK (1985: 149) nennt drei Voraussetzungen, die für die Bildung von wechselseitigen Äquivalenzstrukturen, als Voraussetzung einer gedeihlichen Zusammenarbeit, wesentlich sind:

> "Die erste dieser drei Bedingungen ist, daß die Person wahrnehmen muß, daß innerhalb der Grenzen des Systems, in dem sie sich bewegen, ihre Chance, die eigene Handlung ausführen zu können, davon abhängt, daß ihr Partner seine instrumentelle Handlung durchführt.(...)
> Die zweite für die Bildung einer wechselseitigen Äquivalenzstruktur notwendige Bedingung ist, daß die Person wahrnehmen muß, daß die Ausführung ihrer instrumentellen Handlung dazu dient, die instrumentelle Handlung des Partners auszulösen. Man beachte dabei, daß dies nichts mit Gemeinsamkeit zu tun hat: es geht um Vorhersage.(...)
> Schließlich bildet sich eine wechselseitige Äquivalenzstruktur nur dann, wenn die Person ihre Handlung zu wiederholten Malen ausführt."

Die Gruppenmitglieder werden also zunächst übereinkommen, Mittel auszutauschen und einander die Verwirklichung der jeweiligen Vorhaben in wiederholten Handlungen zu erleichtern. Erst im weiteren Verlauf der Zusammenarbeit versuchen sie, ihre Vorstellungen über mögliche gemeinsame Ziele auszutauschen und sich auf ein gemeinsames Ziel festzulegen. Entscheidend hierbei ist, daß die Mitglieder der Gruppe über ineinandergreifende Tätigkeiten erfahren konnten, daß es in der Gruppe möglich ist, ihre individuellen, unterschiedlichen Ziele zu erreichen. Erst in der Folge tritt eine subtile Verschiebung zu gemeinsamen Zielen hin ein. So stellt JOAS (1992: 239) dar, daß in konkreten Handlungssituationen immer erst herauszufinden ist, was unsere Strebungen befriedigt und was unseren Werten entspricht - erst danach werden wir unsere Ziele definieren. Diesen Sachverhalt beschreibt er auf metaphorischer Ebene mit einem Beispiel von DREYFUS:

> "Wenn sich ein Mann verliebt, dann verliebt er sich in eine bestimmte Frau. Aber es war nicht die bestimmte Frau, nach der er ein Bedürfnis hatte, *bevor* er sich verliebte. Nachdem er nun aber verliebt ist, nachdem er also herausgefunden hat, daß diese bestimmte Beziehung ihn beglückt, wird sein Bedürfnis zum spezifischen Bedürfnis nach dieser besonderen Frau, und der Mann hat eine kreative Entdekkung über sich selbst gemacht. Er wird zu einer Person, die dieser bestimmten Beziehung bedarf, und er muß sich selbst für jemanden halten, dem diese Beziehung schon die ganze Zeit über gefehlt hat. Angesichts dieser kreativen Entdeckung enthüllt die Welt eine neue Ordnung der Bedeutung, die weder einfach entdeckt noch willkürlich gewählt wird."

Um den Zielbildungsprozeß in Arbeitsgruppen, der bei einer reinen Selbststeuerung u.U. erst spät zustande kommt, zu beschleunigen, kann man eine Gruppe schon in einem relativ frühen Stadium der Gruppenentwicklung mit externen Erwartungen (Was soll durch die Gruppenarbeit erreicht werden?; Was soll sich zukünftig ändern?...) konfrontieren und dazu bringen, eigene Ziele, in Abstimmung mit den externen Erwartungen, zu formulieren.

Zusammenfassung:

- Für das soziale Miteinander sind Normen von wesentlicher Bedeutung. Das Einpendeln von Normen kann durch die Gruppe selbst bzw. durch Gruppenmitglieder mit einer entsprechenden Autorität beeinflußt werden.
- Normen können sich positiv oder negativ auf die Gruppenleistung auswirken. Wesentliche Normabweichungen werden von der Gruppe sanktioniert. In Problemlösegruppen sollten Normabweichungen durch Kommunikationsregeln erleichtert werden.
- Man muß davon ausgehen, daß in Gruppen neben ausgesprochenen und unausgesprochenen auch widersprüchliche Normen existieren. Un-

ausgesprochene und widersprüchliche Normen können die Zusammenarbeit belasten und sollten durch Interventionsmaßnahmen offengelegt bzw. reduziert werden.

- Die Zusammenarbeit in Gruppen setzt zumindest in der Anfangsphase nicht voraus, daß die Mitglieder gleiche Ziele verfolgen; eine kooperative Zusammenarbeit kann in dieser Phase auch durch eine Einigung über gemeinsame verfolgte Zwecke oder gemeinsam vereinbarte Mittel zustandekommen. Erst in einer späteren Phase tritt u.U. eine subtile Verschiebung zu gemeinsam verfolgten Zielen ein.

3.3. Prozesse in Gruppen

Nach Darstellung der strukturellen Aspekte werden in den folgenden Ausführungen die prozessualen Aspekte von Gruppen behandelt. Die Trennung in strukturelle und prozessuale Aspekte ist, wie bereits erwähnt, nicht unproblematisch, ermöglicht jedoch eine Betrachtung des gleichen Gegenstandes aus zwei unterschiedlichen Perspektiven. So wird in den folgenden Ausführungen zur Gruppen- und Teamentwicklung, Führung, Kommunikation und zu Konflikten in Gruppen, immer wieder Bezug zu den bereits zuvor dargestellten strukturellen Aspekten genommen.

3.3.1. Phasen der Gruppenentwicklung

Die Entwicklung von Gruppen wurde in unterschiedlichen gruppendynamischen und psychotherapeutischen Experimenten untersucht und in der Folge in mehreren Phasen-Modellen interpretiert. Größte Bekanntheit erreichte das von TUCKMAN (1965) beschriebene Vier-Phasen-Modell, demzufolge die Gruppenentwicklung mit einer regelhaften Sequenz in folgenden Stufen verläuft:

1. Phase: Forming

Die Gruppe beginnt sich zu bilden. Die Teilnehmer lernen sich kennen, tasten sich ab und versuchen festzustellen, welches Verhalten in der Gruppe akzeptabel ist. Es besteht eine hohe Abhängigkeit vom Führer der Gruppe. Die Mitglieder definieren erste Aufgaben und Regeln der Zusammenarbeit.

2. Phase: Storming

Erste Konflikte brechen auf. Meinungen polarisieren sich; Macht- und Statusfragen, insbesondere gegenüber der Person des Führers und der Kontrolle durch die Gruppe, müssen geklärt werden. Aufgabenanforderungen und Vorgehensweisen werden in Frage gestellt.

3. Phase: Norming

Es kehrt wieder Ruhe ein. Die Gruppenmitglieder beginnen sich in ihrer Unterschiedlichkeit zu akzeptieren; Gruppenkohäsion, Normen, Rollen und eine erste gegenseitige Unterstützung entwickeln sich. Widerstände und Konflikte werden durch einen offenen Austausch von Meinungen abgebaut bzw. bereinigt.

4. Phase: Performing

Die Gruppe kann zu einer geordneten Arbeitsweise übergehen. Die interpersonellen Probleme sind weitgehend gelöst; horizontale und vertikale Rollen haben sich etabliert; das Rollenverhalten ist flexibel und funktional zur Aufgabenerfüllung. Die Energie der Gruppe konzentriert sich auf die Bearbeitung der Sachaufgaben.

Der Psychoanalytiker BION (1971) beobachtete bei seiner Arbeit mit Therapiegruppen Phänomene, die ihn veranlaßten, folgende drei Grundannahmen (basic assumptions), die das Handeln und Verhalten der Gruppenmitglieder in unterschiedlichen Phasen der Gruppenentwicklung prägen, zu unterscheiden. Im Zentrum dieses Ansatzes zur Beschreibung von regelhaften Gruppenprozessen steht die Auseinandersetzung mit dem Führer der Gruppe.

Erste Grundannahme: Dependenz

Die Gruppenmitglieder suchen die Fürsorge, Unterstützung und den Schutz eines Mächtigen. Im Vertrauen auf seine Macht und sein Wissen begeben sie sich in Abhängigkeit gegenüber dem Führer, unterwerfen sich ihm und hoffen, daß er für alles weitere sorgt. Eigene Initiativen, Kritik und Zweifel der Gruppenmitglieder sind in dieser Situation weitgehend ausgeschlossen.

Zweite Grundannahme: Kampf/Flucht

Die Gruppenmitglieder versuchen, sich aus der zunächst positiv bewerteten Abhängigkeit des Führers durch Kampf oder Flucht zu befreien, wobei sich die Kampfbereitschaft gegen gruppeninterne oder -externe "Feinde" richten kann; die Fluchttendenzen führen zum Ausweichen vor Auseinandersetzungen. Die belastende Beziehung wird also nicht bearbeitet; man rebelliert indirekt gegen den "Vater" oder entzieht sich ihm durch Flucht. Vom Führer werden Aktivitäten erwartet, die der Gruppe helfen, diese Phase zu überwinden; von ihm vorgeschlagene Aktivitäten, die nicht eines der beiden Ziele (Kampf oder Flucht) verfolgen, werden von der Gruppe abgelehnt.

Dritte Grundannahme: Paarung

Es entsteht die unausgesprochene Phantasie, daß die Rettung der Gruppe bevorsteht; daß eine Art Messias zu erwarten sei. Die Gruppenmitglieder verbünden sich mit dem Führer und man versucht, zusammen mit ihm Neues zu schaffen.

Diesen drei Grundannahmen oder Phasen liegt die Überzeugung zugrunde, daß in der Entwicklung von Gruppen Autorität erfahren und überwunden werden muß. Gruppen, die ihre Autoritätsprobleme nicht lösen, werden in einer der ersten beiden Phasen gefangen bleiben. Wie NEUBERGER (1990: 46) darstellt, ist nicht anzunehmen, daß sich hier ein "naturwüchsiger Reifungsprozeß" entwickelt, "der sich von selbst ergibt oder nur der persönlichen Anstrengung bedürfte". Es ist vielmehr anzunehmen, daß dieser Prozeß, dadurch, daß Gruppenmitglieder durch den Leiter der Gruppe in Abhängigkeit gehalten werden, eher behindert wird.

Die Modelle zur Phasenentwicklung von Gruppen zeigen, daß bei einer rein rationalen, sach- bzw. aufgabenbezogenen Betrachtung der Gruppenentwicklung wesentliche Aspekte im sozio-emotionalen und psychodynamischen Bereich ausgeklammert werden. Betrachtet man die Entwicklungsphasen aus dem Blickwinkel von TUCKMAN oder BION, kann man ein zunächst unverständliches Handeln, z.B. Unterwürfigkeit, die plötzliche Auflehnung von Gruppenmitgliedern gegen einen Führer oder dessen Vergötterung, eine durch nichts zu erschütternde Zuversicht in hoffnungslosen Situationen oder mit großer Verbissenheit ausgefochtene Konflikte, besser verstehen. Aus dieser Perspektive wird auch begreifbar, daß hinter der Fassade der sachlichen Aufgabenbewältigung emotionale Aspekte (Spannungen, Wunschphantasien, Aggressionen...) und irrationale Handlungen (Sabotage, Leistungsverhinderung, Blödeln...) das Gruppenhandeln in weiten Teilen bestimmen.

Zusammenfassung:

- Die Entwicklung von Gruppen läßt sich in Phasen beschreiben, die von einer undifferenzierten Einheit bzw. Abhängigkeit von einem Führer zur produktiven Reife führen.
- Neben den rational-aufgabenbezogenen Aspekten wird die Entwicklung von Gruppen in einem nicht unerheblichen Maß von sozio-emotionalen und psychodynamischen Aspekten beeinflußt. Auseinandersetzungen der Gruppe mit dem Führer sind eine wesentliche Entwicklungsaufgabe; hierbei muß Autorität erfahren und überwunden werden.
- Praktische Erfahrungen zeigen, daß viele Gruppen die Phasen 1 oder 2 im Phasenmodell von TUCKMAN bzw. die ersten beiden Grundannahmen im Modell von BION nicht überwinden und in der Folge höchst uneffektiv weiterarbeiten oder sich wieder auflösen.

3.3.2. Führung

Seit den Experimenten von LEWIN Anfang der 40-er Jahre sind Fragen der Führung in Gruppen immer wieder Gegenstand von Untersuchungen, deren Ergebnisse zu verschiedenen Empfehlungen bzw. Prinzipien führten, wie Führung in Gruppen gestaltet werden soll. So wurde zunächst ein demokratisches oder partizipatives Führungsverhalten idealisiert, in Folgeuntersuchungen aber festgestellt, daß diese Forderung nicht generalisiert werden kann. Im später entwickelten GRID-Führungsmodell (BLAKE & MOUTON; 1968) wurde die gleichzeitige Berücksichtigung von Aufgaben- und

Beziehungsaspekten generalisiert. In der Folge wurde dieses Modell mehrfach modifiziert und um eine dritte Dimension, den jeweiligen Reifegrad der Mitarbeiter, erweitert (HERSEY & BLANCHARD; 1977). Beide Konzepte wurden, da die theoretischen Annahmen einseitig und die empirischen Belege unzureichend sind, stark kritisiert. Außerdem muß man feststellen, daß diese Führungsmodelle in weiten Teilen idealistischer Natur sind. In den folgenden Ausführungen werde ich versuchen, die wesentlichen Prinzipien und Leitlinien einer Führung von Gruppen in Anlehnung an bereits bekannte Führungsmodelle (so z.B. die "situative Führungstheorie") zu entwickeln. Ausgangspunkt meiner Überlegungen ist, daß Gruppen eine dynamische Struktur haben; ihre Entwicklung und ihr "Leben" wesentlich beeinflußt wird von sozio-emotionalen und psycho-dynamischen Prozessen, wobei die Mitglieder im Rahmen von fluktuierenden Kooperations-, Leistungs- und Sozialpakten versuchen, ihre Interessen und Absichten zu verwirklichen. Aus dieser Perspektive kann man Gruppen als politisch-soziale "Arenen" betrachten, in denen interessengeleitete Interventionen, Aushandlungsprozesse und Konflikte, die zu einer Vielzahl von jeweils nur temporär gültigen Problemlösungen und Kompromissen führen, die Zusammenarbeit bestimmen (siehe TÜRK, 1990: 70). Geht man von dieser interaktiven Perspektive aus, sollten Leitlinien einer Führung in Gruppen folgende drei Elemente berücksichtigen:

- das Handeln des Führenden,
- den Entwicklungsstand bzw. die spezifische Situation der Gruppe,
- das Zusammenwirken aller Gruppenmitglieder im Führungsprozeß.

1 Grundsätzliche Aufgaben in der Führung von Gruppen

CARTWRIGHT & ZANDER (1968) haben auf der Basis einer Vielzahl von Studien des Research Center of Group Dynamics zwei wesentliche Führungsfunktionen in Gruppen festgestellt:

- einerseits Aufgaben, die für die Erreichung von Zielen notwendig sind (Goal Achievement Functions oder Lokomotionsfunktion);
- andererseits Aufgaben, die für die Aufrechterhaltung und Stärkung der Gruppe selbst notwendig sind
  (Group Maintenance Functions oder Kohäsionsfunktion).

In der Führung von Gruppen geht es somit immer um zweierlei: es sind Aktivitäten zu entfalten, die der Gruppe helfen, bestimmte Ziele zu erreichen (Lokomotionsfunktion); außerdem sind Aktivitäten notwendig, die dazu beitragen, den Zusammenhalt der Gruppe zu sichern (Kohäsionsfunktion). Die Lokomotionsfunktion umfaßt vorrangig Aufgaben auf der sachlich-intellektuellen Ebene; dies können beispielsweise sein:

- Vorbereitung und Organisation der Gruppenaktivitäten;
- Präsentation der Aufgabe bzw. des zu lösenden Problems;
- ziel- bzw. aufgabenorientierte Lenkung der Kommunikationsprozesse (z.B.: Anregung zu aufgabenbezogenen Beiträgen; Zurückführung der Teilnehmer bei abschweifenden Diskussionsbeiträgen; Zusammenfassung von Zwischenergebnissen...);
- Entscheidungssituationen und Entscheidungszwänge schaffen;
- Verhindern von vorschnellen Schlüssen - kritisches Hinterfragen von Meinungen und Positionen;
- Sachliche Meinungsunterschiede und gegensätzliche Interessen transparent machen;
- Übernahme von Aufgaben im Zeit-Management der Gruppe;
- der Gruppe methodische Hilfestellungen (z.B. in der Form von Problemlösetechniken) geben.

Die Kohäsionsfunktion umfaßt vorrangig Aufgaben auf der sozio-emotionalen Ebene; dies können beispielsweise sein:

- Förderung eines Klimas von Offenheit, Vertrauen und gegenseitigem Respekt;
- Bewußtmachen und Abbau von Spannungen und echten oder sachlich verschleierten Sozialkonflikten;
- Schutz von Teilnehmern vor persönlichen Angriffen;
- Förderung einer ausgewogenen Kommunikation;
- Überwachung der Einhaltung von Verhaltens- bzw. Kommunikationsregeln;

- Einbezug von Mitarbeitern, die an den Rand gedrängt werden.

In Abbildung 18, das den Ausgangspunkt für die weitere Beschreibung eines Modells der Führung in Gruppen bildet, wurden diese beiden Aktivitätenbereiche in einem rechtwinkligen Koordinatensystem zueinandergestellt, wobei es in beiden Dimensionen jeweils unterschiedliche Ausprägungsgrade des Führungshandelns gibt, die sich innerhalb eines Kontinuums mit den Endpunkten nieder/hoch einordnen lassen. In Abbildung 18 wurden zwei Führungssituationen beispielhaft gekennzeichnet. Im Beispiel "a" hat der Führer der Gruppe gleichmäßig hohe Anteile im Bereich der Lokomotions- und Kohäsionsfunktion; im Beispiel "b" hohe Anteile in der Kohäsionsfunktion und niedere Anteile in der Lokomotionsfunktion.

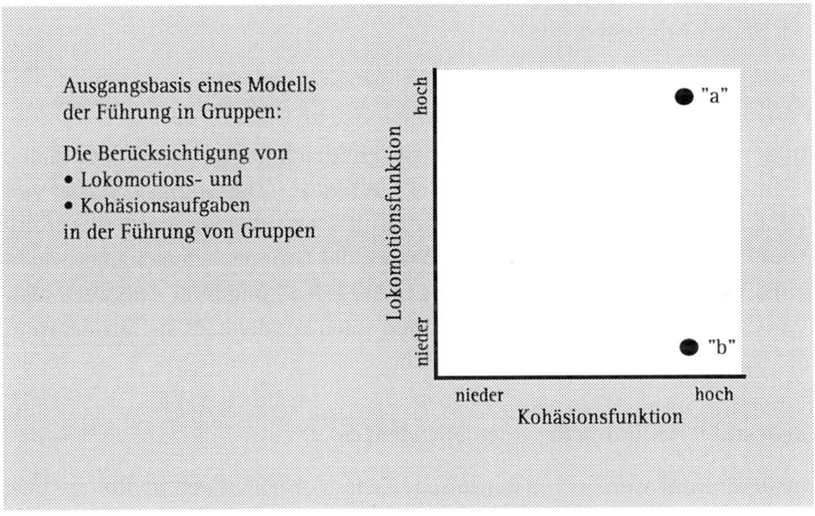

Abbildung 18: Grundsätzliche Aufgaben in der Leitung von Gruppen

2 Entwicklung des Reifegrades von Gruppen

Die Entwicklung einer Gruppe erfolgt, wie zuvor dargestellt, in mehreren, jeweils notwendigen Zwischenstadien von der Abhängigkeit zum produktiven Tätigsein. Da die Gruppe in den unterschiedlichen Zwischenstadien über unterschiedliche Fähigkeiten und eine unterschiedliche Effizienz in der Erledigung der zugeordneten Aufgaben verfügt, bezeichnet SCHWARZ (1985: 135) diese Zwischenstufen als "Reifestufen". Die unterschiedlichen Reifestufen können in Anlehnung an die zuvor dargestellten Phasenmodelle von TUCKMAN und BION wie folgt definiert werden:

Reifestufe 1: Dependenz

Die Gruppe befindet sich in hoher Abhängigkeit zum Führer, von dem sie in untransparenten Situationen erwartet, daß er aktiv und bestimmend eingreift und der Gruppe hilft, Vorgehensweisen, Aufgaben, Normen, Regeln, Ziele... zu entwickeln. In dieser Reifestufe befinden sich Gruppen immer am Anfang ihrer Zusammenarbeit; ähnliche Situationen können auch in späteren Stadien auftauchen, z.B. bei starkem Mitgliederwechsel oder Beendigung eines wichtigen Arbeitsschrittes.

Reifestufe 2: Rebellion

In der Gruppe entstehen Konflikte; sie lehnt sich gegen innere oder äußere "Feinde" oder gegen die Autorität des Führers auf. Die Gruppe erwartet vom Führer Aktivitäten, die ihr helfen, ihre Konflikte zu überwinden. In diese Stufe kann die Gruppe auch in späteren Phasen des Gruppenlebens immer wieder zurückkehren, z.B. wenn die Gruppe in der Erledigung ihrer Aufgaben nicht vorwärtskommt und für diesen Umstand einen Sündenbock sucht, oder wenn die Gruppe unter äußerem Druck steht.

Reifestufe 3: Klärung der Interdependenzen

In dieser Stufe werden von der Gruppe Ziele, Vorgehensweisen, Rollen- bzw. Arbeitsteilungen sowie Normen formuliert oder neu vereinbart. Vorhandene Widerstände und Konflikte werden durch eine offene Kommunikation behandelt und es entwickelt sich eine gegenseitige Unterstützung. Die Autorität des Führers wird bei der Bearbeitung der noch auszutragenden Konflikte benötigt. Ein wesentlicher Teil der notwendigen Steuerungsfunktionen wird bereits durch die Gruppe selbst wahrgenommen. Die Stufe 3 wird hierbei als Durchgangsstufe zwischen den Stufen 2 (Konflikt) und 4 (volle Reife) betrachtet. In diese Stufe kommt die Gruppe, wenn sie ihre

Aufgaben und Probleme in Stufe 2 gelöst hat. Gruppen werden sich deshalb immer wieder in der Stufe 3 befinden, da im Laufe des Gruppenlebens zwangsläufig Widerstände und Konflikte auftauchen und vorhandene Rollen und Arbeitsteilungen obsolet werden. Dies erfordert, daß der Führer mit seiner Autorität punktuell eingreift und die Gruppe zu einer Klärung ihrer Interdependenzen bzw. Beziehungsprobleme führt. Erst wenn diese Stufe durchlaufen ist, befindet sich die Gruppe in Stufe 4, der vollen (Arbeits-)Reife.

Reifestufe 4: Volle (Arbeits-)Reife

Die Gruppe hat sich aus ihrer Abhängigkeit gegenüber dem Führer befreit und will mit ihm zusammen Neues schaffen. Es besteht weitgehende Einigung über Ziele, Vorgehensweisen, Arbeits- und Rollenteilungen und Normen. Der Führer lenkt, im Sinne eines Moderators, die aufgabenzentrierten kommunikativen Prozesse und sorgt dafür, daß sich diese in den von der Gruppe vereinbarten Bahnen bewegen. Die Prozeßsteuerung erfolgt zu überwiegenden Teilen durch die Gruppe. Die Autorität des Führers wird nur noch in Einzelfällen von der Gruppe beansprucht. Im Lauf ihrer Zusammenarbeit werden Gruppen, z.B. dadurch, daß unterschiedliche Meinungen sich verhärten, Aufgaben nicht befriedigend gelöst werden können, neue Mitglieder integriert werden müssen, sich der Druck von außen erhöht oder Konflikte mit anderen Gruppen oder der Gesamtorganisation entstehen... immer wieder in eine der zuvor genannten Stufen geworfen und danach versuchen, wieder in die Reifestufe 4 zu gelangen.

In Abbildung 19 wurde das Grundmodell einer Führung in Gruppen (Abbildung 18) um eine dritte Dimension, die Reifestufen der Gruppe, erweitert.

3 Führung ist polyzentrisch

Das vertikale, hierarchisch orientierte Befehls-Gehorsams-Modell, bei dem ein Führer monokratisch die Geführten beeinflußt, muß, was die Lenkungsprozesse in Gruppen betrifft, ersetzt werden durch ein polyzentrisches Modell, bei dem jedes Mitglied der Gruppe den Prozeß beeinflußt und jedes Gruppenmitglied von den anderen Gruppenmitgliedern beeinflußt wird

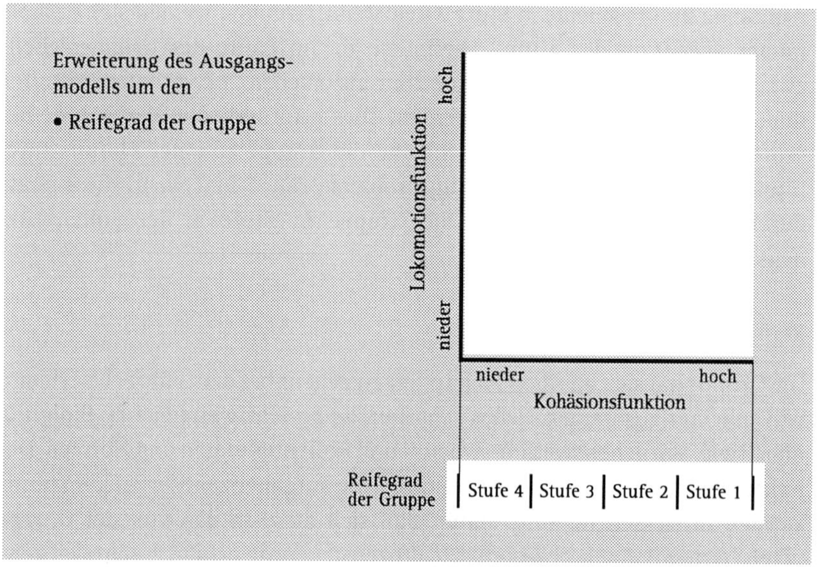

Abbildung 19: Erweiterung des Grundmodells um die gruppenspezifischen Reifephasen

(siehe NEUBERGER, 1990: 261 ff). Auch bei einer polyzentrischen Betrachtung ist davon auszugehen, daß der Führer, im Sinne einer Förderung und Erhaltung der Gruppe, in den unterschiedlichen Reifestufen mit unterschiedlicher Intensität und Intentionalität immer wieder spezifische Aufgaben übernimmt. Ziel muß es hierbei sein, daß er die Gruppe bei steigendem Reifegrad von seiner Autorität entbindet und zur Autonomie führt. Die Autorität des Führers soll also nach und nach durch die sich entwickelnde Autorität der Gruppe ersetzt werden. Autorität wird hierbei, im Sinne von HOMANS (1968), verstanden als die Fähigkeit, die Mitglieder einer Gruppe regelmäßig beeinflussen zu können. Wie SCHWARZ (1985: 129 ff) darstellt, kann der Führer seine Autorität nur in dem Maß auf die Gruppe übertragen, wie die Gruppe in ihrem Reifegrad wächst. Eine Gruppe gerät in chaotische Verhältnisse, wenn der Führer seine Autoritätsfunktion nicht wahrnimmt und die Gruppe, wegen zu geringer Reife, noch nicht in der Lage ist, das dann entstehende Autoritätsvakuum (jede Gruppe benötigt ein gewisses Maß an

Autorität) zu füllen. Zu (Führungs-)Konflikten kommt es, wenn die Gruppe einen hohen Reifegrad erreicht hat, der Führer jedoch nicht bereit ist, seine Autorität auf die Gruppe zu übertragen (siehe sinnbildliche Darstellung dieser beiden Situationen in Abbildung 20).

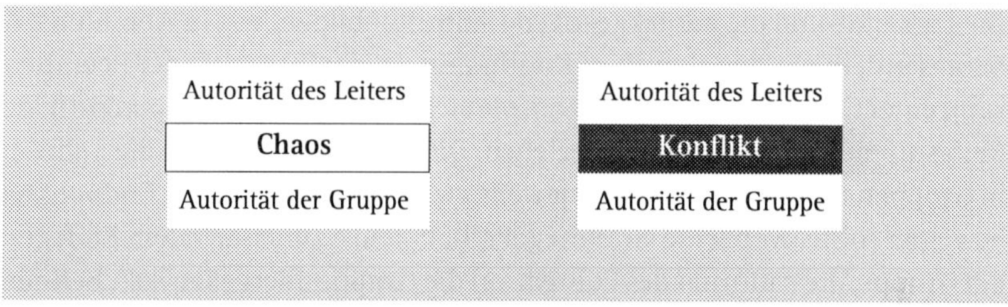

Abbildung 20: Autoritätsdefizite und Autoritätsüberhänge in Gruppen

Ausgehend von den zuvor dargestellten Reifestufen und dem Einsatz von Autorität zur Lenkung der Gruppenprozesse kann man folgende zwei Endpunkte eines Kontinuums über Formen der Autorität in der Führung von Gruppen beschreiben:

Die lenkende Autorität

Diese Form der Führung, bei der der Führer den Gruppenprozeß stark lenkend unter Einfluß seiner Autorität steuert, bietet sich bei Gruppen mit einem geringen Reifegrad, also vorrangig in den Reifestufen 1 (Dependenz) und 2 (Rebellion) an. In Phasen der Dependenz versucht er, die Gruppe in Gang zu bringen und zu einer ersten Festlegung von Aufgaben und Regeln zu führen. In Phasen der Rebellion versucht er, die Aggressionen der Gruppe zu kanalisieren.

Die zurückgezogene Autorität

Eine Führung im Sinne einer zurückgezogenen Autorität bietet sich bei Gruppen mit einem hohen Reifegrad, also in den Reifestufen 3 (Klärung der Interdependenzen) und 4 (volle Arbeitsreife) an. Hier überläßt der Führer die Führung weitgehend der Autorität der Gruppe, die sich aus ihrer Abhängigkeit gegenüber dem Führer frei gemacht hat. Der Führer der Gruppe bleibt jedoch, wenn auch nur im Hintergrund agierend, aktiv und versucht, die kommunikativen Prozesse als Moderator in den von der Gruppe festgelegten Bahnen zu halten, überläßt es ansonsten jedoch weitgehend der Gruppe, ihre Problemlösungen und Kompromisse im Sinne einer politisch-sozialen Arena zu entwickeln.

Die lenkende und die zurückgezogene Autorität bilden, wie in Abbildung 21 dargestellt, die Endpunkte eines Kontinuums in der Intensität der Beeinflussung einer Gruppe durch den Führer, die sich jeweils auf die Endpunkte in der Reifestufen-Skala der Gruppe beziehen. Dies bedeutet, daß sich die Führung in Gruppen reifestufenspezifisch jeweils zwischen diesen beiden Endpunkten bewegen sollte, wobei die Grundregel gilt, daß mit zunehmendem Reifegrad der Gruppe, die Autorität des Führers auf die Gruppe übergehen soll. Befindet sich die Gruppe in der Reifestufe 1 (Dependenz), sollte der Führer, mit jeweils hoher Ausprägung, kohäsions- und lokomotionsorientiert führen. Mit zunehmender Reife kann er die Intensität seiner Führungshandlungen in beiden Funktionen zurücknehmen und sie der wachsenden (Selbststeuerungs-) Autorität der Gruppe überlassen.

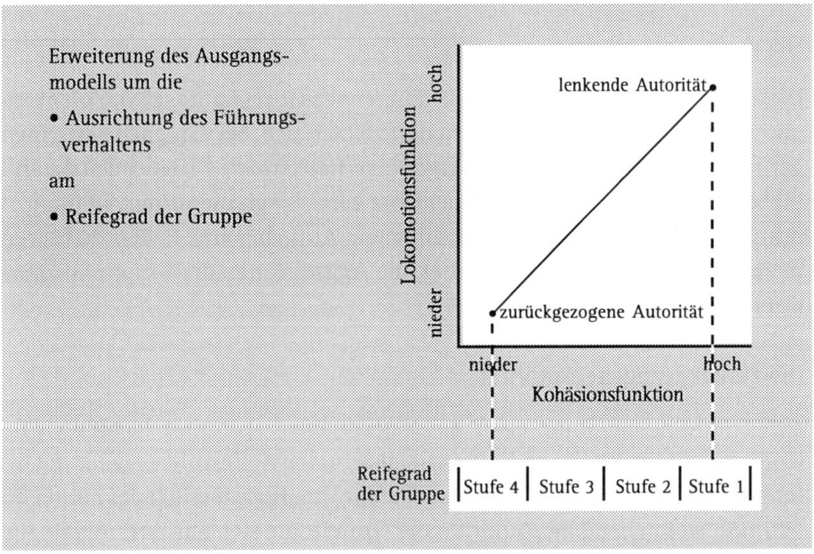

Abbildung 21: Modell einer reifegradorientierten Führung in Gruppen

Bei dem in Abbildung 21 dargestellten reifegradorientierten Führungsverhalten handelt es sich um ein vereinfachtes Modell der zuvor beschriebenen Zusammenhänge, das noch um eine situative Dimension zu erweitern wäre. Gemeint ist hiermit, daß es in spezifischen Situationen nicht unerhebliche Abweichungen von dieser Linie geben kann. So wird es beispielsweise in Gruppen mit einem hohen Reifegrad über weite Strecken möglich sein, daß sich der Führer der Gruppe stark zurückzieht, sich eher passiv verhält. Es wird jedoch auch Situationen geben, in denen der Führer - trotz hohem Reifegrad der Gruppe - stark lenkend seine Autorität einsetzen muß. Das situationsspezifische Verhalten betrifft gleichfalls die jeweilige Ausprägung der Lokomotions- bzw. Kohäsionsfunktionen. Auch hier wird der Führer einmal mehr das eine dann das andere Führungsverhalten stärker einsetzen müssen. Gruppenleiter müssen somit bereit sein, sich durch "Spielen" und "Stolzieren" in der Beherrschung unterschiedlichster Führungsformen zu üben. Wie WEICK (1985: 353) darstellt,

> erhält das "Spielen und Stolzieren die Anpassungsfähigkeit.(...) Die Bedeutung des Stolzierens für die Anpassung liegt darin, daß es eine Methode liefert, um mehr Abwechslung in die Gestaltungen hineinzubringen. Das Spiel macht uns flexibel und gibt uns Übung in der Beherrschung von Mitteln, die wir benutzen können (...) um Verhaltensstücke zu kombinieren".

Die "Kunst" der Führung von Gruppen besteht somit sicherlich darin, sich unter Berücksichtigung des Reifegrades der Gruppe jeweils situationsspezifisch zu verhalten; immer wieder zu lernen, wie man - auch ohne "Rezepte" - der Gruppe helfen kann, ihre jeweiligen Ziele am besten zu erreichen.

Zusammenfassung:

- Es gibt keine ideale(n) Form(en) der Führung in Gruppen. Betrachtet man Gruppen als politisch-soziale Arenen, müssen Führer vor allem lernen, sich situationsspezifisch zu verhalten - zu "spielen" und zu "stolzieren".
- Es gibt aber eine grobe Richtschnur, an der sich Führer von Gruppen orientieren können: Bestimme das Führungsverhalten unter Berücksichtigung der jeweiligen Reifestufe der Gruppe bzw. der jeweiligen Situation und sorge dafür, daß die Gruppe in ihrem Reifegrad wächst und damit Autorität erlangt, ihre Prozesse selbst zu steuern.

3.3.3. Konflikte

"Ein Konflikt liegt immer dann vor, wenn eine Partei oder beide Parteien zum gleichen Zeitpunkt Handlungen beabsichtigen oder durchführen, die zur Folge haben könnten oder haben, daß sich die andere Partei behindert, blockiert, bedroht oder verletzt fühlt" (BERKEL, 1991). Konflikte in Gruppen sind aus einer gruppeninternen Perspektive zwangsläufig und notwendig; aus einer organisatorischen Perspektive u.U. sogar das Ziel von Veränderungsmaßnahmen:

Gruppeninterne Perspektive

Nur über die Bearbeitung und Lösung von Konflikten in aufeinanderfolgenden Zwischenschritten, in denen jeweils unterschiedliche (Entwicklungs-)Aufgaben und Probleme gelöst werden, können Gruppen, wie zuvor dargestellt, ihre volle (Arbeits-)Reife entwickeln.

Organisatorische Perspektive

Gruppen verfügen über einen eingebauten Mechanismus zur Koordination und können als Alternative oder in Ergänzung zur Funktionsdifferenzierung der Unternehmensorganisation tätig werden, indem sie die Defizite, die in dieser Organisationsform nicht sinnvoll behandelt werden, aufnehmen, kennzeichnen, kontextuieren und bearbeiten. Gruppen bzw. Teams werden deshalb von BAECKER (1993: 183) als "Ort der Konfliktentzündung, -inszenierung und -austragung" bezeichnet, wobei "nicht die Lösung des Konflikts, sondern sein Abschluß, seine Beendigung durch nichts anderes als das fertiggestellte Produkt" im Vordergrund stehen. Politisch-soziale Arenen werden dadurch zu "Konfliktarenen" (TOURAINE, 1986: 35), in denen die notwendigen wechselseitigen Austarierungs-, Einschwingungs- und Abstimmprozesse stattfinden. Den mit der Verlagerung von Konfliktlöseprozessen verbundenen Ersatz von Autorität (der Hierarchie) durch Verständigungsprozesse (der Gruppe) beschreibt LUHMANN (1992: 139 f) wie folgt:

> "An die Stelle der Autorität scheint etwas zu treten, was man als Politik der Verständigung bezeichnen könnte. Verständigungen sind ausgehandelte Provisorien, auf die man sich eine zeitlang berufen kann. Sie besagen weder Konsens, noch bilden sie vernünftige oder auch nur richtige Problemlösungen. Sie fixieren

nur dem Streit entzogene Bezugspunkte für weitere Kontroversen, an denen sich Koalitionen und Gegnerschaften neu formieren können. Gegenüber jeder Inanspruchnahme von Autorität haben Verständigungen einen großen Vorteil: sie können nicht diskreditiert werden, sie müssen nur immer wieder neu ausgehandelt werden. Ihr Wert nimmt mit dem Alter nicht zu, sondern ab."

Wenn man davon ausgeht, daß Konflikte in Gruppen zwangsläufig, notwendig und gewollt sind, geht es vor allem darum, die Konfliktdynamik in den Griff zu bekommen, also Konflikte in konstruktiven Grenzen zu halten, und im Rahmen der Konfliktbehandlung Maßnahmen einzuleiten, die Konflikte in ihren negativen Auswirkungen reduzieren. Welche Möglichkeiten hierbei bestehen, möchte ich nachfolgend darstellen.

Konfliktdynamik

GLASL (1990: 215 ff) unterscheidet in seinem Phasenmodell neun Eskalationsstufen von Konflikten, die er wiederum nach drei Regressions-Schwellenbereichen gliedert (siehe Abbildung 22):

- Die ersten drei Eskalationsstufen bilden "win-win"-Situationen, in denen die Konfliktparteien ihre Differenzen noch in der objektiven Sphäre angesiedelt haben. Neben den (noch) vorhandenen kooperativen Einstellungen der Konfliktparteien erwachsen aus dem Konflikt zunehmend kompetitive Einstellungen. Beide Konfliktparteien sind in diesem Bereich (noch) in der Lage, aus der Lösung des Konflikts Nutzen zu ziehen.
- Im zweiten Schwellenbereich (Eskalationsstufen 4 bis 6) verlagert sich die Differenz zwischen den Konfliktparteien in die subjektive Sphäre. Es entstehen sich zunehmend verzerrende stereotype Bilder der Gegenpartei, die insgesamt dazu führen, daß eine Auflösung des Konflikts im Sinne einer "win-lose"-Situation nur noch mit dem (Gesichts-)Verlust einer Partei erreichbar sein wird.
- Im dritten Schwellenbereich (Eskalationsstufen 7 bis 9) werden die Konfliktgegner zum ausschließlichen, entpersönlichten, dinghaften Objekt, auf das sich der Haß konzentriert, der auch in Selbsthaß enden kann. In dieser Phase versuchen die Parteien nur noch, den "Feind" unschädlich zu machen oder zu vernichten, und die Situation im Alleingang zu beenden.

Eskalationsstufen:		Schwellen:	Verhaltensaspekte:
1	Verhärtung	win - win	Standpunkte verhärten sich zuweilen und prallen aufeinander; es sind noch keine starren Lager und Meinungen vorhanden.
2	Debatte		Polarisation im Denken, Fühlen und Handeln; ermüdende Debatten, taktische Finessen; es bilden sich Subgruppen und verhärtende Standpunkte.
3	Taten		Reden hilft nicht mehr - es müssen Taten folgen; keine Partei will mehr nachgeben, Kontrahenten sollen die jeweils eigene Auffassung übernehmen.
4	Koalitionen	win - lose	Es bildet sich ein Schwarz-Weiß-Denken, der "Gegner" wird zum "Feind"; Anhänger werden geworben und es bilden sich symbiotische Koalitionen.
5	Gesichtsverlust		Wahnhaft übersteigertes Selbstbild benötigt ein Feindbild; Öffentliche Bloßstellung, Diffamierung des anderen.
6	Drohstrategien		Es bleibt nur die Flucht nach vorn; Drohungen und Gegendrohungen eskalieren und erzeugen eine verhängnisvolle Abhängigkeit.
7	Schlacht	lose - lose	Der "Feind" muß skrupellos manipuliert und unschädlich gemacht werden; eine Niederlage wird akzeptiert, wenn der Schaden für den Gegner größer ist.
8	Vernichtungsfeldzug		Der "Feind" muß nun völlig vernichtet werden; die Opferbereitschaft wächst - nur das eigene Überleben sichern.
9	Gemeinsam in den Abgrund		Totaler Krieg jeder gegen jeden, ob Sympathisant, Neutraler oder Gegner; Vernichtung des Feindes als einziges Lebensziel.

Abbildung 22: Phasenmodell der Eskalation von Konflikten (in Anlehnung an: GLASL, 1990: 215ff)

Abbildung 23: Strategiemodelle der Konfliktbehandlung (in Anlehnung an: GLASL, 1990: 360ff)

Konflikte, die die "lose-lose"-Situationen erreicht haben, enden in der Regel mit einem Verlust für beide Parteien.

Wie diese Ausführungen zeigen, sind konstruktive Konfliktbearbeitungen in Gruppen nur in "win-win"-Situationen möglich. Entwickeln sich Konflikte über den ersten Schwellenbereich hinaus, wird dies zumeist bedeuten, daß die Zusammenarbeit in Gruppen, z.B. durch sich bekämpfende Subgruppen, nicht unerheblich gestört wird. Entscheidend ist, daß Konflikte, solange sie sich noch im ersten Schwellenbereich befinden, von der Gruppe aufgenommen und vorrangig, d.h. vor dem Weiterbearbeiten der Sachprobleme, behandelt werden. In diese Richtung geht auch die Forderung von Ruth COHN (1981: 121): "Störungen haben Vorrang".

Konfliktbehandlung

Aufbauend auf das Phasenmodell unterscheidet GLASL (1990: 360 ff) verschiedene Konfliktbehandlungsstrategien, die, in etwas abgewandelter und geraffter Form, in Abbildung 23 dargestellt sind. In unterschiedlichen Eskalationsstufen gibt es unterschiedliche Konfliktbehandlungsstrategien (Moderation, Prozeßbegleitung, Vermittlung, Schiedsverfahren, Machteingriff), bei denen ein den Konflikt vermittelnder oder aktiv eingreifender Dritter (dies kann der Führer einer Gruppe oder ein Außenstehender sein) unterschiedliche Rollen (Moderator, Gesprächsleiter, Mediator, Arbiter, Autorität) übernehmen kann. Bei steigenden Eskalationsstufen gehen die Aktivitäten zur Regelung des Konflikts mehr und mehr auf Dritte über, wodurch der externe Druck auf die Streitenden sich erhöht. Während z.B. bei der Moderation die Konfliktparteien durch den Moderator in die Lage gebracht werden sollen, ihren Konflikt weitgehend selbst zu regeln, entscheidet beim Machteingriff ausschließlich der Dritte, u.U. auch gegen den Willen der Streitenden, was zu tun ist und welche Maßnahmen zur Konfliktregelung festgelegt werden. Prinzipiell können innerhalb einer Gruppe alle Rollen von der Gruppe oder vom Führer der Gruppe wahrgenommen werden. Während bei den Eskalationsstufen 1 bis 3 die Gruppe, im Sinne von Selbstheilungseingriffen, zu einer selbstbestimmten Konfliktregelung gelangt, verlagert sich in den weiteren Eskalationsstufen diese Funktion auf den Führer oder einen Dritten. Bei verhärteten Konflikten wird es ratsam sein, auf einen möglichst neutralen Außenstehenden zurückzugreifen, der dann als "Mediator/Vermittler", "Arbiter/Schiedsrichter" oder "Machtperson/Autorität" die Konfliktregelung beeinflußt.

THOMAS (1976) unterscheidet in seinem Konfliktmodell innerhalb eines Koordinatensystems zwei fundamentale Dimensionen: Einerseits den Wunsch nach einer Befriedigung eigener Interessen der sich in einem Kontinuum zwischen den Polen hoch/nieder bewegen kann; andererseits den Wunsch nach einer Befriedigung gemeinsamer Interessen, der sich ebenfalls zwischen den Polen hoch/nieder bewegt. Im Koordinatensystem kombiniert ergeben diese beiden Dimensionen, wie in Abbildung 24 dargestellt, fünf Konflikthandhabungsstile.

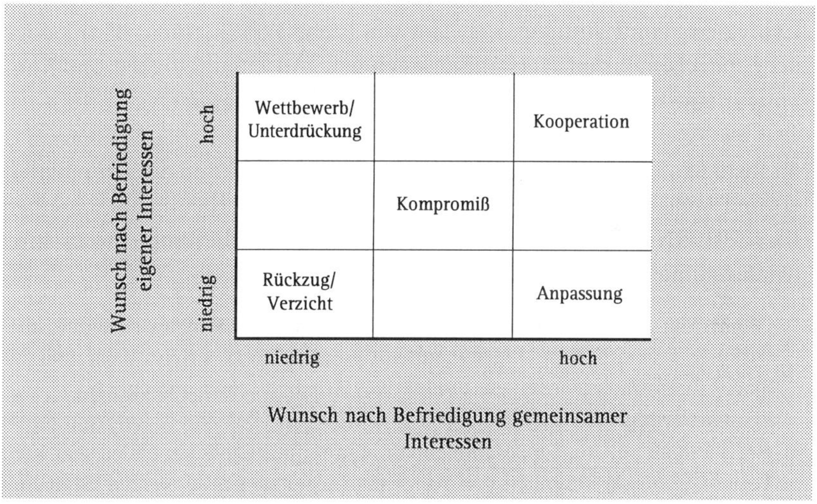

Abbildung 24: Konflikthandhabungsstile nach THOMAS

THOMAS geht davon aus, daß bei einem geringen Wunsch nach Befriedigung der eigenen Interessen und einem gleichzeitig geringen Verlangen nach Befriedigung gemeinsamer Interessen ein Rückzug aus dem Konflikt wahrscheinlich sein wird, bei hohem Wunsch nach Befriedigung eigener Interessen hingegen ein Wettbewerb zwischen den Konfliktparteien bzw. die

Unterdrückung des Gegners. Eine kooperative Zusammenarbeit zur Konfliktlösung ist nach diesem Modell möglich, wenn der Wunsch nach Befriedigung eigener und gemeinsamer Interessen hoch ausgeprägt ist. Die Glättung des Konflikts mittels taktischer Finessen oder von Pseudoabstimmungen, wie sie bei Kompromissen häufig üblich sind, wird von THOMAS abgelehnt, da auf diesem Weg keine langfristige Konfliktlösung zu erreichen ist. SCHWARZ (1991), der ähnliche Grundmuster der Konfliktlösung unterscheidet, resümiert, daß nur der "faule" Kompromiß, bei dem wichtige oder kontroverse Themen ausgeklammert werden, langfristig gesehen nicht sinnvoll ist. Geht man davon aus, daß Gruppen politisch-soziale Arenen sind, wird der Kompromiß ein Konflikthandhabungsstil sein, der für das Weiterkommen einer Gruppe immer wieder notwendig ist. In Unternehmen, insbesondere auch in Gruppen, geht es nicht darum, daß man für Konflikte langfristige Lösungen erreicht, sondern daß man über temporäre Kompromisse, die die Ambivalenz von Haltungen und Motiven (siehe WEICK, 1985: 314) jedoch nicht zudecken dürfen, Verständigungen bzw. Anschlußfähigkeit und Konsens für eine weitere Bearbeitung von Sachaufgaben erhält.

Mit Bezug auf die zuvor angesprochene Autoritätsfunktion des Gruppenleiters und seine besonderen Aufgaben in der Konfliktbearbeitung beschreiben HIRSCHHORN & GILMORE (1993: 35 f) beispielhaft die Probleme in einer (teilautonomen) Entwicklungsgruppe wie folgt:

> "Wenn Manager der Autorität Valet sagen, so machen sie sich auch unfähig, Mitwirkung, Teamarbeit und Eigenverantwortung effektiv zu strukturieren, und das macht ihren Untergebenen ein produktives Arbeiten schier unmöglich.
> Bei jener erfolglosen Entwicklungsgruppe wurde das Fehlen der Autorität durch ein Übermaß an Gruppenzusammenhalt ausgefüllt. In anderen Fällen reagieren Teams auf die Abwesenheit von Autorität, indem sie passiv werden. Statt ihre Differenzen und Konflikte zu beseitigen, lassen sich die Teamangehörigen von ihnen lähmen."

Zusammenfassung:

- Konflikte in Gruppen sind aus unterschiedlichen Gründen zwangsläufig, notwendig und in bestimmten Fällen sogar gewollt. Es kann deshalb auch nicht Ziel sein, in Gruppen möglichst konfliktfreie Räume zu schaffen oder durch Konflikttrainings Verhaltensformen zu entwickeln, die das Ziel einer harmonischen Familie beinhalten.

- Bei der Bewältigung von Konflikten geht es vor allem darum, diese für die Gruppe und die Organisation in einem konstruktiven Rahmen zu halten und, unter Berücksichtigung der jeweiligen Konfliktdynamik, geeignete Maßnahmen zur Konfliktbehandlung einzuleiten.
- Temporäre Verständigungen bzw. Kompromisse sind in Gruppen immer wieder notwendig. Hierbei sollte die Unterschiedlichkeit von Haltungen, Meinungen und Motiven jedoch nicht übertüncht werden.

3.3.4. Kommunikation

In den bisherigen Ausführungen wurde auf einen basalen Faktor nur am Rande eingegangen, den der Kommunikation. Ohne Kommunikation können Gruppen nicht entstehen; wenn die Kommunikation in Gruppen erlöscht, hören sie auf zu existieren. Die zuvor dargestellten Aspekte von Gruppen setzen voraus, daß eine Gruppe kommuniziert: Normen, Rollen und Ziele werden über Kommunikation ausgehandelt; Sachaufgaben und Probleme können nur über Kommunikation identifiziert, bearbeitet und gelöst werden; Konflikte können nur über Kommunikation reduziert, Verständigungen nur durch Kommunikation gefunden werden... Gruppen, als eine Form von sozialen Systemen, bestehen, wie LUHMANN (1984) darstellt, nicht aus Menschen, sondern aus deren Kommunikation. Auch wenn ich mich dieser radikalen Sicht nur bedingt anschließen möchte, kann man feststellen, daß Kommunikation, wie bereits auch in Kapitel 2 festgestellt wurde, eine zentrale Bedeutung in Gruppen hat. Die Gründe hierfür möchte ich in Anlehnung an die Ausführungen von WINOGRAD & FLORES (1989: 135 f) wie folgt zusammenfassen: Kommunikation ist ein Teil menschlich-sozialen Handelns und dient der wechselseitigen Orientierung. Über Kommunikation erzeugen wir die Welt, in der wir, und damit auch Gruppen, leben und handeln. Wissen und Verstehen erwachsen in Gruppen aus dem wechselseitigen Aufeinanderbezogensein und der sozialen Kommunikation bzw. Interaktion, die in einen sich aufbauenden Hintergrund gemeinsamer Interessen, Handlungen und Überzeugungen eingebettet werden. Kommunikation wird hiermit zum konstitutiven Medium des zwischenmenschlichen Miteinanders. Wir verleihen einer Welt, die wir mit anderen teilen, Bedeutung bzw. erschaffen diese erst über Kommunikation. Kommunikation dient jedoch nicht nur dem sinnhaften Aufbau unserer Welt, erst durch sie eröffnen sich uns Möglichkeiten zum Handeln. Nur über Kommunikation können in Gruppen, auf der Basis einer gemeinsam geschaffenen Sicht der Dinge, Geltungsansprüche, wechselseitige Verpflichtungen, Entschlußfassungen und daraus abgeleitete Handlungen entstehen.

Vor allem in der Kommunikation stoßen Gruppen, wie Erfahrungen mit den üblichen Besprechungen zeigen, immer wieder auf Grenzen. Die Probleme liegen hierbei einerseits in den kommunikativen Fähigkeiten der Beteiligten. Menschen verfügen über spezifische Erfahrungen, wie im Alltag miteinander umzugehen und in bestimmten Situationen kommunikativ zu handeln ist. Die Kompetenz in der kommunikativen Auseinandersetzung mit anderen ist jedoch zumeist nicht sehr hoch, bzw. unterscheidet sich von Person zu Person. Die Effizienz in der Zusammenarbeit von Gruppen wird somit erheblich durch die soziale bzw. kommunikative Kompetenz der Gruppenmitglieder beeinflußt. Ist diese unterentwickelt, wird die Effizienz der Gruppe wesentlich beeinträchtigt bzw. wird die Zusammenarbeit, wie Erfahrungen zeigen, u. U. sogar ganz scheitern.

Andererseits besteht in Gruppen das Problem, daß Hintergründe und Zusammenhänge nicht transparent bzw. die Intentionalitäten der Handelnden nicht bekannt sind. Unterschiedliche Interpreten werden unterschiedliche Probleme sehen und damit auch unterschiedliche Erfordernisse für potentielle Zielsetzungen bzw. Gestaltungsvorschläge ("Was wollen wir erreichen?" oder "Was soll verändert werden?"), die richtigen Handlungen ("Wie wollen wir vorgehen?") und Werkzeuge ("Welche Mittel sind die richtigen?"). Gemeinschaftliches Handeln in Gruppen wird erst möglich, wenn die Hintergründe, Interpretationen und Intentionalitäten der Mitglieder transparent werden. Hier stößt die verbale Kommunikation auf natürliche Schranken, die auch in den Möglichkeiten der Sprache selbst liegen. Sie muß deshalb, wie in den folgenden Ausführungen dargestellt wird, durch visualisierte Kommunikation unterstützt werden.

3.3.4.1. Verbale Kommunikation

Da ich an anderer Stelle ausführlich die Ansatzpunkte einer Verbesserung der zwischenmenschlichen Kommunikation in Unternehmen dargestellt habe (WAHREN, 1987), werde ich mich in den folgenden Ausführungen auf einige grundsätzliche Möglichkeiten zur Verbesserung der Kommunikation in Gruppen konzentrieren und dabei zunächst zwischen den strukturalen und personalen Ansätzen unterscheiden.

Die strukturalen Ansätze zur Verbesserung der Kommunikation wurden in den vorausgegangen Ausführungen in ihren wesentlichen Aspekten bereits dargestellt. Zum einen ist für die Effektivität der Kommunikation in Gruppen die Gruppengröße von entscheidender Bedeutung (siehe S. 130 ff); zum anderen die Kommunikationsstruktur innerhalb der Gruppe. Wesentlich ist, daß in Gruppen eine kommunikative Vollstruktur realisiert (siehe S. 136 f) und die hierarchischen Unterschiede der Kommunikationspartner weitgehend nivelliert werden.

Die personalen Ansätze laufen schlußendlich darauf hinaus, daß man die Kommunikationsfähigkeit der Gruppenmitglieder (bzw. das, was man als soziale oder kommunikative Kompetenz bezeichnet) - insbesondere aber des Gruppenleiters - erhöht. Hinweise bzw. Trainingsmethoden zur Erhöhung der Kommunikationsfähigkeit, insbesondere der Kommunikation in Gruppen, werden in der Literatur (siehe z.B.: ANTONS, 1992; GORDON, 1980 und 1982; FITTKAU et al., 1983; ROSENKRANZ, 1990; SCHWÄBISCH & SIEMS, 1982; THOMANN & SCHULZ von THUN, 1988; WELLHÖFER, 1993) dargestellt. Wesentliche Lern- und Trainingsinhalte sind hierbei zumeist:

- Wahrnehmung eigenen und fremden Verhaltens
  (Wie wirke ich auf andere?; Welche Wirkungen verursacht das Verhalten anderer bei mir?);
- Wahrnehmung der Strukturen und Prozesse in Gruppen
  (Welche Strukturen, z.B. Normen und Rollen, gibt es und welche Prozesse entstehen in Gruppen?; Wie kann man diese analysieren und beeinflussen?);

- Dialog- und Gesprächstechniken
  (Welche Probleme tauchen in der zwischenmenschlichen Kommunikation immer wieder auf?; Wie kann man in Gruppen sinnvoll, verständlich und effektiv kommunizieren?);
- Senden von "Ich-Botschaften"
  (Wie kann man Kommunikation durch eine Reduzierung von "Du-Botschaften" und das Senden von "Ich-Botschaften" verbessern?);
- aktives Zuhören
  (Was muß man tun, um durch aktives Zuhören kommunikative Prozesse zu verbessern?);
- Feedback-Techniken
  (Wie und wann gibt man anderen Rückmeldungen bzw. ein Feedback?);
- konstruktiver Umgang mit Kritik und Konflikten
  (Wie sollte man mit Kritik umgehen?; Wie kann man Konflikte in Gruppen konstruktiv nutzen und behandeln?);
- Metakommunikation
  (Wie kann man - vor allem Beziehungsprobleme - auf einer übergeordneten, metakommunikativen Ebene lösen?).

Zur Verbesserung des Kommunikationsprozesses in Gruppen ist es ratsam, daß sich die Gruppe, schon in einem frühen Stadium der Zusammenarbeit, auf Kommunikationsregeln einigt. Kommunikationsregeln können dazu beitragen, daß in der Kommunikation eine gemeinsame Basis gefunden und für alle Mitglieder verbindliche (Rede-)Normen geschaffen werden. Kommunikationsregeln können sich auf folgende kommunikativen Vorgänge und Inhalte beziehen:

- Kommunikative Aufgaben der Teilnehmer
  (Jeder ist für sich selbst verantwortlich; keine Selbstdarstellung; bei den Inhalten bleiben...)
- Begrenzung von Sprechzeiten
  (Keine Monologe; Begrenzung der Sprechzeit z.B. auf 30 Sekunden; sich auf das Wesentliche beschränken...)

- Kommunikatives Miteinander
  (Den anderen ausreden lassen; es spricht immer nur einer - und alle hören zu; keine Seitengespräche; Störungen sind vorrangig zu behandeln...)

- Sprachliche Regeln
  (Keine Killerphrasen; keine Verallgemeinerungen; keine apodiktischen Behauptungen; Ich-Aussagen formulieren...)

- Regeln zur Visualisierung
  (Alles (wesentliche) wird visualisiert; Butlerregel: jeder ist für die Visualisierung mit verantwortlich...)

- Die Kommunikation in Gruppen betreffende Meta-Regel
  (Jeder achtet darauf, daß gegebene Regeln - von einem selbst und von anderen Gruppenmitgliedern - eingehalten werden)

Dieser Katalog möglicher Kommunikationsregeln erhält ausschließlich überprüfbare "Direktiva" (SEARLE 1990), also nachdrückliche Aufforderungen etwas bestimmtes zu tun oder zu unterlassen. Die Aufnahme von nicht kontrollierbaren Aspekten in Kommunikationsregeln, z.B. der Versuch, Vertrauen, Offenheit, nicht-hierarchisches Denken, Kritikfähigkeit oder gar Spontanität einzufordern, ist m.E. nicht sehr sinnvoll, da diese Forderungen im konkreten Fall nicht (oder immer) kritisierbar sind. Praktische Erfahrungen zeigen, daß Gruppen ihre kommunikative Effizienz wesentlich erhöhen können, wenn sie aus diesem Katalog zunächst wenige, aber die für sie wesentlichen Regeln zusammenstellen, für alle Mitglieder zur Norm erklären und deren Einhaltung auch gemeinsam kontrollieren.

Zusammenfassung:

- Ob eine Gruppe erfolgreich ihre Aufgaben lösen kann, hängt im entscheidenden Maß davon ab, wie sie ihre kommunikativen Aufgaben bewältigt. Die Lösung der kommunikativen Aufgaben in Gruppen hängt, neben den strukturellen Aspekten und der in den folgenden Ausführungen dargestellten visuellen Unterstützung, insbesondere von der kommunikativen bzw. sozialen Kompetenz der Gruppenmitglieder ab.

- Gruppenmitglieder sollten durch entsprechende Trainingsmaßnahmen in ihrer kommunikativen und sozialen Kompetenz entwickelt und gefördert werden. Außerdem sollten die kommunikativen Prozesse durch von der Gruppe festgelegte Kommunikationsregeln, die Normen gleichzusetzen sind, sinnvoll gelenkt werden.

3.3.4.2. Visuelle Kommunikation

Immer wieder begegnet man einem Phänomen in Gruppen, daß die Kommunikation wesentlich besser läuft und Sachziele sich wesentlich besser erreichen lassen, wenn man die verbale Kommunikation durch eine visualisierte Kommunikation unterstützt. Der tschechische Pädagoge Johann Amos KOMENSKÝ (genannt COMENIUS) behauptete schon in der Mitte des 17. Jahrhunderts (zit. n. BURKE & RURIK, 1994: 4):

> "Wissen heißt, etwas nachbilden können, sei es mit dem Verstand, der Hand oder der Sprache. Denn alles entsteht durch Nachbilden oder Abbilden, das heißt durch das Schaffen von Abbildern oder Bildnissen der wirklichen Welt."

Die Unterstützung der Kommunikation in Gruppen durch Visualisierung, wird in der Literatur zur Gruppen- und Teamarbeit (so z.B. auch von WELLHÖFER, 1993: 122) zunehmend gefordert:

> "Wollen wir Informationen vermitteln und Arbeitsergebnisse sichern, dann müssen diese einprägsam dargestellt werden. Dazu reicht in der Regel das klassische Instrumentarium (.) nicht aus."

Begründet wird die Forderung nach einer stärkeren Visualisierung wie folgt:

- Menschen nehmen komplexe Informationen wesentlich leichter in visualisierter Form auf. In der Literatur werden ganz unterschiedliche Werte, in welchem Umfang der Mensch gehörte (auditive) oder gesehene (visuelle) bzw. gehört und gesehene Informationen wahrnimmt, genannt. Hierzu ein Beispiel: "Wenn die Informationskapazität von Auge und Ohr gleich 100% gesetzt wird, so transportiert das Auge davon etwa 70 - 80%" (SCHNELLE-CÖLLN, 1983: 13).
- "Visualisierung ermöglicht es, Ergebnisse und Aussagen sofort darzustellen und festzuhalten, d.h. keine nachträglichen Schwierigkeiten bei

Zusammenfassungen, Dokumentationen, Informationsweitergabe und Interpretation" (SIEMENS, 1974: 162).

- "Verbal schwierig zu erklärende Sachverhalte lassen sich visualisiert besser vermitteln" (SIEMENS, 1974: 162).
- "Visualisierung erleichtert eine gleiche Interpretation bei allen Betrachtern" (SIEMENS, 1974: 162).
- "Sie zwingt den Darstellenden zu einer Selektion zwischen wesentlichen und unwesentlichen Aussagen" (SIEMENS, 1974: 162). Hierzu möchte ich ergänzen, daß dies nicht nur für den "Darstellenden" gilt, sondern auch für die "Empfänger" einer Information.

Die zuvor genannten Argumente für eine Visualisierung von Kommunikation in Gruppen, die LENK (1994: 37) von ihrer Begründung her den "photographischen Theorien der Wahrnehmungserkenntnis" zuordnen würde, sind wohl richtig, aber bei weitem nicht umfassend und tiefgreifend genug. Visuelle Sprache zu verstehen erfordert, daß man sich von stark vereinfachenden Theorien trennt und aus dem Bann exakter, syntaktischer Regelspiele heraustritt. Lediglich die beiden letztgenannten Argumente treffen etwas näher das Phänomen der Visualisierung. Warum dies so ist, möchte ich nachfolgend darstellen. Beginnen möchte ich diese Ausführungen mit einem Exkurs zu den Aspekten von analoger und digitaler Information sowie zu geistigen (Land-)Karten (cognitive maps).

Exkurs: Vom "digitalen Stottern" zum "analogen Fliegen"

In diesem etwas ausführlicheren Exkurs, der auch Grundlagen schafft für das abschließende Kapitel zur Problemlösung in Gruppen, möchte ich einige fernab von den bisherigen Ausführungen liegende Gedanken zusammenführen, die Gruppen in die Lage versetzen sollen, wie dies Otl AICHER (1986a) mit einer Metapher charakterisiert, vom "digitalen Stottern" zum "analogen Fliegen" zu gelangen.

Otto NEURATH (1882-1945) war einer der ersten Wissenschaftler, der sich umfassend mit Fragen der Visualisierung von Informationen beschäftigte. Ziel seiner Bemühungen war es, "Denkwerkzeuge für den Alltag zu formen, für den

Alltag des Gelehrten, aber auch für den Alltag aller, die an der bewußten Lebensgestaltung mitarbeiten" (NEURATH, 1979: 56). In der von ihm entwickelten Bildstatistik "ISOTYPE" sah NEURATH "ein entscheidendes Instrument für den Kampf um eine Lebensordnung, deren Charakteristikum bewußte Planung und Gestaltung ist" (1979: 47). Bei der ISOTYPE-Methode ging es "zunächst darum, Abbildungen zu schaffen, die möglichst ohne Text verständlich sind" (1979: 295). Die "visuelle Grammatik" baut auf unterschiedlichen Schriften und Symbolen mit unterschiedlichen Farben auf, die wiederum auf unterschiedlichen Hintergrundfarben plaziert werden. Sie soll eine "Demokratisierung des Argumentierens (..) unabhängig davon, ob es Fachleute oder Laien sind", ermöglichen (NEURATH, 1991: 619). NEURATH wollte mit dieser Methode "eine gewisse Vollständigkeit des Überblicks" sicherstellen sowie Lern- bzw. Erkenntnisprozesse effektiver gestalten (1991: 143 und 422):

> "Man hat viele Annahmen über die Vorzüge eines Unterrichts gemacht, der eher auf den Sehsinn als auf das Gehör abzielt. Wenn wir jene unbestätigten Behauptungen beiseite lassen, können wir mit Überzeugung sagen, daß die meisten Menschen schneller lernen und länger im Gedächtnis behalten, was man ihnen mit Bildern zeigt, als was man nur mit Worten allein beschreibt. Dies gilt vor allem für das Erlernen von Tatsachen und den Zusammenhängen zwischen ihnen. (...) Worte sind wundervolle Werkzeuge, aber sie haben ihre Grenzen."

Das von NEURATH entwickelte "System der Darstellungsgrundsätze" weist auch in Details viele Gemeinsamkeiten mit der später beschriebenen Moderationstechnik auf, wie folgende Ausführungen zeigen (NEURATH, 1991: 618 und 1979: 300):

> "Man kann mit Hilfe dieser visuellen Methode (...) solche 'visuellen Aussagen' verbinden, um 'visuelle Argumente' zu gewinnen, und schließlich 'Ketten' von Argumenten bilden, die man so miteinander verbinden kann, daß sie als ein 'Netz visueller Argumente' erscheinen."
> "Nur eine Arbeitsgemeinschaft, in der alle aufeinander eingespielt sind, vermag (...) die Details der Anordnung zu verknüpfen".

Ludwig WITTGENSTEIN (1889-1951), der sich vornehmlich mit Fragen der Sprache und den Möglichkeiten einer Erkenntnis der Welt durch Sprache beschäftigt hat, kritisiert in seinen späteren Schriften zunehmend die übliche schriftlich-digital-lineare Form wissenschaftlicher Erklärungsweise und fordert (1984: Philosophische Untersuchungen, § 109):

"Alle *Erklärung* muß fort, und nur Beschreibung an ihre Stelle treten",

In diesem Zusammenhang fordert WITTGENSTEIN (1984, § 122) "übersichtliche Darstellungen": daß man Daten in ein allgemeines Bild zusammenfaßt und so ihre Beziehungen zueinander sehen kann:

> "Es ist eine Hauptquelle unseres Unverständnisses, daß wir den Gebrauch unserer Wörter nicht *übersehen.* - Unserer Grammatik fehlt es an Übersichtlichkeit. - Die übersichtliche Darstellung vermittelt das Verständnis, welches eben darin besteht, daß wir 'Zusammenhänge sehen'. Daher die Wichtigkeit des Findens und des Erfindens von *Zwischengliedern.*
> Der Begriff der übersichtlichen Darstellung ist für uns von grundlegender Bedeutung. Er bezeichnet unsere Darstellungsform, die Art, wie wir die Dinge sehen. (Ist dies eine 'Weltanschauung'?)."

Im Sinne einer Morphologie möchte WITTGENSTEIN, daß der Betrachter das Ganze mit einem Blick erfassen kann, wobei die Wiedergabe der Gedanken eine "Gestalt" darbieten müsse bei der das "Zwischenglied" nichts tun soll, "als die Aufmerksamkeit auf die Ähnlichkeit, den Zusammenhang der *Tatsachen*" zu lenken (zit. n. SCHULTE, 1989: 111). Das "Zwischenglied" wäre demnach die übersichtliche Form der visuellen Darstellung, die wir zwischen uns und die Welt stellen, und die dann zum verständnisvermittelnden Bild bzw. zur Karte der Welt oder dessen, worauf wir uns als Ausschnitt der Welt beziehen wollen, wird.

Otl AICHER (1922-1991), Entwerfer, Gestalter und Mitbegründer der Hochschule für Gestaltung in Ulm (HfG), der sich viel mit WITTGENSTEIN beschäftigte, stellt in seinem Sammelband von Aufsätzen über das Thema "analog und digital" dar (1991: 37 ff),

> "daß es sicher nicht nur ein logisches, kalkulierendes denken gibt, sondern ein denken in bildern, ein visuelles denken" und daß "wir denken, indem wir sehen. sehen ist eine spezifische form des denkens. ich sehe, also denke ich."

Bei dieser Betrachtung steht nicht mehr das Auge als Informationen aufnehmendes Organ im Mittelpunkt; Sehen wird betrachtet als ein

> "komplexes system von wahrnehmen, sehen, erfassen, erkennen und denken. (...) es sieht schließlich nicht das auge, sondern ein system, bei dem das auge, das gehirn, das gedächtnis und das lernen, die kulturelle schulung, beteiligt sind." (S. 41)

In den weiteren Ausführungen geht AICHER (1991: 43 f) auf einen wesentlichen Unterschied von Wahrnehmungs- und Denkakten ein: auf den Unterschied von digital/linearer und analoger Information bzw. von verbaler und visualisierter Kommunikation:

> "das bildliche denken ist nicht linear, es sieht flächen, bilder, karten, diagramme. es zieht nicht schlüsse, es sieht zusammenhänge, relationen, beziehungen, analoges. in begriffen moderner technik ausgedrückt, können wir sagen, wir haben ein digitales gehirn und ein analoges.(...)
> sehen ist nach goethe anschauung, innere anschauung.(...) das auge (...) findet das allgemeine, die ordnung, das gesetz in der natur, in der wissenschaft, in der ökonomie, im staat.(...)
> daß denken auch ein sehen ist, verrät sogar die alltagssprache. wir sprechen von einsicht, anschauung, von einblick, ausblick. philosophie ist weltanschauung, weltbild. wir machen uns ein bild von der welt, suchen bildung, bilden uns."

AICHER (1991: 45 ff) beschreibt die Erkenntnisprozesse auf der Basis von analoglinearen und digitalen Informationen an einem praktischen Beispiel wie folgt:

> "wer nach rom will, kann all die wege, die dorthin führen, auf zweierlei arten befahren. entweder er hat einen reiseführer mit routenbeschreibung oder eine straßenkarte. im ersten fall nimmt er am besten wie ein rallyefahrer einen einflüsterer, einen evangelisten, im anderen fall kommt er allein durch. mit dem reiseführer hat er zwar keinen überblick, er fährt gewissermaßen blind und auf anweisung, aber er kann präzise erfahren, wo es alte burgen gibt und restaurants. mit der landkarte erfaßt er die lage, er ist im bild, er weiß die richtung, dafür ist sie aber weniger genau in der schilderung der einzelheiten.(...)
> der autofahrer, der mit dem reiseführer und einer routenbeschreibung fährt, ist nicht frei, wohl aber der, der sich auf einer landkarte seinen weg selbst suchen kann - und sei es derselbe, den auch der reiseführer als route vorschlägt.
> die erkenntnisse aus der routenbeschreibung des reiseführers könnte man linear nennen, eines reiht sich ans andere. ein zusammenhang ergibt sich erst, wenn alles abgehandelt ist, am schluß. die landkarte, das bild, stellt alles mit einem mal zur verfügung. der überblick, das erfassen der zusammenhänge ist von anfang an möglich. der vorgang der erkenntnis ist flächenhaft, zweidimensional."

Ich möchte die Ausführungen von NEURATH, WITTGENSTEIN und AICHER im Hinblick auf die Kommunikation in Gruppen kurz zusammenfassen:

- Die über unterschiedliche Kanäle aufgenommenen verbalen und visuellen

Informationen führen zu unterschiedlichen Denk- und Erkenntnisprozessen. Die verbalen, digitalen Informationen erzeugen lineare Denkmuster - wir ziehen Schlüsse, haben eine geringe Übersichtlichkeit und übersehen dabei zumeist die Probleme, die im Gebrauch der Sprache liegen.

- Die visuellen, bildlichen Informationen erzeugen als Zwischenglieder analoge Ordnungen: Karten. Wir sehen das Allgemeine, ein Netz von Argumenten, Relationen, Beziehungen und Zusammenhängen - erhalten eine Welt*anschauung* (wie dies WITTGENSTEIN vermutet hat).

Karten haben offensichtlich in vielen Bereichen unseres Lebens eine große Bedeutung. Damit wir uns auch körperlich in der Welt bewegen können, verwenden wir neben den Landkarten auch kognitive, im Kopf abgespeicherte Karten, die eine innere Repräsentation des Raumes darstellen. Kognitive Karten bilden sich, wie ZIMMER (1993) darstellt, aus "prominenten Orientierungspunkten", "wichtigen Wegstrecken", "Kreuzungspunkten" und "Einschnitten in die Landschaft". Diese Karten sind "subjektiv verzerrt" und "stark schematisiert". Sie ähneln nicht so sehr den üblichen Landkarten, sondern mehr dem Netzplan eines Verkehrsverbundes; hindernisreiche Wege werden länger dargestellt als hindernisfreie. ZIMMER führt in diesem Zusammenhang, bezugnehmend auf einen Bericht des Ethnologen Thomas GLADWIN in *East is a big bird* (1970), zur Kunst der Navigatoren auf der Pazifik-Insel Puwulat folgendes aus:

> "Auf Puwulat gab es eine berühmte Navigatorenschule. Navigator zu sein, war das größte auf Puwulat. Nicht jeder hatte das Zeug dazu; und die es wurden, mußten eine rigide und anspruchsvolle mehrjährige Ausbildung absolvieren. Ihren Kurs fanden sie, weil sie geschickt alles irgend beobachtbare ausnutzten: den Gang der Sonne natürlich und nachts den der Sterne (...). Aber auch die vorherrschenden Winde und die Tiefe und Farbe des Wassers berücksichtigten sie.(...) Der Navigator 'fühlte' die richtige Bewegung seines Bootes 'unter dem Hintern'. Sie legten mit Muscheln Karten ihres Archipels und lernten daran (...). Gerieten die Pulawer aber in einen mehrtägigen Sturm, in dem sie nichts mehr sahen und in unbekannter Richtung drifteten, so kam ihnen kein sechster Sinn zur Hilfe. Sie (...) konnten nur hoffen, nach der bei allen Verirrten bewährten Methode 'nicht hin und her, sondern geradeaus', irgendwohin zu gelangen, wo sie sich aufs neue orientieren konnten."

Karten entstehen dadurch, daß man geschickt alles Beobachtbare ausnutzt und mit irgendwelchen Hilfsmitteln, seien dies Muscheln oder Knochen, die man im

Sand arrangiert, oder, wie in unseren Breitengraden üblich, mit (Filz-)Stiften und (farbigen) Papier(-Kärtchen), ein "Bild" zusammenstellt, das man lernend verändert und den jeweils neuesten Erkenntnissen anpaßt.

Karten sind, wie AICHER (1986) an praktischen Beispielen zeigt, Konventionen, die Welt oder ein Gelände unter ganz bestimmten Umständen darzustellen und zu lesen. So stellen in ECO's Roman *Das Foucaultsche Pendel* drei Mailänder Verlagslektoren, die einer Weltverschwörung auf der Spur sind und dieser durch die Analyse von unterschiedlichsten Karten, begegnen wollen, fest (1989: 537 ff):

> "Nicht das Pendel (man könnte zum besseren Verständnis das "Pendel" z.B. durch den Begriff "Absichten" ersetzen: H.-K. W.) richtet sich nach der Karte, sondern die Karte richtet sich nach dem Pendel. Verstehen Sie, was ich meine? Es konnte die unsinnigste Karte der Welt sein, solange nur, wenn sie einmal unter dem Pendel lag, der erste Sonnenstrahl am Morgen des 24. Juni den Punkt traf, wo auf dieser und keiner anderen Karte Jerusalem lag. (...) Wir können alles über das Pendel wissen, aber wenn wir nicht wissen, welche Karte wir nehmen sollen, sind wir verloren.(...) Das würde erklären', meinte Belbo 'warum sich John Dee so angelegentlich mit der Kartographie befaßte. Nicht um die 'wahre' Form der Welt zu erkennen. Sondern um unter den falschen Karten diejenige zu rekonstruieren, die ihm als einzige nütze, also die einzig richtige war."

Karten, so wäre aus diesen Ausführungen von ECO, der ja Semiotiker, also Zeichen-Wissenschaftler ist, zu folgern, müssen also nicht richtig sein um zu nützen. Für unsere Intentionen müssen wir aber immer die "richtige" Karte finden oder rekonstruieren. Diese spezifische Karte kann für Dritte oder bei anderen Intentionalitäten völlig falsch sein - aber für uns ist sie bei bestimmten Intentionalitäten und in einer spezifischen Situation genau die richtige. Ergänzend hierzu eine Geschichte des Nobelpreisträgers Albert SZENT-GYORGI, die WEICK (1990: 4) zitiert (Übersetzung von NEUBERGER, 1993: 48):

> "Ein kleines ungarisches Sonderkommando führte in den Alpen ein militärisches Manöver durch. Der junge Leutnant sandte einen Spähtrupp in die Eiswüste als es gerade zu schneien begann. Es schneite zwei Tage lang und die Einheit kam nicht zurück. Der Leutnant fürchtete schon, daß er seine Leute in den Tod geschickt hätte, da kehrte die Einheit am dritten Tag zurück. Wo waren sie gewesen? Wie hatten sie ihren Weg gefunden? Ja, sagten sie, wir hatten uns schon aufgegeben und warteten auf das Ende, aber dann fand einer von uns eine Karte in seiner Tasche. Das hat uns beruhigt. Wir errichteten ein Lager, warteten den Schneesturm ab und mit der Karte haben wir uns

orientiert. Und jetzt sind wir da. Der Leutnant warf einen genauen Blick auf die Karte und entdeckte zu seinem Erstaunen, daß es eine Karten der Pyrenäen war."

WEICK's (1990: 4) "favorit moral" aus dieser Geschichte für alle, die ihre alten Karten verloren haben, oder für jene , die sich mit Karten beschäftigen möchten:

> "... a map provides a reference point, an anchor, a place to start from, a beginning, which often becomes secondary once an activity gets underway. Just as a map of the Pyrenees gets people moving so they find a way out of the alps, a map of the wrong competitor can get people talking so they find their way into the right niche."

Die Erkenntnisse aus den letzten Ausführungen und Zitaten über Karten möchte ich wie folgt zusammenfassen:

- Kognitive Karten entstehen aus einer Vielzahl von Beobachtungen, die sich zu einem subjektiven Gesamtbild addieren. Kognitive Karten sind nicht die reale Welt. Sie sind auch kein objektives Abbild einer realen Welt. In diesem Sinne ist, wie KORZYBSKY sagt, die Karte nicht mit dem Gelände (Territorium) zu verwechseln. In kognitiver Sicht bildet die Karte jedoch das Gelände, in dem wir uns geistig bewegen: "Die Karte ist das Gelände" (WEICK, 1985: 355). Sie ist höchst subjektiv, verzerrt und ungenau - aber eben unsere kognitive Karte, die uns hilft, daß wir uns in unserer Umwelt, und somit auch in Unternehmen, Gruppendiskussionen, Problemsituationen..., auf etwas hinbewegen können.
- Auch wenn Karten nicht präzise, korrekt oder genau sind, helfen sie uns offensichtlich doch. Sie geben uns Orientierung und Sinn in einer komplexen und unübersichtlichen Welt. Sie zeigen uns, daß wir äußeren Ereignissen nicht passiv ausgeliefert sein müssen. Darüber hinaus bewegen sie uns zu Handlungen, geben uns Energie und Hoffnung, auch in (zunächst) aussichts- bzw. ausweglosen Situation.

Ich hoffe, daß mein Ansinnen, darzustellen, daß die Visualisierung von Kommunikation weit über das hinausgeht, was bisher in diesem Zusammenhang ausgeführt wurde, deutlich geworden ist. Es geht nicht nur um leichtere oder bessere Informationsübermittlung, um die Sichtbarmachung von Diskussionsverläufen oder darum, schwierige Sachverhalte (anderen) besser zu "verklickern". Es geht um viel basalere und wichtigere Sachverhalte, die ich, diesen Exkurs abschließend, lediglich in Stichworten nochmals kurz zusammenfassen möchte: Einerseits geht es um Weltanschauung, Ordnung, Übersichtlichkeit, Hintergründe, Zusammenhänge und Relationen, die über das Zwischenglied der Visualisierung geschaffen werden. Andererseits geht es um Sinngebung, Anker, Fix- und Ausgangspunkte, die gesetzt werden und von denen eine systematische Bewegung auf ein Ziel hin erfolgen kann. Dabei ist es nicht wichtig, daß Karten umfassend, präzise oder genau sind, sondern daß sie für das jeweilige Vorhaben nützlich sind. Und das sind sie, wenn sie in einer Gemeinschaft von Menschen, die miteinander etwas erreichen wollen, durch intensives miteinander Sprechen und Visualisieren erarbeitet wurden. Dabei ergänzt die Visualisierung nicht das gesprochene Wort; Visualisierung baut sich aus der verbalen Kommunikation auf und steht dann, als fertiges "Bild" oder fertige "Karte" der Argumente und Zusammenhänge, gleichsam über ihr.

In Gruppen geht es immer (auch) darum, daß über Kommunikation gemeinsame Sinn- und Handlungsstrukturen geschaffen werden. Dies erfordert, daß zunächst Hintergründe ausgeleuchtet bzw. gemeinsame Ursachenkarten erarbeitet werden. Auf deren Basis werden dann z.B. Konflikte bearbeitet, Kompromisse gefunden und Aufgaben bzw. Probleme gelöst. Gruppen werden sich bei der Erledigung dieser Aufgaben wesentlich leichter tun und bessere Ergebnisse erreichen, wenn sie die Inhalte ihrer Kommunikation visualisieren. Visualisierung ist in nahezu allen Bereichen der Kommunikation in Gruppen möglich; sei dies

- bei der Übermittlung von Informationen von einem Gruppenmitglied an die anderen zum Zwecke der Wissensvermittlung bzw. -erweiterung;
- bei Diskussionen, in denen Meinungen, Gedanken, Vorstellungen... zu einem bestimmten Thema oder Sachverhalt ausgetauscht werden;
- bei der Erarbeitung von Problemlösungen, bei denen Mittel und Wege gesucht werden, die Kluft zwischen der bestehenden und erstrebten Situation zu überbrücken.

Bei den unterschiedlichen kommunikativen Aufgaben einer Gruppe können und müssen auch unterschiedliche Visualisierungsmittel eingesetzt werden. Diese gehen vom Overhead-Projektor (für die eingleisige Informationsübermittlung) über Flip-Charts (z.B. zur Visualisierung von Argumenten in Diskussionen) bis zur Verwendung der Moderationsmethode in Problemlöseprozessen (siehe z.B. DONNERT, 1990 und SEIFERT, 1993).

3.4. Von der Gruppe zum Team

Die Teamentwicklung gehört seit Jahren zu den bekannten und auch populären organisationspsychologischen Maßnahmen. Ziel dieser Intervention ist es, die Zusammenarbeit in Gruppen zu optimieren und in ihrer Effizienz zu steigern; kurz: Die Gruppe zum Team zu entwickeln. Diese Entwicklung kann durch verschiedenste Interventionstechniken unterstützt werden, die in der Literatur unter dem Begriff "Teamentwicklung" zusammengefaßt werden. NEUBERGER (1991: 203 ff) unterscheidet bei den Maßnahmen zur Förderung der Teambildung:

Arbeitsplatzferne Interventionen

Hierbei handelt es sich zumeist um gruppendynamische Verfahren, die in der Human-Relations-Bewegung entwickelt wurden.

Arbeitsplatznahe Interventionen

Diese Konzepte konzentrieren sich weitgehend auf Ausbildungs- und Entwicklungsmaßnahmen bei der Einführung teilautonomer Arbeitsgruppen bzw. von Qualitätszirkeln und Lernstattgruppen.

In den letzten Jahren haben die arbeitsplatznahen Interventionen die arbeitsplatzfernen etwas verdrängt, da sie durch den parallelen Prozeß von Problembearbeitung und sozialem Lernen nicht unerhebliche Vorteile bieten. Außerdem werden mit diesen Interventionen primär andere Zielgruppen angesprochen. Während die arbeitsplatzfernen Interventionen vor allem die Zielgruppe Führungskräfte hat, werden mit den arbeitsplatznahen zumeist Mitarbeiter in den unteren Ebenen der Organisation angesprochen.

3.4.1. Arbeitsplatzferne Interventionen

Bei den arbeitsplatzfernen Interventionen unterscheidet NEUBERGER Maßnahmen zur Teamentwicklung und gruppendynamische Trainingsformen:

1 Teamentwicklung

Die Teamentwicklung ist eine Organisationsentwicklungsmaßnahme auf der

Gruppenebene. Zwei Hauptziele sollen mit der Teamentwicklung erreicht werden:

- Probleme, die eine Gruppe belasten, sollen gelöst werden,
- die Gruppe soll sich im Laufe der Intervention zum Team entwickeln.

In Anlehnung an VARNEY nennt COMELLI (1991: 297) folgende Detailziele für Teamentwicklungstrainings:

"(1) Verbesserung des Verständnisses für die Rolle eines jeden Teammitgliedes innerhalb der Arbeitsgruppe;

(2) Verbesserung des Verständnisses für die Beschaffenheit (character) des Teams und seine Rolle innerhalb der Gesamtabläufe der Organisation;

(3) Verbesserung der Kommunikation zwischen den Teammitgliedern über alle Punkte, welche die Effektivität der Gruppe angehen;

(4) Stärkung der gegenseitigen Unterstützung (support) unter den Gruppenmitgliedern;

(5) Klares Verständnis für die ablaufenden Gruppenprozesse, d.h. für jene gruppendynamischen Ereignisse, die in jeder Gruppe vorkommen, in der Leute eng zusammenarbeiten;

(6) Finden von effektiveren Wegen für die Gruppe, die in ihr bestehenden Probleme auf der Sach- und Beziehungsebene zu bewältigen;

(7) Entwickeln der Fähigkeit, Konflikte positiv (statt destruktiv) zu nutzen;

(8) Verstärkung der Zusammenarbeit zwischen den Teammitgliedern und eine Verringerung jenes Wettbewerbs, der auf Kosten der jeweiligen Gruppe bzw. der Organisation geht;

(9) Verbesserung der Fähigkeit des Teams, mit anderen Arbeitsgruppen innerhalb der Organisation zusammenzuarbeiten;

(10) Stärkung des Bewußtseins des gegenseitigen Aufeinanderangewiesenseins innerhalb des Teams."

Der Prozeß der Teamentwicklung kann in den von NEUBERGER (1991: 204 f). beschriebenen folgenden drei Phasen erfolgen:

Phase 1: Gemeinsame Diagnose der Situation

Gemeinsame Bestandsaufnahme: "Wo drückt der Schuh?", auf der Basis von Interviews mit den Mitgliedern der Gruppe, Fragebogen und Gruppendiskussionen z.B. mit der Moderationstechnik.

Phase 2: Konzentration auf wenige Hauptprobleme

In der Gruppe wird eine überschaubare Zahl von zumeist interpersonalen bzw. gruppenspezifischen Problemen, die in der Diagnosephase herausgearbeitet wurden, gemeinsam diskutiert.

Phase 3: Gemeinsame Problemlösung

- Gemeinsame Problemdefinition und Problemanalyse

  Aufklären der Vorgeschichte bestehender Probleme und der aktuellen Situation unter Berücksichtigung der vorhandenen Strukturen und Beziehungen.

- Entwicklung von Lösungsvorschlägen

  Lösungsvorschläge werden unter Berücksichtigung der Erwartungen der Gruppenmitglieder und Externer, z.B. von Vorgesetzten, erarbeitet.

- Präsentation und Entscheidung

  Nach Präsentation der Lösungsvorschläge entscheidet die Gruppe zusammen mit Vorgesetzten, welche Maßnahmen realisiert werden sollen; es werden Termine und Verantwortliche festgelegt; alle Beteiligten gehen ein "Commitment" zur Realisierung ein.

- Realisierung und Kontrolle

  Zu vereinbarten Zeitpunkten finden Bewertungen in Form von follow-up's statt: "Was wurde erreicht?"; "Warum hat es (nicht) geklappt?". Gegebenenfalls werden Korrekturmaßnahmen festgelegt.

Der zuvor dargestellte Prozeß der Teamentwicklung ist idealtypisch und muß auf die jeweiligen Besonderheiten einer Gruppe zugeschnitten werden. Üblicherweise wird dieser Prozeß von einem gruppenexternen Moderator geleitet, der als Prozeßexperte keine inhaltlichen Lösungen anbietet, sondern vielmehr der Gruppe hilft, den Weg zum Team in Schritten zu entwickeln. Daß sich Gruppen zum Team entwickeln, hängt nicht nur vom Training ab, sondern vor allem vom kommunikativen und sozialen "Können", also den Fähigkeiten der Teammitglieder, im betrieblichen Alltag als Team zu wirken, und dem "Dürfen", also den Möglichkeiten, die das Unternehmen den Teams für ihre Entwicklung einräumt. Die Entwicklung einer Gruppe zum Team verläuft zumeist in den von PORTER, LAWLER & HACKMANN (1975) beschriebenen Stufen (siehe Abbildung 25). Geht man von diesem Stufenmodell aus, muß zunächst eine Vertrauensbasis der Gruppenmitglieder untereinander geschaffen werden. Erst das Vertrauen untereinander ermöglicht eine offene Kommunikation und in der Folge die sinnvolle Bearbeitung von Konflikten. Wenn diese Stufen durchlaufen sind, bildet sich über eine intensivierte Zusammenarbeit das Team. Eine der wesentlichen Aufgaben von Teamentwicklungstrainings ist, daß in den einzelnen Phasen versucht wird, die Voraussetzungen für eine spätere Vertrauensbildung der Gruppenmitglieder untereinander zu schaffen. Bei der Bildung von Vertrauen ergibt sich für Gruppen jedoch eine paradoxe Situation dadurch, "daß Vertrauen nur aus Vertrauen entstehen kann, daß also das vorausgesetzt werden muß, was erst erworben werden soll" (BAECKER, 1993: 187).

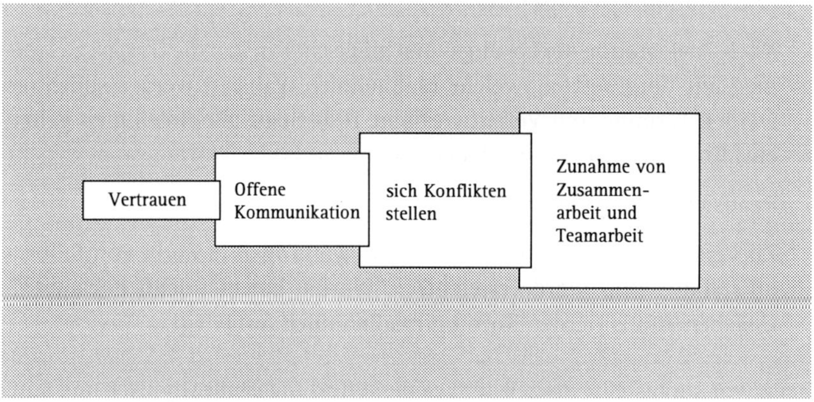

Abbildung 25: Stufen der Teamentwicklung
(geändert übernommen aus: COMELLI, 1990: 296)

Vertrauen bewährt und entwickelt sich in Gruppen vor allem, wenn die Gruppe gelernt hat, auch schlechte Nachrichten aufzunehmen und zu verarbeiten. In diesem Zusammenhang führt BAECKER (1993: 187) aus:

> "Ob es zur Vertrauensbildung kommt oder nicht, zeigt sich vor allem daran, ob die Gruppe darauf verzichten kann, den Botschafter der schlechten Nachrichten zum Sündenbock zu machen. Andererseits kann es jedoch gut sein, daß der tautologische Zirkel der paradoxen Fundierung des Vertrauens erst in Gang kommt, wenn der Sündenbock gefunden und geopfert ist und die Gruppe sich in jener Überraschung über den plötzlichen Frieden eint, die den Sündenbock nachträglich zum Helden macht."

2 Gruppendynamische Trainingsformen

Mit dem Begriff "Gruppendynamik" werden sozio-emotionale Prozesse bezeichnet, die sich in (Arbeits-)Gruppen bei der Erledigung von Aufgaben entwickeln. Durch gruppendynamische Trainings soll z.B.: die soziale Sensibilität erhöht, Kommunikationsfähigkeit gesteigert, Selbsterkenntnis und realistische Selbsteinschätzung entwickelt, das soziale Verhaltensrepertoire erweitert und Authentizität im Umgang miteinander erlernt werden. Zur Verdeutlichung der Intentionen von gruppendynamischen Trainings soll folgende Beschreibung von Gruppen-Trainings des HERNSTEIN-Institutes dienen (WEYRER, 1993: 331; "T-Gruppe" steht hierbei für Trainingsgruppe, dem eigentlichen Herzstück des Seminars. Jede Gruppe hat zwischen acht und zehn Teilnehmern. Insgesamt gibt es elf bis dreizehn Sitzungen von eineinhalb Stunden Dauer.):

> "Die T-Gruppe ist eine bewährte Lehr- und Lernmethode, wenn man die regelmäßig ablaufenden Prozesse menschlicher Verhaltensweisen in kleinen Gruppen kennenlernen will. In den T-Gruppensitzungen kann man nicht passiv beobachten, was andere machen, sondern man ist aufgefordert, die jeweilige Situation aktiv mitzugestalten und nach den grundlegenden Gesetzen sozialer Prozesse zu suchen. Solche Prozesse laufen in allen Gruppen ab, werden alltäglich erlebt, aber doch kaum gesehen. Wie kommt es zu Zusammenarbeit? Wie wird man Außenseiter und wie kann man das vermeiden? Wie entsteht Autorität und wie hängt diese mit Einfluß und Vertrauen zusammen? Was geschieht bei Konflikten? Muß ein Vorgesetzter auch Gruppenmitglied sein und was ist der Preis für die Mitgliedschaft? Welche Rolle spielen Rationalität und Emotionalität in Entscheidungsprozessen? Wie können Gruppen in den Führungsprozeß integriert werden?

Wie kann man Entscheidungen in einer Gruppe beeinflussen? Wann und wie wird man in Gruppen manipuliert? (...) Was kann der Vorgesetzte zur Reifung seiner Gruppe beitragen?"

In den Seminaren und Trainings des HERNSTEIN-Institutes werden nahezu alle zuvor dargestellten Aspekte von Gruppen (Rollen, Prozesse, Konflikte, Führung, Vertrauen... in Gruppen) inhaltlich angesprochen. Wie gruppendynamische Seminare ablaufen und was die Teilnehmer hierbei erleben, beschreibt folgender Bericht von GOTTSCHALL (1988):

"Der methodische Ansatz war rabiat, aber wirkungsvoll: Damit die Manager in der Trainingsgruppe (T-Gruppe) die Gesetzmäßigkeiten sozialer Abläufe auch wirklich hautnah erfahren und mit ihnen experimentieren konnten, wurden sie kurzerhand selbst zum Objekt der Betrachtung gemacht. Nur Gespräche über die Seminarsituation, über die Vorgänge im 'Hier-und-Jetzt', die eigenen Gefühle und Befindlichkeiten ('Was passiert eigentlich mit uns?') waren zugelassen, anderer Diskussionsstoff war untersagt.
Das schürte Emotionen. Die Seminaristen durchlitten Feindseligkeiten und bohrende Langeweile, erlebten Zuwendung und Verständnis. Sie steigerten ihr Einfühlungsvermögen für die Gedankenwelt der anderen, spürten, wie sich ihre Rollen und Positionen im Spannungsfeld der Gruppe veränderten. Am Ende hatten die meisten der Teilnehmer mehr über die Kräfte hinzugelernt, die Organisationen zusammenhalten oder sprengen, als sie je aus einem der zahllosen Managementlehrbücher hätten erfahren können.
'Ich habe gelernt, wie man sich als Außenseiter fühlt, aber auch, wie man anderen ein Bein stellen kann, um wieder in den Mittelpunkt zu rücken', resümiert der Schweizer Jaques Forlen (Ciba Geigy). 'Das war ein Wechselbad der Gefühle, nicht immer angenehm, aber mir ist klargeworden, welche Fehler ich bei mir und meinen Mitarbeitern ausmerzen muß', meint der Österreicher Heinz Trauner (Hewlett-Packard). Der Deutsche Harald Müller (Elring) versichert: 'Ich werde künftig authentischer um mich selbst kämpfen; Konflikten weiche ich nicht mehr aus, das werden meine Kollegen bald merken'."

Welchen Nutzen die Teilnehmer in gruppendynamischen Seminaren sehen, ist in Abbildung 26 dargestellt. Der Beurteilung liegen Beurteilungsbögen von 609 Teilnehmern (90% Führungskräfte) der HERNSTEIN-Seminare zugrunde, denen die Frage gestellt wurde: "Welcher ist nach ihrer Meinung der für Sie und ihre Arbeit größte Nutzen, den Sie aus dem Seminar mitnehmen?".

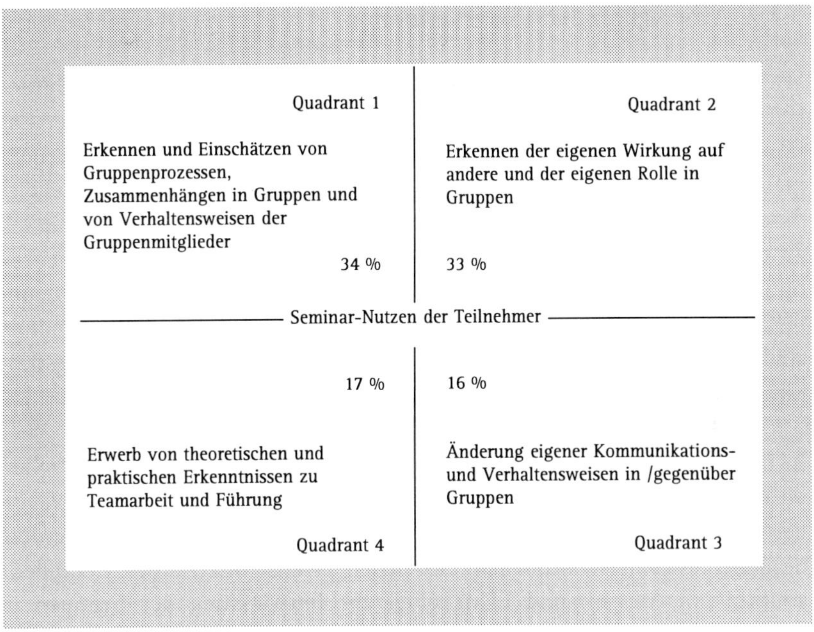

Abbildung 26: Nutzen von gruppendynamischen Seminaren
(Quelle: WEYRER, 1993: 333)

Nach den Ergebnissen dieser Befragung kann man davon ausgehen, daß das Erkennen und Einschätzen von gruppendynamischen Prozessen und Zusammenhängen, sowie das Erkennen der eigenen Wirkung auf andere mit insgesamt 67 Prozent als überwiegender Nutzen von gruppendynamischen Trainings erfahren werden. Der Erwerb von theoretischen und praktischen Erkenntnissen (17 Prozent) und die Änderung des eigenen Verhaltens in Gruppen (16 Prozent) nehmen nur einen untergeordneten Stellenwert ein.

Den durchaus positiven Erfahrungen mit gruppendynamischen Trainings stehen auch negative gegenüber. So resümiert NEUBERGER (1991: 213), daß es in der Regel schwer fällt, "die Erfahrungen produktiv in die betriebliche Situation zu übertragen"; außerdem lassen sich üblicherweise "die notwendigen erlebnisaktivierenden und ausdrucksintensiven Trainings nicht mit den unmittelbaren Arbeitskolleg(inn)en realisieren."

3.4.2. Arbeitsplatznahe Interventionen

Während sich die arbeitsplatzfernen Interventionen zumeist auf die Zielgruppe Führungskräfte konzentrieren, stehen bei den arbeitsplatznahen Interventionen zur Teamentwicklung die unteren Hierarchieebenen eines Unternehmens im Vordergrund. Bei den arbeitsplatznahen Interventionen geht es darum, neugebildete Gruppen schnellstmöglich zu voller Leistungsfähigkeit zu entwickeln, bereits bestehende Gruppen in ihrer Leistungsfähigkeit zu optimieren oder die Leistungsfähigkeit und -bereitschaft bestehender Gruppen neu zu entfachen. Die Detailziele der arbeitsplatznahen Interventionen sind weitgehend identisch mit den zuvor (bei den Teamentwicklungstrainings) genannten Zielen.

In den folgenden Ausführungen zu arbeitsplatznahen Interventionen sollen vorrangig die bei der Einführung von teilautonomer Gruppenarbeit bzw. von Lernstattgruppen üblichen Interventionsmöglichkeiten dargestellt werden, bei denen es zumeist darum geht, neben den jeweils notwendigen Methodenkenntnissen, Wissen und Fähigkeiten zur Entwicklung der Gruppen in Richtung Team zu vermitteln. Bei der Etablierung dieser Gruppen mischen sich generelle Interventionen zur Teamentwicklung, die vor allem in der Vorbereitungsphase stattfinden, mit Maßnahmen, die im laufenden Prozeß erfolgen. Da die spätere Effizienz der Gruppe ganz entscheidend davon abhängt, inwieweit der Gruppenleiter es versteht, aus der Gruppe ein funktionsfähiges Team zu formen, steht die Ausbildung der Gruppenleiter zumeist im Zentrum der Ausbildungsmaßnahmen. Viele Gruppenprojekte scheitern, weil zu wenig qualifizierte Gruppenleiter (Moderatoren) bzw. auch zu wenig qualifizierte Trainer zur Verfügung stehen. So berichtet LICHTENBERGER (1986: 162) über die Probleme mit Qualitätszirkeln beim OTTO-Versand:

> "Von den zwölf Qualitätszirkeln, mit denen Otto gestartet ist, sind nur noch sechs übriggeblieben. Als Ursache sieht Knop weniger das mangelnde Interesse der Kollegen als die ungenügende Anzahl an geeigneten Moderatoren. Aus mehrjähriger Erfahrung mit Qualitätszirkel-Arbeit weiß er: 'Mit den Trainern steht und fällt alles.' Die Schulung fernab vom Arbeitsplatz kann nicht garantieren, daß sich die Moderatoren später im Betrieb ausreichend Respekt und Anerkennung (.) verschaffen."

1 Maßnahmen bei den Gruppenleitern / Moderatoren

In den vorbereitenden Qualifizierungsmaßnahmen geht es vor allem darum, die Gruppenleiter mit den wesentlichen Gedanken und Instrumenten der Gruppenarbeit vertraut zu machen. In handlungs- und erfahrungsorientierten Workshops (mit entsprechenden Trainings) sollen sie lernen, wie man Gruppenprozesse organisiert, strukturiert und leitet, damit eine Gruppe in Richtung Team geformt werden kann. Inhaltlich umfassen die Workshops zumeist folgende Themenbereiche:

- Informationen über gruppendynamische Aspekte;
- Grundlagen einer effektiven Kommunikation in Gruppen;
- Techniken der Moderation, Konflikt- und Problemlösung;
- Methoden zur Durchführung von Gruppensitzungen und zur Protokollführung.

Zur Veranschaulichung der vermittelten Lerninhalte wird nachstehend der Grobablauf einer Intensivübung zur Ausbildung von Moderatoren für die Lernstatt bei BMW (BMW, 1983: 22) dargestellt:

Erster Block: Lernstatt-Didaktik

- Visualisierungs- und Präsentationstechniken
- Kartenabfragen mit der Moderationsmethode
- Fragetechniken
- Problemlösungsmethoden
- Entscheidungsmethoden
- Maßnahmenfestlegung

Zweiter Block: Gruppenprozesse

- Übung: Gruppensitzungen planen und moderieren
- Verhalten in schwierigen Situationen

Dritter Block: Persönliche Entwicklung

- Die Rolle des Moderators (Rollenkonflikte)
- Selbstbild-/ Fremdbildübungen

- eigene Verhaltensreflexionen
- neue Verhaltensmöglichkeiten erkennen und fördern

2 Maßnahmen auf der Gruppenebene

Bei Entwicklungsmaßnahmen auf der Gruppenebene werden, je nach Problemlage, unterschiedlichste Maßnahmen zusammengefaßt. Im Vordergrund stehen hierbei folgende Ziele:

- die Zusammenarbeit untereinander und mit dem Leiter der Gruppe soll möglichst effizient gestaltet werden;

- die kommunikativen Fähigkeiten und Methodenkenntnisse der Gruppenmitglieder sollen gefördert werden, damit eine wirkungsvolle Zusammenarbeit sichergestellt wird.

Das Seminardesign eines Teamtrainings für teilautonome Arbeitsgruppen umfaßt beispielsweise folgende Inhalte (STÜRZL, 1993: 246 ff):

1. Tag:
- Gruppenarbeit: "Was wissen wir über das Gruppenarbeitskonzept?"; Welche Erwartungen haben wir?; Welche Fragen haben wir?"
- Information über Moderationsregeln
- Lehrgespräch: "Warum Fertigungsgruppen?; Ablauf der Einführung?; Neue Rollenanforderungen?"
- Gruppenarbeit: "Die Vision eines gut funktionierenden Teams"
- Einzel- und Gruppenarbeit: "Persönliche Fähigkeiten und Verhaltensweisen in Gruppen"

2. Tag:
- Lehrgespräch: "Kommunikation im Team"
- Gruppenarbeit: "Aus Du-Botschaften Ich-Botschaften machen"
- Gruppenarbeit: "Entscheidungsübung"
- Lehrgespräch: "Konflikt und Konfliktlösung im Team"
- Kooperationsübung

3. Tag:
- Lehrgespräch: "Moderation von Gruppengesprächen"
- Mustermoderation durch den Trainer

- Vertiefung der Moderationsmethode
  (Kartenabfrage, Clustern, Themenspeicher, Problemlösen mit der Moderationsmethode, Aktionsplan erstellen)
- Gruppenarbeit: "Vorbereitung einer selbständigen Moderation"
- Durchführung von zwei bis drei Moderationsübungen
- Gruppenarbeit: "Was nehmen wir uns vor?; Was wird sich ändern?"

Wie diese Ausführungen zeigen, stehen bei den arbeitsplatznahen Interventionen zur Teamentwicklung die kommunikativen Aspekte der Gruppenarbeit und das spezifische Wissen und Können, mit Gruppen Probleme zu definieren und zu lösen, inhaltlich im Vordergrund.

3.4.3. Begleitende Betreuung der Gruppen

Teamentwicklung ist ein Prozeß, der gekennzeichnet ist durch ständiges Lernen in der Praxis. Bei der Umsetzung des in Seminaren vermittelten Wissens kommt es immer wieder zu Fragen und Problemen. Zur Unterstützung der Gruppenleiter ist eine temporäre Prozeßbegleitung in der täglichen Praxis durch erfahrene Trainer, bzw. eine Unterstützung der Moderatoren durch Prozeßanalysen und/oder Supervision angebracht; hierdurch kann der Prozeß der Teambildung unterstützt werden.

Die Prozeßanalyse gehört zu den Standardinstrumenten einer begleitenden Förderung der Teamentwicklung. Sie soll helfen, das in Teamentwicklungstrainings Erlernte in die Praxis zu übertragen (siehe COMELLI, 1991 und ROSENKRANZ, 1990). Bei der Prozeßanalyse werden kleinere Einheiten in der realen Zusammenarbeit (Prozeß-Einheiten) beobachtet, wobei die Gruppenmitglieder lernen, im Rahmen einer strukturierten Analyse und unter Anleitung eines Trainers ihre Aktivitäten selbstkritisch zu betrachten. Mögliche Fragen bei der reflexiven Analyse der Prozeß-Einheiten können sein:

- Was war in der Zusammenarbeit gut?
- Wo gab es Störungen oder Konflikte?
- Wie war die Kommunikation in der Gruppe?
- Was kann man in Zukunft besser machen?

Die bei Prozeßanalysen angestrebte Schärfung des Bewußtseins für Zusammenhänge, in denen man arbeitet, soll die Gruppenmitglieder vor allem für die unter der Oberfläche ablaufenden Beziehungsfragen öffnen. Es soll bewußt werden, wodurch die Zusammenarbeit beschleunigt oder behindert wird; inwieweit eine mangelhafte Kommunikation oder Konflikte die Zusammenarbeit behindern und was man tun kann, um die Zusammenhänge und Prozesse in denen man arbeitet, zukünftig besser zu gestalten.

Das hier angesprochene prozeßorientierte Denken fällt uns offensichtlich schwerer als den Japanern, die, wie der nachstehende vergleichende Bericht über japanische und amerikanische Erziehungsprinzipien von ELSCHENBROICH (1993) zeigt, schon in der Schule auf die Reflexion von Gruppenprozessen vorbereitet werden:

> "Westliche Besucher waren immer schon fasziniert von der Geistesgegenwart und der lebhaften, unbeschwerten Neugier japanischer Kinder. Wie werden die Grundlagen der Lernkultur gelegt? (...)
> Der japanische Kindergarten, im Leben fast aller japanischen Kinder die erste Institution, führt eine neue öffentliche Grammatik ein: das Leben in Gruppen. Anders als im Westen vermutet, wird im Kindergarten nicht gepaukt. Schrittweise und geduldig wird sorgsame Lebensführung eingeübt - die sichere Beherrschung der Formen des Essens, Schuhewechselns, Begrüßens, die Details der Rücksichten im Zusammenleben auf engem Raum.
> Auch in den ersten Grundschulklassen - eine weitere Überraschung - nimmt formales Lernen geringeren Raum ein als in amerikanischen Schulen.(...) Im Zentrum des Lernens stehen weniger die Produkte - Noten, Sitzenbleiben gibt es in japanischen Schulen nicht - als die Kooperation, die Perfektion der Abläufe, auch der trivialen Tätigkeiten wie dem täglichen Putzen der Schule.(...) Die ritualisierte tägliche Prozeßreflektion (hansei) schult den Blick der Kinder für Zusammenspiel und Selbstbewertung, also die bekannten Stärken der japanischen Arbeitskraft. Immer wieder heißt es: "Was könnten wir besser machen?". Besser heißt effektiver, mit weniger Reibungsverlusten, aber auch: zur größeren Zufriedenheit aller. Sich in die Bedürfnisse anderer einzufühlen, zuhören lernen, ist immer wieder Thema im Unterricht. Es ist, wie Catherine Lewis (...) zur japanischen Kreativitätserziehung ausführt, eine wirksame Vorbereitung auf die Anforderungen einer Dienstleistungsgesellschaft."

3.5. Bedingungen erfolgreicher Gruppenarbeit

In den vorausgegangenen Ausführungen wurden die wesentlichen Aspekte von Gruppen vorrangig aus organisationspsychologischer und gruppendynamischer Sicht dargestellt. Dieses Kapitel abschließend möchte ich die wichtigsten Bedingungen für eine erfolgreiche Gruppenarbeit in zehn Punkten zusammenfassen:

1 Wahl der Gruppengröße

Die Gruppengröße hat starke Auswirkungen auf die Kommunikation und die Entwicklung des Wir-Gefühls in Gruppen. Bei Problemlösegruppen sollte die Gruppengröße zwischen fünf und neun Personen liegen; bei (teilautonomen) Arbeitsgruppen nicht über 20 Personen.

2 Rollendifferenzierung

Rollendifferenzierungen innerhalb von Gruppen unterliegen psychodynamischen Prozessen. Es ist davon auszugehen, daß Gruppen in diesem Prozeß die für sie jeweils richtigen vertikalen und horizontalen Rollendifferenzierungen finden. In diesem Sinn sollten Gruppen (zumindest längerfristig) auch den Leiter ihrer Gruppe selbst bestimmen können, wobei dieser in der Startphase durch einen Machtpromotor sinnvoll unterstützt werden kann.

3 Führung

Es gibt keine ideale(n) Form(en) der Führung in Gruppen. Ganz prinzipiell sollte sich die Führung am Reifegrad der Gruppe und der jeweiligen Situation orientieren. Weiterhin sollte der Gruppenleiter versuchen, die Gruppe in ihrem Reifegrad zu fördern und die zur Steuerung der Gruppe notwendige Autorität - entsprechend der Reifegradentwicklung - nach und nach auf die Gruppe zu übertragen. Gruppenleiter sollten auf ihre Führungsaufgaben und hierbei insbesondere auf ihre kommunikativen Aufgaben durch entsprechende Ausbildungs- und Trainingsmaßnahmen vorbereitet werden.

4 Kommunikation

Gruppen ohne Kommunikation sind nicht denkbar. Die Bewältigung der kommunikativen Probleme ist eine der wesentlichsten Aufgaben von Gruppen, wobei es ihr hierbei gelingen muß, gemeinsam getragene Sinn- und Handlungsstrukturen zu entwickeln. Diese Aufgabe wird wesentlich besser gelöst, wenn hierarchiefrei zusammengearbeitet wird, kommunikative Vollstrukturen gegeben sind, die Kommunikation durch Gesprächsregeln gesteuert wird und die Gruppe ständig visualisiert. Die kommunikativen Fähigkeiten der Gruppenmitglieder sollten darüber hinaus durch entsprechende Ausbildungs- und Trainingsmaßnahmen gefördert werden.

5 Dauer der Zusammenarbeit

Gruppen benötigen Zeit, um ihre jeweils spezifischen Normen, Rollenverteilungen und ein Wir-Gefühl zu entwickeln. Sie sollten deshalb nicht in zu kurzen Rhythmen etabliert und wieder aufgelöst, Gruppenmitglieder nicht nach zu kurzer Zeit ausgetauscht werden.

6 Einstellung zur Gesamtorganisation, zur Aufgabe und zum Gruppenleiter

Eine hohe Gruppenkohäsion führt nur dann zu positiven Effekten, wenn die Gruppe positive Einstellungen zur Gesamtorganisation, zu ihrer Aufgabe und zum Leiter der Gruppe hat. Das Unternehmen hat sicherzustellen, daß die Gruppenmitglieder in den beiden erstgenannten Bereichen eine positive Einstellung entwickeln können. Gruppen sollten deshalb auch keine Feigenblattfunktion haben, ihre Arbeit muß ernst genommen und, wenn sie gut ist, auch anerkannt werden.

7 Gruppennormen und Ziele

In Gruppen bilden sich ausgesprochene und unausgesprochene Normen, die Einfluß auf deren Arbeit und Leistung haben. Gruppenleiter können, wenn sie über eine entsprechende Autorität verfügen, den Prozeß der Normenbildung im Sinne des Unternehmens beeinflussen. Das Vorhandensein konkreter Ziele ist keine notwendige Voraussetzung für den Start von Gruppenaktivitäten. Gruppen vereinbaren in der Regel erst im Lauf ihrer Zusammenarbeit von allen getragene Ziele. Dieser Prozeß der Zielbildung kann durch entsprechende Interventionen u.U. beschleunigt werden.

8 Konfliktbehandlung

Der Prozeß der Gruppenentwicklung wird wesentlich stärker von sozio-emotionalen und psychodynamischen Prozessen beeinflußt als von rational-aufgabenbezogenen. In diesem Prozeß ist das Austragen von Konflikten eine notwendige Voraussetzung, damit Gruppen zur vollen Reife gelangen. Außerdem ist die Gruppe immer wieder der Ort, wo konfligierende Interessen und Meinungen innerhalb des Unternehmens aufgenommen und im Sinne einer Arena ausgetragen werden. Entscheidend ist, daß Gruppen ihre Aufgaben in der Konfliktbearbeitung bewußt annehmen, Konflikte frühzeitig wahrnehmen und sie konstruktiv behandeln.

9 Begleitende Betreuung der Gruppenentwicklung

Gruppen entwickeln sich in einem permanenten Lernprozeß, in dem sie immer wieder mit neuen Problemstellungen und Hindernissen konfrontiert werden und hierbei lernen, mit diesen fertig zu werden. Dieser Lernprozeß sollte durch entsprechende Interventionen (z.B. Prozeßbegleitung und Erfahrungsaustauschgruppen) unterstützt und gefördert werden.

10 Entwicklung von Gruppen zu Teams

Durch Teamentwicklungsmaßnahmen kann man Gruppen helfen, sich gezielter zu einem Team zu entwickeln. Teams werden nur entstehen, wenn die zuvor dargestellten Bedingungen weitgehend erfüllt sind. Entscheidend hierbei ist, daß die Gruppe die paradoxe Hürde der Vertrauensbildung überspringt.

Neben den zuvor dargestellten organisationspsychologischen und gruppendynamischen Bedingungen ist die Leistungsfähigkeit von Gruppen von der Qualifikation bzw. der Teamfähigkeit der Gruppenmitglieder abhängig. Welche Qualifikationsmerkmale man mit der "Teamfähigkeit" verbindet, möchte ich in Anlehnung an die Ergebnisse einer Befragung von Führungskräften durch JOCHUM (1990: 320) darstellen. Hiernach zeichnen im wesentlichen folgende Merkmale ein teamfähiges Verhalten aus:

1 Kooperationsverhalten

Bereitschaft zur Unterstützung anderer und zur Aufgabenteilung; Achtung der Leistung anderer und Bereitschaft zum Teilen von Erfolg; Erkennen gemeinsamer Ziele; Akzeptanz von Kritik; Kompromißbereitschaft.

2 Kommunikationsverhalten

Kommunikationsfähigkeit; Bereitschaft zur Einbringung von eigenen Beiträgen und zum Informationsaustausch; Bereitschaft, von anderen Informationen aufzunehmen (zuhören).

3 Integrationsverhalten

Eingehen können auf andere und Toleranz gegenüber anderen Meinungen; Streben nach Konsens; aktive Beteiligung und Förderung des Gruppenklimas.

4 Aufgeschlossenheit

Andere Meinungen und Ideen akzeptieren können; Bereitschaft, sich in andere Gebiete einzudenken und einzuarbeiten.

5 Selbstkontrolle

Reale Selbsteinschätzung; Fähigkeit, sich selbstkritisch mit eigenen Meinungen auseinanderzusetzen; sachlich, ausgeglichenes Verhalten.

6 Durchsetzungsvermögen

Fähigkeit, eigene Standpunkte und Ideen überzeugend darzustellen und sich für diese einzusetzen.

4. Problemlösen in Gruppen

Bei allen Gruppenkonzeptionen ist die Bearbeitung von Problemen eine wesentliche, in einigen Gruppenkonzeptionen sogar die weit überwiegende Aufgabe. Durch das auf Gruppen verlagerte Reflektieren von "Zuhandenem" und die sich anschließenden Problemlösungsprozesse, werden der Hierarchie wesentliche Aufgaben entzogen und es entstehen die positiven Effekte einer Gruppenorganisation. In den folgenden Ausführungen werden zunächst die Grundlagen des Problemlösens und der Moderation von Gruppen dargestellt. Abschließend wird der Prozeß des Problemlösens im Rahmen einer moderierten Gruppenarbeit beschrieben; hierbei werde ich auf die Bedeutung und Voraussetzungen der Visualisierung im Problemlösungsprozeß eingehen.

4.1. Grundlagen des Problemlösens

4 .1.1. Problem und Problemlösen

Probleme ergeben sich, wenn bestimmte Ziele, Zwecke oder Wirkungen angestrebt werden, die Mittel oder die zweckhaften Handlungen diese zu erreichen aber unbekannt und/oder durch Barrieren blockiert sind. Die Problemlösung besteht darin, Mittel zu finden, um von einem gegebenen aber als unerwünscht erachteten Ausgangspunkt zu einem erwünschten Endzustand, der ein bestimmtes Ziel, ein bestimmter Zweck oder eine bestimmte Wirkung sein kann, zu gelangen. Durch den Aufbau von "Zweck/Mittel-Ketten" (LUHMANN, 1968: 214) werden die vorhandenen Probleme präzisiert und in der Folge durch den Einsatz entsprechender Mittel oder Handlungsweisen (u.U.) verkleinert oder ganz gelöst. Nach DÖRNER (1979: 10) ist ein Problem demnach durch drei Komponenten gekennzeichnet:

- eine unerwünschte Ausgangssituation (S_0), die, was auf viele betriebliche Probleme zutrifft, zumeist komplex und (zunächst) intransparent ist,
- einen erwünschten Endzustand (S_1), der in der betrieblichen Praxis zumeist in der Form eines bestimmten Zieles bzw. Zweckes oder einer bestimmten Wirkung mehr oder weniger präzise formuliert ist,

- wobei die Transformation von S_0 zu S_1 entweder durch Barrieren behindert wird, und/oder die Zweck-Mittel-Ketten (zunächst) unbekannt sind.

Im Rahmen eines Problemlösungsprozesses versucht man Handlungsweisen und Mittel finden, die als unerwünscht erachtete Situation (S_0) in eine erwünschte Situation (S_1) zu überführen, wobei dieser Prozeß in den meisten Fällen auch eine Definition der Ausgangssituation und des erwünschten Endzustandes umfassen wird.

4.1.2. Der Problemlösungsprozeß

In der Literatur werden verschiedene Problemlösungsmodelle mit unterschiedlichen Stufen und z.T. unterschiedlichen Vorgehensweisen beschrieben. In Abbildung 27 sind die Problemlösungsmodelle von DEWEY, GORDON, ULRICH & PROBST und DÖRNER mit ihren unterschiedlichen Stufen dargestellt. Nachdem sich nahezu alle Problemlösungsmodelle auf die von DEWEY in "How we Think" (1910; deutsche Übersetzung: 1951) entwickelte "Analyse eines vollständigen Denkaktes" zurückführen lassen, möchte ich zunächst dieses Problemlösungsmodell detaillierter beschreiben und in der Folge auf wesentliche Unterschiede zu den in Abbildung 27 dargestellten Modellen eingehen. Diese Ausführungen abschließend werde ich ein modifiziertes Problemlösungsmodell entwickeln, das als Grundlage dient für den später beschriebenen Prozeß des Problemlösens in Gruppen.

4.1.2.1. Die "Analyse eines vollständigen Denkaktes" von DEWEY

John DEWEY (1859-1952) gilt neben Charles Sanders PEIRCE, William JAMES und George Herbert MEAD als Begründer und Repräsentant der Philosophie des amerikanischen Pragmatismus. Wie DEUEL (im Vorwort zu DEWEY, 1951) darstellt, begegnen wir bei DEWEY "der authentischen Philosophie des homo faber, dessen Erfolg bei der Umgestaltung der physischen und sozialen Welt zur Richtschnur genommen wird". Im Zentrum von "How We Think" steht die Beschreibung eines fünf-stufigen Weges zur Lösung von Problemen, wobei DEWEY (1951: 75) anhand von praktischen

Analyse eines vollständigen Denkaktes DEWEY (1910/1951)	Jeder-Gewinnt-Methode GORDON (1982)	Ganzheitliche Problemlösungsmethodik ULRICH & PROBST (1988)	Stationen der Handlungsorganisation DÖRNER (1992)
1 Man begegnet einer Schwierigkeit	1 Das Problem wird erkannt und definiert	1 Bestimmen der Ziele und Modellieren der Problemsituation	1 Zielausarbeitung
2 Schwierigkeiten werden lokalisiert und präzisiert		2 Analysieren der Wirkungsverläufe 3 Erfassen und Interpretieren der Veränderungsmöglichkeiten 4 Abklären der Lenkungsmöglichkeiten	2 Informationssammlung und Modellbildung
3 Entstehen von möglichen Erklärungen/Lösungen	2 Alternative Lösungen werden entwickelt		
4 Rationelle Durcharbeitung der Ideen	3 Alternative Lösungen werden bewertet	5 Planung der Strategien und Maßnahmen	3 Prognose und Extrapolation
5 Eine Idee wird ausgewählt und endgültig angenommen	4 Entscheidung wird getroffen		4 Planung von Aktivitäten; Entscheidung und Durchführung der Aktionen
	5 Entscheidung wird ausgeführt	6 Verwirklichung der Problemlösung	
	6 Bewertung der Lösung		5 Effektkontrolle

Abbildung 27: Phasenmodelle zum Problemlösungsprozeß

Beispielen darstellt, daß der von ihm beschriebende Weg des Problemlösens genauso auf wissenschaftliche Probleme, wie auf die Probleme des Alltags anwendbar ist:

> "In allen (.) Fällen kann man mehr oder weniger deutlich fünf logisch verschiedene Stufen erkennen: I. Man begegnet einer Schwierigkeit, II. sie wird lokalisiert und präzisiert, III. Ansatz einer möglichen Lösung, IV. logische Entwicklung der Konsequenzen des Ansatzes, V. weitere Beobachtung und experimentelles Vorgehen führen zur Annahme oder Ablehnung, das heißt der Denkprozeß findet seinen Abschluß, indem man sich für oder wider die bedingt angenommene Lösung entscheidet."

Die wesentlichen Aufgaben und Schwierigkeiten in den einzelnen Stufen werden von DEWEY wie folgt beschrieben:

- Stufe I: Man begegnet einer Schwierigkeit

Am Anfang eines Problemlösungsprozesses steht nach DEWEY eine "Beunruhigung" oder ein noch "unbestimmtes Unbehagen", das nach und nach zu dem Wunsch führt, "einen Weg aus dieser Schwierigkeit zu finden". In dieser Stufe geht es vor allem darum, daß Schwierigkeiten "eindringlich empfunden werden", um das Denken zu einer Lösung des Problems anzuregen.

Damit in sozialen Gemeinschaften ein zunächst diffuses Problem manifest wird, ist dessen kommunikative Thematisierung erforderlich. WINOGRAD & FLORES (1989: 239) stellen dies, ähnlich wie LUHMANN (1986), wie folgt dar:

> "Probleme erwachsen aus Sprachhandlungen, durch die die relevanten Probleme identifiziert und bestimmten Kategorien zugeordnet werden. Irgendeine Situation geht natürlich jeder Formulierung voraus, aber ihr Vorhandensein als besonderes Problem wird erst geschaffen durch die sprachlichen Geltungsansprüche derjenigen, die über das Problem reden."

So wird in Einzelgesprächen ständig über irgendwelche Probleme des Unternehmens geredet. Für eine Gruppierung oder das gesamte Unternehmen werden sie aber erst zu einem behandelbaren Problem, wenn sie eine von vielen Personen getragene Basis erhalten und damit in den Focus der gemeinschaftlichen Kommunikation gelangen.

DEWEY unterscheidet drei Ursachen von Problemen:

- Die Tatsachen stehen nicht in Einklang mit den Zielen - "das Problem besteht darin, Verbindungsglieder zu entdecken, die sich zwischen das entfernte Ziel und die vorhandenen Tatsachen so einschalten lassen, daß sie die zwei Faktoren in Einklang bringen" (DEWEY, 1951: 76).

  Praxisbeispiel: Es wurde in der Produktion ein Fehleranteil von 2% geplant; der Ist-Wert der letzten drei Monate beträgt jeweils 4%. Man versucht, die Abweichungen zu analysieren mit dem Ziel, den Ist-Wert zu senken.

- Es gibt eine Unvereinbarkeit von (unterschiedlichen) Erklärungen zum Beispiel in der Form, daß das Denken verschiedener Menschen zu verschiedenen unvereinbaren Schlüssen führt, die in Konflikt geraten. "Die Methode zu einer Lösung zu gelangen, ist die gleiche: Das Entdecken von Verbindungsgliedern (...), die (.) sonst unvereinbare Züge miteinander verknüpfen" (DEWEY, 1951: 77).

  Praxisbeispiel: Eine Person führt die Erhöhung des Fehleranteils auf die mangelnden Fachkenntnisse der Mitarbeiter zurück, eine andere auf deren Motivation, eine dritte auf die Wartung der Fertigungsmaschinen.

- "Ein unerwarteter Vorgang muß geklärt werden" oder ein "sonderbares, außergewöhnliches, abweichendes" Verhalten wird festgestellt, das man auf "grundlegende Gesetze" zurückführen möchte. Mit anderen Worten geht es darum, "Zwischenglieder zu entdecken, zwischen dem anscheinend außergewöhnlichen Verhalten" (DEWEY, 1951: 77) und den bekannten, grundlegenden Gesetzmäßigkeiten.

  Praxisbeispiel: Im letzten Monat ist der Fehleranteil, der in den drei Monaten zuvor bei 4% lag, und ohne daß man etwas wesentliches verändert hat, wieder auf 1% gesunken. Man stellt Untersuchungen an und sucht eine Erklärung.

DEWEY weist mit den Begriffen "Verbindungsglieder" und "Zwischenglieder" auf Aspekte hin, die auch von WITTGENSTEIN (siehe S. 187) und von WEICK & BOUGON (1986) verwendet und als wesentlich für den Problemlösungsprozeß erkannt werden.

- Stufe II: Die Schwierigkeit lokalisieren und präzisieren

In dieser Stufe geht es darum, den "Charakter der Schwierigkeit abzugrenzen", Beobachtungen zusammenzufügen, welche die "Natur der Schwierigkeit" offenbaren, bzw. den "besonderen Charakter des Problemes" zu erfassen (DEWEY, 1951: 77).

> Praxisbeispiel: Geht man davon aus, daß eine Unvereinbarkeit von Erklärungen besteht, wäre es möglich, daß sich die vom Problem Betroffenen zusammensetzen, ihre individuellen Beobachtungen, Feststellungen und Argumente austauschen und versuchen, eine von allen getragenen Interpretation des Problems zu erarbeiten.

DEWEY ist, wie andere Autoren (z.B.: SCHEIN, 1987/1988; WINOGRAD & FLORES, 1989), der Meinung, daß der Erfolg der späteren Lösungen ganz entscheidend davon abhängt, daß man wirklich alles tut, den besonderen Charakter bzw. die Natur des Problems zu erkennen und das Zustandekommen von voreiligen Schlüssen zu verhindern. DEWEY führt hierzu aus:

> In dieser Stufe "müssen Beobachtungen einsetzen, die bewußt darauf gerichtet sind, die Natur der Schwierigkeit aufzudecken und den besonderen Charakter des Problemes klar herauszustellen. Es ist das Vorhandensein oder Nicht-Vorhandensein dieser Stufe, das weitgehend den Unterschied zwischen der echten Reflexion (oder dem *kritisch* überlegenden Denken) und dem unkritischen Denken bildet. Wenn man nicht ernsthaft bemüht ist, die bestehenden Schwierigkeiten genau abzugrenzen, müssen die Gedanken, die in diesem Zusammenhang entstehen, mehr oder weniger vom Zufall abhängig sein. (...) Das Wesen des kritischen Denkens besteht in einem Aufschieben des Urteils. Und dieser Akt des Aufschiebens dient dazu, die Natur des Problems zu erkennen, ehe man daran geht, eine Lösung zu suchen. Das ist mehr als alles andere, was bloße Folgerungen zu geprüften Folgerungen macht, mögliche Schlüsse in Beweise verwandelt" (1951: 77 f).
>
> "Sind hingegen zwei Personen verschiedener Meinung, so müssen sie die Voraussetzungen, von denen sie ausgehen, hervorholen und vergleichen. Was vorausgesetzt wurde, muß genannt werden. Das was unbewußt angenommen wurde, muß beleuchtet werden. Nur so können sie die Wurzel des Mißverständnisses beseitigen. Fruchtbares Denken besteht immer in einem Rhythmus von Bewußtem und Unbewußtem. Genau so, wie es in der Konversation geschieht, bedient sich auch jemand, der einen zusammenhängenden Gedanken verfolgt, stillschweigend

bestimmter Ideen (die er daher nicht in Worte kleidet, die 'unbewußt' bleiben). Die Ideen, die er formuliert, werden so vollständig von irgendeinem Zusammenhang, einer Situation, einem regulierenden Denkziel beherrscht, daß es nicht nötig erscheint, dieses beherrschende Moment bewußt zu nennen. Bewußtes Denken vollzieht sich im Rahmen dessen, was stillschweigend vorausgesetzt wird. Aber die Tatsache, daß die Reflexion von einem Problem ausgeht, macht an *einem bestimmten Punkt* ein bewußtes Prüfen und Untersuchen des vertrauten Hintergrundes nötig. Wir müssen uns gewissen, unbewußten Voraussetzungen zuwenden und sie bewußt machen" (1951: 230).

DEWEY geht in diesem Zusammenhang auch auf das ökonomische Gleichgewicht von Bewußtem und Unbewußtem ein, die Frage, wo man tiefer und wie tief man insgesamt schürfen muß, um den Charakter oder die Natur einer Schwierigkeit zu erkennen. Daß es keine Regeln geben kann, wie ein richtiges Verhältnis herzustellen ist, beschreibt DEWEY wie folgt :

"Es gibt keine Gesetze, die vorschreiben, an welchem Punkt dem spontanen Wirken irgendeiner unbewußten Haltung Einhalt geboten werden soll, bis wir alle Konsequenzen bewußt entwickelt haben. Niemand kann genau sagen, wie weit analytische Untersuchungen gehen sollen. Man kann sagen, sie müssen so weit geführt werden, daß uns aus diesen Untersuchungen ein Vorteil erwächst, daß sie uns vor falschen Vorstellungen und Überlegungen bewahren und dort, wo sie bestehen, ihren Ursprung aufdecken" (1951: 230 f). Andererseits ist es "höchst langweilig, die Nase in das Vertraute, Alltägliche, Automatische zu stecken, nur um es bewußt zu machen" (1951: 231).

Hier laufen ein paar wichtige Fäden zusammen. Die von DEWEY verwendeten Begriffe: "Zusammenhang" und "Prüfen des Hintergrund" waren schon im Exkurs zur visuellen Kommunikation von wesentlicher Bedeutung; auch DEWEY fordert Prozesse der "Reflexion" und eine "Überprüfung des Vertrauten", also das, was WINOGRAD & FLORES (1989), in Fortführung der Gedanken von HEIDEGGER (1984), geplante "Zusammenbrüche" nennen.

- Stufe III: Das Entstehen einer möglichen Erklärung oder einer möglichen Lösung

Im Zentrum dieser Stufe steht der "spekulative Sprung" von einem "Gegebenen zu einem Nicht-Gegebenen", der "uns auch über das hinausführen" soll, "was tatsächlich sinnlich wahrgenommen wird" (DEWEY, 1951: 79).

Praxisbeispiel: Eine Erkenntnis der zuvor angesprochenen Gruppendiskussion könnte sein, daß sich die Ursachen des Problems auf mehrere Faktoren zurückführen lassen. Weiterhin könnte sich eine Lösung dahingehend abzeichnen, daß man z.B. durch die Einführung von Qualitätszirkeln das Problem und dessen unterschiedliche Ursachen besser in den Griff bekommt.

Die Aktivitäten in dieser Phase könnte man auch mit dem von WINOGRAD & FLORES (1989: 244) verwendeten Begriff des "Abwägens" umschreiben. Abwägen wird hierbei verstanden als Suche von Antworten auf die "Frage, in welche Richtung Handlungen zielen sollen."

In Stufe III stehen nach DEWEY (1951) folgende drei Aufgaben im Vordergrund:

"Gedanken sind der Lebensnerv der Folgerungen. Durch sie führt uns das Denken von dem Gegebenen zu dem Nicht-Gegebenen. Dieser Prozeß ist daher immer spekulativ, ein Abenteuer. Da die Folgerungen uns über das hinausführen, was tatsächlich sinnlich wahrgenommen wird, so muß ein großer Schritt, ein Sprung getan werden, für dessen Genauigkeit im voraus keine Gewähr besteht, wie vorsichtig man auch zu Werk gehen mag. Dieser Vorgang kann nur indirekt geregelt werden; er erfordert einerseits weitreichende und zugleich vorsichtige Denkgewohnheiten und anderseits das Ordnen jener besonderen Sinnensdata, von denen die Gedanken ihren Ausgang nehmen." (S. 79)

"Da das Aufschieben der Bildung eines endgültigen Schlusses, um weitere Beweise zu entdecken, teilweise von dem Vorhandensein rivalisierender Vermutungen abhängt, (.) ist es von großer Wichtigkeit, daß das *Entstehen zahlreicher verschiedener Einfälle nach Möglichkeit gefördert wird.*" (S. 79)

"In einem späteren Stadium soll man zu bewußter Formulierung und kritischem Zusammenfassen ermutigen. Planen soll mit Überlegen, Vorwärtsgehen mit Rückschau halten abwechseln. Das Unbewußte verleiht Spontanität und Frische, das Bewußte gibt Gewißheit und übt eine Kontrolle auf den Denkprozeß aus." (S. 232)

Wie ich später darstellen werde, ist das Ordnen von Fakten, Meinungen und Gedanken, das Aufschieben eines endgültigen Schlusses zur Förderung von möglichst vielen Ideen, das Zusammenfassen von Zwischenergebnissen, das Vorwärts- und Rückwärtsschauen und Prüfen, ob man sich auf dem richtigen Weg befindet, bei der Problemlösung in Gruppen eine wesentliche Aufgabe.

DEWEY weist in diesem Zusammenhang auch darauf hin, daß im Prozeß des sozialen Lernens und Problemlösens ein Gleichgewicht gefunden werden muß zwischen "Produkt und Prozeß", zwischen "Arbeit und Spiel". Vor allem über das "ernsthafte" Spiel gelingt es Menschen, neue, kreative Gedanken zu entwickeln:

> "Wenn entweder das bewußte Erleben der Tätigkeit (der Prozeß, bzw. das Spiel: H.-K.W.) oder das Ziel (das Produkt, bzw. die Arbeit: H.-K.W.) so stark dominieren, daß eine völlige Trennung der beiden Faktoren entsteht, dann entartet das Spiel zum Unsinn und die Arbeit wird zur Fronarbeit." (S. 232)

- Stufe IV: Rationale Durcharbeitung einer Idee

In dieser Stufe muß überlegt und geprüft werden, ob die in der vorausgegangenen Stufe entworfenen Erklärungen und Ideen und die sich daran knüpfenden Implikationen eine "mögliche Lösung" für das "ursprüngliche Problem" beinhalten.

> Praxisbeispiel: Die in der letzten Stufe entstandene Idee der Einführung von Qualitätszirkeln wird im Detail geprüft. Man klärt Einzelheiten über die Funktionsweise und Effekte von Qualitätszirkeln und prüft, ob die unbefriedigende Situation mit dieser Problemlösung in eine befriedigende überführt werden kann.

Nach entsprechenden Überlegungen und Prüfungen kann man unter Umständen feststellen, daß der Ansatz in seiner ersten Form verworfen werden muß, da er keine Lösung des Problems ermöglicht. DEWEY (1951: 80) führt hierzu aus:

> "Nach eingehendem Prüfen kann der Ansatz in seiner ersten Form verworfen werden. Etwas, das zuerst wahrscheinlich schien, kann sich als unzutreffend, ja sogar als widersinnig erweisen, wenn alle Folgen überdacht werden. Auch dann, wenn das Entwickeln der Konsequenzen einer möglichen Idee nicht zu ihrer Verwerfung führt, nimmt sie durch diesen Prozeß eine dem Problem entsprechende Form an. Gedanken, die zuerst fremd und phantastisch schienen, werden durch

Überlegungen dessen, was sie in sich schließen, so verändert, daß sie eine zweckdienliche und fruchtbare Form annehmen. Dieses Entwickeln einer Idee durch Überlegung hilft auf alle Fälle die Zwischenglieder entdecken, die anscheinend widersprechenden Extreme zu einem zusammenhängenden Ganzen verbinden."

Wesentlich in dieser Stufe ist, daß sich (u.U. zunächst phantastische) Ideen durch den Prozeß des sich hin- und herbewegenden Überlegens und Prüfens zu einer fruchtbaren Lösung verdichten - oder verworfen werden. Auch hier tauchen Begriffe auf, die im Exkurs zur visuellen Kommunikation, vor allem in Bezug zu den Ausführungen von WITTGENSTEIN, bereits angesprochen wurden: eine "Form" bilden, "Zwischenglieder" entdecken, einzelne Gedanken zu einem "zusammenhängenden Ganzen verbinden".

- Stufe V: Eine Idee wird bestätigt und endgültig angenommen

In der letzten Stufe werden mittels einer antizipierenden, hypothetisch-experimentellen Verprobung die im vorausgegangenen Schritt entwickelten Ideen auf ihre Effekte und Auswirkungen zur Lösung des Problems überprüft.

Praxisbeispiel: In der vorausgegangen Stufe hat sich die Idee, daß man die Probleme durch Qualitätszirkel in den Griff bekommen kann, zur weitgehenden Gewißheit verdichtet. In dieser Stufe wird man durch das probende Setzen von Bedingungen (z.B.: Wie können die Gruppen gebildet werden? Wer moderiert sie? Welche Aufgaben erhalten die Gruppen? Wie geht man mit Vorschlägen der Gruppe um?) prüfen, ob die angestrebten Veränderungen durch die Installation von Qualitätszirkeln auch wirklich eintreten können.

DEWEY (1951: 80 f) führt zur letzten Stufe des Problemlösungsprozesses folgendes aus:

"Der letzte, abschließende Schritt besteht darin, die versuchsweise unterhaltene Idee durch das Experiment zu bestätigen. Durch Überlegung finden wir, daß, *wenn* die Idee angenommen würde, gewisse Konsequenzen eintreten müßten.(...) Wenn wir uns überzeugen, daß alle theoretisch geforderten Bedingungen vorhanden sind, und weiter, daß alle für eine andere Alternative charakteristischen Merkmale fehlen, dann ist die Tendenz, für wahr zu halten, anzunehmen beinahe unwiderstehlich.(...) Zeigt es sich, daß die auf experimentellem Weg gewonnenen Ergebnisse mit den theoretischen oder auf rationalem Weg abgeleiteten tatsächlich

> übereinstimmen, und ist man berechtigt anzunehmen, daß *nur* diese besonderen Bedingungen zu diesen Ergebnissen führen würden, dann ist die Bestätigung so zwingend, daß sie zu einem Schluß führt".

Mit Bezug auf die Ausführungen von DEWEY beschreibt Alfred SCHÜTZ (1972: 37) das "Denken in der abgeschlossenen Zukunft" wie folgt:

> "Die Menschen halten an und denken nur dann, wenn die Abfolge ihres Tuns unterbrochen wird und wenn die Unterbrechung in der Form eines Problems sie zwingt, alternative Möglichkeiten auszuprobieren, nämlich solche, die ihre vergangene Erfahrung im Konflikt mit diesem Problem ihnen anbietet. Das Bild von der dramatischen Probe der zukünftigen Handlung, das Dewey verwendet, ist ein sehr geglücktes Bild. In der Tat können wir nicht herausfinden, welche Alternative zu dem gewünschten Ziel führen wird, ohne daß wir uns die Handlung als bereits ausgeführt vorstellen. So müssen wir uns geistig in den zukünftigen Sachverhalt versetzen, den wir als bereits realisiert betrachten, obwohl es das Ende unseres kontemplativen Handelns bedeuten würde, wäre er schon realisiert. Nur, indem wir uns die Handlung als schon erfolgt vorstellen, können wir darüber urteilen, ob die uns vorschwebenden Realisierungsmittel angemessen sind oder nicht, oder ob das Ziel sich unserem allgemeinen Lebensplan einordnet. Ich möchte diese Technik der Überlegung 'das Denken in der abgeschlossenen Zukunft' nennen.(...) Wie alle anderen Antizipationen hat die geprobte zukünftige Handlung auch Lücken, welche nur das geleistete Handeln ausfüllen werden. Deshalb wird der Handelnde nur retrospektiv sehen, ob sich der Entwurf bewährt hat".

Daß eine Lösung sich förmlich als "wahr" herausstellt und "unwiderstehlich" wird, ist der Punkt, an den jede Gruppe kommen sollte; eine Entscheidung "zwingend" wird und daß ein (Ent-)"Schluß" gefällt wird. Auch für PEIRCE (1878; deutsche Übersetzung: 1985) ist der von DEWEY angesprochene Aspekt des "Fürwahrhaltens" in Denkprozessen von finaler Bedeutung. PEIRCE (1985: 47 ff) resümiert in seiner analytischen Betrachtung von Denkprozessen,

> "daß die Aktion des Denkens angeregt wird von der Reizung des Zweifels und aufhört, wenn ein Fürwahrhalten erreicht ist; somit ist die Erzeugung von Fürwahrhalten die einzige Funktion des Denkens."

Da ein zwingender Entschluß für einen bestimmten Lösungsweg auch einen entsprechenden Umsetzungswillen mit sich bringt, ist es für den Erfolg einer späteren Realisierung äußerst wichtig, daß man diesen Punkt des "Fürwahrhaltens" auch in Gruppen erreicht. In diesem Zusammenhang verweist WEICK (1985: 129) auf ein Zitat von William JAMES, der in Beantwortung auf die Frage: "Ist das Leben lebenswert?" sagt, daß man es selbst in der Hand hat, ob die Antwort so oder so ausfällt; denn:

> "Ein vorgefaßter Glaube an ein nicht gesichertes Ergebnis ist das einzige, was das Ergebnis wahr werden läßt."

Der von DEWEY beschriebene Abschluß eines Problemlöseprozesses wäre auch der Punkt, wo im HABERMAS'schen Sinn (1981) der Prozeß einer "gemeinsamen Wahrheitsfindung" abgeschlossen wird, wobei die gefundene "Wahrheit" nur eine spezifische, aber u.U. höchst effektive Lösung für eine spezifische Problemstellung/Gruppe darstellt. In (Arbeits-)Gruppen geht es nicht darum, absolute Wahrheiten zu finden, sondern praktische Lösungen, bei denen in der Realisierung möglichst wenig Widerstände, Reibungen und Friktionen entstehen - wobei wesentlich ist, daß sich diese Lösungen im sozialen Miteinander entwickeln. Und wenn sich bei der Übertragung in die Praxis herausstellt, daß nicht alles so klappt, wie man es sich vorgestellt hat, wird der Prozeß nochmals durchlaufen. Das "Menschenrecht auf Irrtum" wird auch bei Gruppen nicht außer Kraft gesetzt. Wichtig ist, daß im Problemlösungsprozeß Wege beschritten werden, auf denen sich mit hoher Wahrscheinlichkeit gute und tragfähige Lösungen entwickeln lassen.

Wenn ein Problemlösungsprozeß in der beschriebenen Weise durchlaufen wurde, bildet sich in Gruppen auch das, was DEWEY in "Kunst als Erfahrung" (1934, deutsche Übersetzung: 1988) als "*eine* Erfahrung" beschrieben hat:

> "Eine Arbeit wird zufriedenstellend abgeschlossen; ein Problem findet seine Lösung; ein Spiel wird bis zum Ende durchgespielt; eine Situation ist derart abgerundet, daß ihr Abschluß Vollendung und nicht Abbruch bedeutet (...). Eine solche Erfahrung bedeutet ein Ganzes, sie besitzt ihre besonderen, kennzeichnenden Eigenschaften und eine innere Eigenständigkeit. Sie ist *eine* Erfahrung." (S. 47)

Für Gruppen sind Erfahrungen dieser Art von grundlegender Bedeutung: für notwendige weitere Lernprozesse; für die Ausbildung eines Wir-Gefühls; für das Gefühl von Kompetenz und die Bedeutung der geleisteten Arbeit.

4.1.2.2. Die "Jeder-Gewinnt-Methode" von GORDON

Die in sechs Schritte gegliederte "Jeder-Gewinnt-Methode" von GORDON (1982: 194 ff; in der Zusammenfassung siehe Abbildung 27) ist weitgehend identisch mit dem Modell von DEWEY. GORDON hat lediglich, wie dies von DEWEY auch angesprochen wird, die Stufen 1 und 2 zusammengefaßt und das Modell um zwei weiterführende Stufen ergänzt. Die Stufen 5 (Entscheidung wird ausgeführt) und 6 (Bewertung der Lösung) schließen sich an die Entscheidung für eine bestimmte Lösung an und beinhalten, im Sinne einer Rückkopplungsschleife, einen Überprüfungsmodus, inwieweit die gefällte Entscheidung zur Lösung des Problems beigetragen hat oder nicht.

4.1.2.3. Die "ganzheitliche Problemlösungsmethodik" von ULRICH & PROBST

Die von ULRICH & PROBST (1988:103 ff) in sechs Schritten beschriebene "ganzheitliche Problemlösungsmethodik" (siehe in der Zusammenfassung Abbildung 27) ist, wenn man von den nachstehenden Besonderheiten absieht, dem Modell von DEWEY ähnlich. ULRICH & PROBST haben die einzelnen Schritte, die Methode ist ja "ganzheitlich", kreisförmig angeordnet und wollen damit darstellen, daß jeder Schritt mit jedem in Verbindung steht. Eine kreisförmige Anordnung des Prozesses ist m.E. nicht sinnvoll, da ein durchlaufener Problemlösungsprozeß nie mehr an die Stelle zurückkommen wird, an dem er begonnen hat.

Der Schwerpunkt des Modells besteht in der Analyse der Wirkungsverläufe und deren wechselseitigen positiven und negativen Wechselwirkungen, die innerhalb eines Netzwerks visualisiert werden. Die Wirkungsverläufe innerhalb des Netzwerks dienen als Ansatzpunkt für die Planung von Strategien und Veränderungsmaßnahmen. Ein wesentlicher Unterschied zum Modell von DEWEY ist, daß bereits im ersten Schritt Ziele bestimmt werden. In diesem Zusammenhang führen ULRICH & PROBST (1988: 117 ff) folgendes aus:

> "Wir gehen (.) von Situationen aus, in die Führungskräfte in sozialen Institutionen hineingestellt sind. Man kann mit Recht sagen, daß ihre zentrale Funktion darin

besteht, Problemsituationen zu erkennen, Problemlösungen zu finden, zu entscheiden, was zu tun ist, und diese Vorgänge einzuleiten und zu überwachen. Aber diese Problemlösungsprozesse fangen praktisch nie bei Null an, sondern setzen irgendwann ein in einem kontinuierlichen Vorgang der Führung der Institution. So sind auch Zielvorstellungen bereits da, je nachdem eher in einer verschwommenen Form oder aber sehr präzis formuliert. (...)
Wir können Probleme weder bestimmen noch lösen, wenn wir nicht Klarheit gewinnen über das, was wir *wollen.*(...) Mit diesem Hinweis auf die werthafte Dimension der Zielbildung soll vor allem der Tendenz entgegengewirkt werden, so zu tun als ob es in diesem Prozeß nur um das Feststellen von objektiven Tatsachen gehe; daß das richtige Ziel eigentlich gegeben sei und wir es nur erkennen und genau formulieren müssten."

Bei den von DEWEY dargestellten drei Problemursachen ist eine Alternative dadurch gekennzeichnet, daß die Tatsachen nicht im Einklang mit den Zielen stehen. DEWEY fordert jedoch nicht, daß in diesen Fällen vorhandene Ziele zunächst überprüft oder neu formuliert werden sollten. Auch WEICK (1985: 340 f und 34) bestreitet die übliche Forderung von Organisationstheoretikern, daß gemeinsam anerkannte und zuvor fixierte Ziele eine Vorbedingung für gemeinschaftliches Handeln in Organisationen sind:

"Die gängige Behauptung, daß sich Leute organisieren, um ein gemeinsam anerkanntes Ziel zu verwirklichen, ist für die Erklärung der in gemeinschaftlichem Handeln anzutreffenden Ordnungshaftigkeit unwesentlich; zudem ist zielgerichtetes Handeln gar nicht so häufig anzutreffen. Die Ziele sind so verschieden, die Zukunft ist so ungewiß, und die Handlungen, auf die sich Zielaussagen beziehen könnten, sind so unbestimmt, daß Zielaussagen nur einen relativ kleinen Teil der Handlungsvarianz erklären können. Es ist wahrscheinlich, daß Ziele in stärkerem Maß an aktuelle Handlungen gebunden sind, als gewöhnlich angenommen wird, und daß sie produktiver verstanden werden können, wenn man sie als Zusammenfassung früherer Handlungen versteht."
"So ist es durchaus möglich, daß Zielerklärungen eher retrospektiv als prospektiv sind."

Eine wesentliche Schlußfolgerung hieraus ist, daß man Problemlösegruppen (z.B. Qualitätszirkel) durchaus mit einer vagen Aufgabenstellung beauftragen kann, etwa in der Form: "Wir wollen über Probleme in unserem Arbeitsbereich nachdenken und prüfen, welche Verbesserungsmaßnahmen man einleiten kann!". Führungskräfte fühlen sich zumeist wohler, wenn sie (für die Gruppe fremdbestimmte) Ziele vorgeben können, etwa in der Form: "Ihr sollt Maßnahmen vorschlagen, die dazu führen, den Fehleranteil von 4 Prozent auf 2 Prozent zu senken!". Die erste Form der Aufgabenstellung entspricht wesentlich stärker der japanischen KAIZEN-Methode, bei der, nach IMAI (1992: 39), das "prozeßorientierte Denken" im Gegensatz zum "ergebnisorientierten Denken der meisten westlichen Manager" im Vordergrund steht (siehe hierzu den Bericht von ELSCHENBROICH auf S. 204). Wie DEWEY (1951: 232) darstellt, scheint es sinnvoll zu sein, einen Mittelweg zu finden zwischen einer prozeßorientierten und einer ergebnis- bzw. am Produkt orientierten Vorgehensweise.

Wenn man beim Einsatz von Problemlösegruppen auf Zielsetzungen nicht verzichten will, gibt es eine interessante, auf Alfred SCHÜTZ zurückgehende und von WEICK (1985: 282 f) als "Denken im zweiten Futur" bezeichnete Alternative. SCHÜTZ (1974: 75) geht, in Anlehnung an HUSSERL, davon aus, daß zunächst "jedes Handeln eine 'auf Zukünftiges gerichtete' spontane Aktivität" darstellt. Vorstellungen über einen zukünftigen Zustand sind bei neu formierten Gruppen sicherlich in den Köpfen der einzelnen Mitglieder vorhanden; für die Gruppe insgesamt wird dieses "Zukünftige" (zunächst) jedoch etwas höchst Diffuses sein. Wenn man die Gruppe mit der Frage konfrontiert: "Wie wird es in unserem Arbeitsbereich sein, wenn alle Probleme gelöst sind?" ermöglicht man ein Denken im zweiten Futur: Ein zukünftiges Ereignis wird so behandelt, als sei es schon vorüber. Wenn man diesen Ideal-Zustand im Sinne eines "modo futuri exacti" transparent gemacht hat, kann man fragen, "Welche Aufgaben und/oder Probleme müssen wir lösen, um diesen Zustand zu erreichen?". SCHÜTZ (1974: 80) beschreibt diesen Vorgang, der auch entsprechende Energien zur Erreichung des transparent gemachten Ideal-Zustandes freisetzen kann, wie folgt:

> "Der Entwerfende verfährt nicht anders, als wäre das Handeln, welches er entwirft, im Zeitpunkt des Entwerfens bereits eine in der Vergangenheit liegende, abgelaufene, vollzogene Handlung (...). Im Ablauf des Handelns selbst, also während des Vollziehens des Vorentworfenen, tritt freilich die Nebenvorstellung des Wunsches hinzu, es möge das gewählte Mittel tauglich sein, das vorgegebene Ziel herbeizuführen, und *die Protention* (im eigentlichen Wortsinn), es werde die von der Einsetzung des betreffenden Mittels erwartete Folge auch in der Tat eintreten."

Durch ein Denken im zweiten Futur kann eine Gruppe, um ein zur Zeit überstrapaziertes Wort zu gebrauchen, "Visionen" erzeugen, die das Handeln in eine bestimmte Richtung lenken.

4.1.2.4. Die "Stationen des Planens und Handelns" von DÖRNER

Die von DÖRNER (1992: 67 ff) dargestellten fünf "Stationen des Planens und Handelns" (siehe in der Zusammenfassung Abbildung 27) entstanden aus Untersuchungen des Verhaltens von Testpersonen in computersimulierten Planspielen, denen relativ komplexe und vernetzte gesamtwirtschaftliche Situationen zugrunde lagen. An erster Stelle steht für DÖRNER in Problemsituationen die Aufgabe, sich Klarheit über das Ziel zu verschaffen. In den weiteren Stufen beschreibt DÖRNER ein ähnliches, stufenweises Vorgehen wie DEWEY. Von besonderer Bedeutung im Problemlösungsprozeß sind für DÖRNER die zeitliche Begrenztheit für das Sammeln von Informationen, der Umfang der Informationen, die man überhaupt erfassen muß und die Integration der gesammelten Informationen in ein zusammenhängendes Modell. DÖRNER hat in diesem Zusammenhang einige Forderungen an Problemlösehandlungen formuliert, auf die ich im weiteren Verlauf nochmals zurückkommen werde.

4.1.2.5. Zusammenfassung

Das Problemlösungsmodell von DEWEY beschreibt eine stufenförmige Vorgehensweise, die man in neueren Modellen, mit einigen Modifikationen aber für den Gesamtprozeß nicht wesentlichen Erweiterungen, wiederfindet. Der von DEWEY beschriebene Prozeß des Problemlösens unterscheidet sich in den Intentionen und im Umfang der denkpsychologischen Details von den übrigen in Abbildung 27 dargestellten zumeist rational-mechanistischen Modellen, weist aber m.E. wesentlich besser darauf hin, auf was es beim Problemlösen in Gruppen ankommt: Wo man sich Zeit lassen und wo man tiefer schürfen muß, was zu tun ist, um Übersichtlichkeit zu erlangen, Zwischenglieder zu entdecken und einzelne Gedanken und Lösungsansätze zu einer sinnvollen, für wahr gehaltenen Lösung zu verbinden.

Daß man das Modell von DEWEY z.B. um die von ULRICH & PROBST beschriebene Analyse von Wirkungsverläufen erweitert, kann in bestimmten Fällen nützlich sein. Bei der Bearbeitung von Problemen hat sich in den von mir beobachteten Praxisfällen gezeigt, daß der Aufwand für die Analyse von Wirkungszusammenhängen oft in keinem Verhältnis steht zu den erzielbaren Effekten. Durch eine "Überanalyse" relativ einfacher und einsichtiger Sachverhalte kann u.U. mehr Verwirrung entstehen als Klarheit.

Inwieweit es notwendig ist, im Problemlösungsprozeß vorhandene Ziele zu überprüfen oder neu zu definieren, ist vom Einzelfall abhängig. Wenn man Ziel vorgeben will, sollte man überlegen, ob es nicht sinnvoller ist, diese im Sinne eines "Denkens im zweiten Futur" zu erarbeiten.

Wesentlich für Gestaltung von Problemlösungsprozessen ist, daß die wichtigsten Grundlagen für die spätere Problemlösung in Stufe II (Problemdefinition) erarbeitet werden. WINOGRAD & FLORES (1989: 238 f) führen hierzu aus:

> "Zu verstehen, wie die für einen gegebenen Kontext sinnvollen Alternativen zum Vorschein kommen, ist das härteste Stück Arbeit. Der entscheidende Punkt jeder Problem*lösung* steckt bereits in der *Formulierung* des Problems."

Dies erfordert vor allem, daß diese Phase nicht, wie es viele hyperaktive Manager gerne hätten, übersprungen oder "hopp-hopp" absolviert wird, sondern daß man sich gerade hier Zeit läßt - um dann später schneller, mit weniger Friktionen bzw. Widerständen und zielorientierter vorwärtszukommen.

In allen Modellen werden die einzelnen Problemlösestufen relativ stark voneinander getrennt, was m.E. für ein Verständnis des Prozesses eher hinderlich ist. Wie auch PEIRCE (1985: 51) darstellt, ist eher davon auszugehen, daß in Denk- und Problemlöseprozessen die einzelnen Stufen in Form von "Bildern" übereinandergehen:

> "Wie immer der Zweifel entstehen mag, er regt den Geist zu einer Tätigkeit an, welche schwach oder kräftig, ruhig oder ungestüm sein kann. Bilder passieren schnell das Bewußtsein, unaufhörlich geht eines in das andere über, bis schließlich, wenn alles vorüber ist, - es kann im Bruchteil einer Sekunde, in einer Stunde

oder nach langen Jahren sein - wir merken, daß wir entschieden sind, wie wir handeln sollten (...). Mit anderen Worten: wir sind zu einem Fürwahrhalten gelangt."

Ich habe versucht, die zuvor dargestellten Aspekte im Prozeß des Problemlösens visuell in einem 5-Stufen-Modell, jedoch etwas anderer Form als üblich darzustellen (Abbildung 28). Da nahezu alle Autoren die einzelnen Schritte in Problemlösungsprozessen als "Stufen" beschreiben, ist das Modell auch stufenförmig angeordnet.

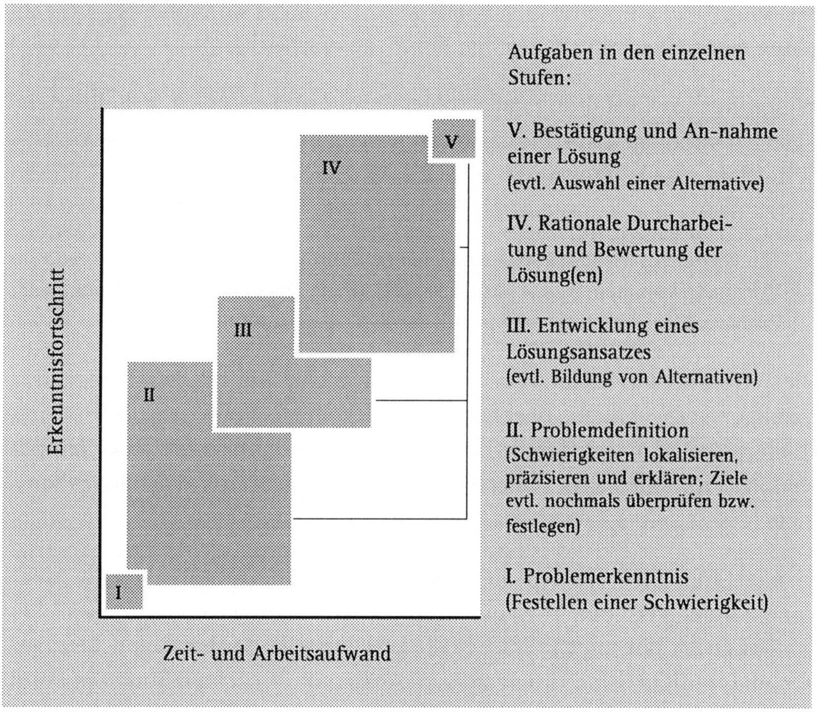

Abbildung 28: 5-Stufen-Modell des Problemlösens

Eine Darstellung z.B. in Form von Ablaufdiagrammen mit gleich großen Kästchen suggeriert, daß die einzelnen Phasen gleichgewichtig und trennbar sind. Dies ist in der Praxis nicht der Fall. Die unterschiedlichen Stufen fließen zum Teil nahtlos ineinander über bzw. überlappen sich, haben einen unterschiedlichen Zeit- und Arbeitsaufwand, sowie einen unterschiedlichen Erkenntnisgewinn auf dem Weg zur Problemlösung. Die beiden letztgenannten Kriterien, die natürlich von Fall zu Fall unterschiedlich sein können, werden in Abbildung 28 durch eine unterschiedliche Größe der Flächen angedeutet. So sind die Stufen I und V, was den Arbeits- und Zeitaufwand betrifft, unbedeutend und bringen in der Lösung des Problems auch kaum einen Erkenntnisfortschritt.

Von wesentlicher Bedeutung im Problemlösungsprozeß sind die Stufen II bis IV. Diese sind, da es sich um einen iterativen Prozeß handelt, in der Praxis oft schwer zu trennen, überlappen sich bzw. gehen teilweise ineinander über. Unter Umständen kann es sogar sein, daß sich in Stufe II eine Lösung so klar abzeichnet, daß man sofort in Stufe IV springen kann. Andererseits kann es sein, daß bei der Problemdefinition in Stufe II so viele Aspekte für Lösungsansätze auftauchen, daß die Arbeit in Phase III, in der Lösungsansätze und Alternativen entwickelt und abgewogen werden, einen wesentlich größeren Umfang einnimmt. Da es im Verlauf des Prozesses immer wieder dazu kommen kann, daß man nochmals rückwärts gehen muß, sind in Abbildung 28 die Stufen II bis V durch Linien miteinander verbunden. Die z.T. nahtlosen Übergänge von Stufe II bis Stufe V beschreiben WINOGRAD & FLORES (1989: 244) wie folgt:

> "Dadurch, daß verschiedene Personen Meinungen, Hinweise, Geringschätzungen, Gegenmeinungen etc. zur Sprache bringen, werden zu irgendeinem Zeitpunkt Ansprüche formuliert und dabei einige einleitende Teilvorschläge erkennbar. In diesem Gespräch werden Unterscheidungen zwischen Mitteln und Zwecken, zwischen Teilaspekten und dem Ganzen fallengelassen zugunsten der Interpretation etwaiger kausaler Zusammenhänge, möglicher Ergebnisse und Unannehmlichkeiten. Zu irgendeinem Zeitpunkt schält sich vielleicht eine festgefügte Meinung über mögliche Handlungsabläufe heraus, die es zu beurteilen und in Betracht zu ziehen gilt; dies ist dann der Zeitpunkt, an dem man die als 'Auswahl' bezeichnete Abwägung beobachten könnte."

Daß man den Problemlösungsprozeß nicht strikt in einzelne Stufen abgrenzen kann, daß es zumeist fließende Übergänge gibt, macht die Vorgehensweise bei der Problemlösung in Gruppen nicht einfacher. Daß es diese fließenden

Übergänge gibt, ist m.E. jedoch eine unumgehbare Tatsache, auf die man im Problemlösungsprozeß jeweils individuell reagieren muß. Wesentlich hierbei ist, und das sollen die Überschneidungen der einzelnen Felder auch andeuten, daß man sich nicht sklavisch an ein Raster hält, sondern bei der Anwendung des Modells "spielend und stolzierend" vorgeht, die einzelnen Stufen - je nach Problemlage - kürzt, dehnt oder ganz fallen läßt.

4.1.3. Randbedingungen des Problemlösens

In den folgenden Ausführungen möchte ich kurz auf einige Randbedingungen, die den zuvor beschriebenen Problemlösungsprozeß gleichsam als Maximen überlagern sollten, eingehen.

Rezepte / Schemata / Schranken

Wie Alfred SCHÜTZ (1972: 38 f) darstellt, greifen wir beim Problemlösen auf "einen Vorrat von Rezepten, von Regeln und Geschicklichkeiten" zurück, die unseren praktischen Erfahrungen entspringen. Mit Sicherheit werden wir bei der Entwicklung von Lösungsansätzen auf bereits erfolgreich praktizierte "systematisierte Lösungen" und ein "standardisiertes Wissen" zurückgreifen. Gefährlich ist, daß es "nicht zum typischen Stil des alltäglichen Denkens" gehört, diese Erfahrungen und das Wissen sowie unsere "blinden Flecken" rational und mit der notwendigen "Klarheit" zu überprüfen.

Eine Gruppe sollte sich deshalb immer wieder bewußt sein, daß im Prozeß des Problemlösens bereits bekannte Rezepte, Schemata und Lösungsansätze als "neue" Ideen gleichsam wie reife Früchte vom Baum fallen. Man macht's, wie man's immer schon gemacht hat; vorhandene Rezepte, (Denk- und Handlungs-)Schemata bzw. -Hürden werden nicht überprüft oder übersprungen. Die in Brainstorming-Methoden üblichen Kommunikations-Regeln: "Keine Kritik an Ideen!", "Keine Killerphrasen!", helfen hier zumeist nicht weiter. Es ist deshalb eine wesentliche Aufgabe des Leiters einer Problemlösegruppe, wie dies auch DEWEY fordert, vorschnelle Wirklichkeitsbeschreibungen, Entscheidungen und Lösungen zu verhindern, immer wieder zu prüfen, ob sich noch andere Lösungen anbieten und vor allem immer wieder kritische Fragen zu stellen.

Die Kunst des Zweifels

Eng verbunden mit dem Infragestellen von Schemata, Hürden und Schranken ist die vor allem von MONTAIGNE proklamierte "Kunst des Zweifels". Wie BECK (1993: 253) darstellt, schützt und schärft der Zweifel das ureigene Vermögen des Menschen "sich gegen Fremdes zur Wehr zu setzen, es auszufiltern, abzusondern und dem eigenen Staunen, der eigenen Stimme Raum und Gehör zu verschaffen". WEICK (1985: 316) empfiehlt deshalb:

> "Wenn die Dinge klar sind, sollten Sie zweifeln; wenn Zweifel vorliegt, sollten sie die Dinge behandeln, als ob sie klar wären."

Für Gruppen ist es daher immer von Vorteil, wenn ein Mitglied die Rolle des advocatus diaboli übernimmt und des Königs neue und von allen bestaunte Kleider zweifelnd betrachtet. Unter Umständen wird die Gruppe dann entdecken, daß der König ja nackt ist.

Reflexion / Selbstkonfrontation

BECK (1993: 36 f) beschreibt in seiner "Theorie einer reflexiven Modernisierung", wie sich Gesellschaften im "Selbstlauf verselbständigter, folgenblinder, gefahrentauber" Prozesse zu Risikogesellschaften entwickeln. Die einzige Möglichkeit, diese verselbständigten Prozesse zu stoppen und notwendige Änderungspotentiale zu erkennen, besteht darin, aus den Selbstverständlichkeiten herauszutreten, Störungen in das System einzubauen, Zusammenbrüche zu inszenieren und die Aufmerksamkeit auf das zu richten, was man eigentlich tut. Jedes Verstehen eigenen Tuns entspringt dieser Selbstkonfrontation, aus dem Rückwärtsschauen und der (Selbst-)Reflexion. Wenn man von einem Reparaturverhalten des Bestehenden weg und Neues schaffen will, ist es, wie WEICK (1985) und WINOGRAD & FLORES (1989) darstellen, notwendig, aus dem Strom des Erlebens und Handelns herauszutreten, das gewohnte In-der-Welt-Sein zu unterbrechen und die Aufmerksamkeit nicht nur auf zukünftige, sondern immer auch auf vergangene Handlungen zu richten.

Was bedeutet das für das Problemlösen in Gruppen? Zunächst, daß die Gruppenzusammenkünfte an einem anderen Ort stattfinden, als die täglichen

Arbeitsprozesse. In den einzelnen Stufen des Problemlöseprozesses erfordert dies, daß man durch Rückwärts- und Vorwärtsgehen immer wieder reflexive Prozesse einleitet, daß man die Arbeit von Problemlösegruppen in kürzere, zeitlich voneinander getrennte Sitzungen aufteilt, damit die Gruppenmitglieder in den dazwischen liegenden Zeiten auch das eine oder andere überprüfen oder überdenken können, daß man mit Wirklichkeitsbeschreibungen "spielt" und daß man das, was alle für richtig und gegeben halten, "stolzierend" in Frage stellt.

Primat der begrenzten Rationalität

WEICK (1985: 36) schlägt in seinen Ausführungen zum "Prozeß des Organisierens", der weitgehend dem entspricht, was hier unter Problemlösen verstanden wird, das Konzept der begrenzten Rationalität vor und begründet dies wie folgt:

> "Der Kern dieses Begriffs liegt darin, daß der Wahrnehmung wie der Informationsverarbeitung von Individuen Schranken gesetzt sind und sie daher, auch wenn sie die Absicht haben mögen, rational zu handeln, dies nur in begrenzter Weise tun können. Diese begrenzte Weise beinhaltet Handeln auf der Grundlage hinlänglichen statt vollständigen Wissens (das Prinzip der Hinlänglichkeit), Gebrauch von einfachen, arbeitssparenden Regeln für die Suche nach Problemlösungen (z.B. nur im unmittelbaren Umfeld des Problems zu suchen) und schließlich das Ausnutzen von Abkürzungen wo immer möglich."

Wirklichkeit wird subjektiv erfaßt bzw. konstruiert. Jeder Mensch bzw. jede Gruppe, die ein Problem bearbeitet, schneidet Ereignisse oder Vorgänge aus einem nahezu unendlichen Kontext aus, erklärt diese zur Wirklichkeit, bearbeitet und verändert sie und schafft damit eine neue Wirklichkeit. Manager oder Stabsmitarbeiter erforschen eine Problemsituation auf der Basis ihrer jeweils spezifischen Erfahrungen und Kenntnisse und erschaffen eine Wirklichkeit, die zumeist anders sein wird, als die der betroffenen Mitarbeiter. So kann man feststellen, daß die von Managern und Stabsmitarbeitern zumeist reklamierte ökonomische Rationalität sich in der Regel nicht auf objektive Informationssammlung und rationale Entscheidungen begründet; sie wird, wie auch die der Betroffenen, bestimmt durch individuelle Wünsche, Motive und Überzeugungen. Von Bedeutung ist jedoch nicht, wer nun die "Wirklichkeit" besser beschreibt, sondern welche Beschreibung schlußendlich geeigneter ist, vorhandene Probleme zu lösen. Die Wirklichkeitsbeschreibungen, Problemdefinitionen und Lösungsansätze von Problemlösungsgruppen, in denen die Betroffenen aktiv werden, sind zumeist wesentlich einfacher und praxisorientierter konzipiert, aber für die Lösung der alltäglichen Probleme tauglicher, als die der "Experten".

Menschen sind, wie Herbert A. SIMON (1993) resümiert, nicht in der Lage, alle möglichen Handlungsalternativen und -konsequenzen zu übersehen, geschweige denn diese konsistent zu bewerten. Sie treffen ihre Entscheidungen viel eher auf der Basis vereinfachter Modelle, momentan im Vordergrund stehender Werte, selektiver Wahrnehmungen und unter Berücksichtigung zufriedenstellender (statt optimaler) Lösungen. Menschen können m.a.W. nur auf der Ebene einer "bounded rationality" sinnvolle Entscheidungen treffen und handeln. Dies erfordert, daß man sich mit Ausschnitten der Realität begnügt, möglichst schnörkellos arbeitet und man zur Verhinderung einer eher hinderlichen Überanalytik oder Überdeterminiertheit OCKHAM's "Rasiermesser" bewußt einsetzt, das im Prinzip besagt, "daß es überflüssig und ungerechtfertigt ist, einen größeren Aufwand zu treiben, wo ein geringerer genügt" (VOSSENKUHL, 1987: 134); daß man also versucht, mit dem geringstmöglichen Aufwand wirkungsvoll und erfolgreich zu handeln.

Bei der Arbeit in Problemlösegruppen sollten möglichst schnörkellos, mit möglichst einfachen Regeln, in einem bewußt abgegrenzten Feld und unter Beachtung des Prinzips der Hinlänglichkeit, angemessene Problemlösungen gesucht und realisiert werden. Das "Primat des Handelns" (DÖRNER, 1992), z.B. im Sinne eines ständigen Lösens von naheliegenden, kleinen, aber Abläufe z.T. nicht unerheblich störenden Problemen, wie dies bei der KAIZEN-Methode angestrebt wird, ist der Entwicklung von "Göttlichkeitsmodellen" (SIMON, 1993) eindeutig vorzuziehen.

Mehrfachprobleme

Wenn man Probleme löst, erfordert dies, daß man Ereignisse, die, je nach Betrachtungsweise, ganz unterschiedliche Grenzen besitzen, aus einem Gesamtzusammenhang herausschneidet. Auch bei gut abgegrenzten und eng definierten Problemen kann sich bei der Problemdefinition herausstellen, daß sich das Problem in mehrere Detailprobleme aufsplittet; daß ein Problem zu einem "Mehrfachproblem" (DÖRNER, 1992) wird. In diesen Fällen erfordert Problemlösen, daß man aus der Vielzahl der Aspekte einen abgegrenzten Bereich herausschneidet, mit dem man sich zunächst beschäftigt. Bei Mehrfachproblemen schlägt DÖRNER (1992) folgende "dekomponierende Maßnahmen" vor:

- Zunächst ist festzustellen, wie die einzelnen Probleme zusammenhängen: Was sind zentrale Problembereiche und was sind periphere Problembereiche? Eine mögliche Regel für die Problembearbeitung wäre dann: Zentrale Probleme sind zuerst zu lösen.

- Gibt es keine hinreichende Unterscheidung von zentralen und peripheren Problembereichen, kann man sie nach den Kriterien: Wichtigkeit (Gewicht des Teilbereichs für das Gesamtproblem) und Dringlichkeit (zeitlicher Aspekt) gliedern. Eine mögliche Regel für die Problembearbeitung wäre dann: Gewichtige und dringliche Probleme sind zuerst zu lösen.

Risikobereitschaft von Gruppen

Wenn es um das Problemlösen und Entscheiden in Gruppen geht, wird in der sozialpsychologischen Literatur (z.B. ROSENSTIEL, 1992) immer wieder auf das Risikoschub-Phänomen hingewiesen, nach dem Gruppen bei Entscheidungen ein höheres Risikoniveau wählen als Einzelpersonen. Es gibt verschiedenste Erklärungshypothesen für dieses Phänomen:

- Ein höheres Risiko wird gewählt, weil sich die Verantwortung von Gruppenentscheidungen auf mehrere Personen verteilt;

- mögliche Gefahrenpotentiale werden "wegdiskutiert",

- risikobereite Führer oder Meinungsbildner beeinflussen die Gruppe.

Sicherlich sind diese Erklärungen einsichtig; eindeutige empirische Befunde für diese Hypothesen konnten jedoch nicht gefunden werden. Risikoreiche Entscheidungen entstehen m.E. wesentlich häufiger durch nicht aufgedeckte Hintergrundbezüge und durch ein zu schnelles Überspringen der Stufen II und IV im Problemlösungsprozeß.

Zusammenfassung:

- In Problemlöseprozessen müssen gewachsene, selbstverständliche Handlungsweisen immer wieder durch Reflexion und Selbstkonfrontation überprüft werden. Notwendig hierbei ist, daß man innehält, aus dem gewohnten In-der-Welt-Sein heraustritt, kritisch rückwärts schaut, ohne dabei - wie Frau Lot - zur Salzsäule zu erstarren, und sich "spielend" und "stolzierend" vor- und rückwärts bewegt.
- Zur Verhinderung einer Wiederkehr immer gleicher Lösungsmuster, sollten in Problemlöseprozessen vorhandene Rezepte überprüft und eingeübte Denk-Schemata und -Schranken durch eine richtig eingesetzte "Kunst des Zweifels" in Frage gestellt und überwunden werden.
- Will man Probleme in Gruppen effizient lösen erfordert dies die Einsicht, daß man nicht alle Probleme gleichzeitig lösen kann und deshalb bestimmte Problembereiche bewußt einklammert und separat - entsprechend ihrer Wichtigkeit und Dringlichkeit - bearbeitet werden müssen; daß man die "sachliche Komplexität" (BAECKER, 1992) bewußt eingrenzt und sich auf die - vor allem aus der Sicht der Betroffenen - wesentlichen Aspekte beschränkt; daß man schnörkellos und mit möglichst einfachen Mitteln arbeitet; daß Überanalytik und Überdeterminiertheit bessere Lösungen eher vereiteln; daß das "Primat des Handelns" im Vordergrund stehen sollte und nicht das Entwickeln von "Göttlichkeitsmodellen".

4.2. Grundlagen der Moderation

Die Moderation bildet einen methodischen Ansatz, die Kommunikation in Gruppen so zu gestalten, daß komplexe Problemlösungsprozesse bewältigt werden können. Die sechs wesentlichen Elemente der Moderationsmethode sind, zusammengefaßt nach den Bereichen: Moderator, Moderationstechnik und Prozeßgestaltung, in Abbildung 29 dargestellt. Da die einzelnen Elemente in der Literatur zur Moderationsmethode umfassend beschrieben sind (z.B.: BÖNING, 1991; DECKER, 1988; KLEBERT et al., 1980 und 1987; KOCH, 1988; SEIFERT & KRAUS, 1992), möchte ich diese in den folgenden Ausführungen lediglich in stark geraffter Form darstellen.

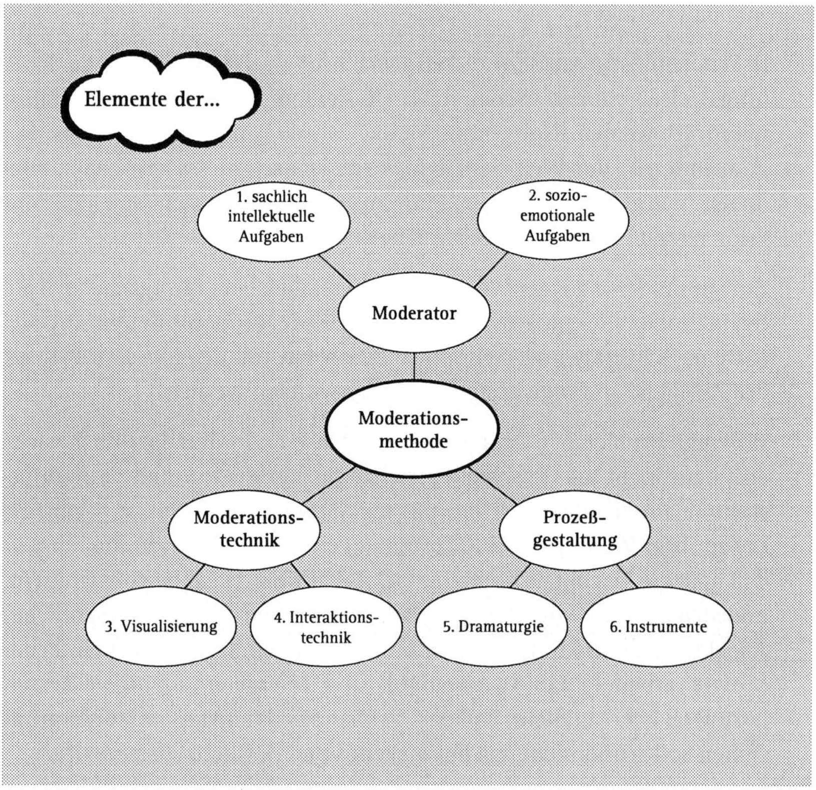

Abbildung 29: Elemente der Moderationsmethode

Der Moderator

Ein besonderes Augenmerk innerhalb dieses Ansatzes gilt dem Moderator, der durch das "rechte Maß" (lat. "modus") in der Steuerung der kommunikativen Prozesse und durch die Sicherung von gruppenspezifischen Normen erreichen soll, daß möglichst alle Gruppenmitglieder aktiv und zielorientiert in den Gruppenprozeß eingebunden werden. Die in den letzten Jahren gewandelten Intentionalitäten bei der Betrachtung der Aufgaben des Moderators beschreiben KLEBERT et al. (1980: 4) wie folgt:

> "Der wichtigste Schritt, die Kopernikanische Wendung in der Gruppenarbeit, war, als wir erkannten: Die Menschen wissen etwas, sie können etwas, sie haben einen Willen. Lassen wir sie also dies tun, was sie selber können und wollen. Damit geschah erst der Rollenwandel vom Planer, Experten, Gruppenleiter zum Moderator. Der 'Trainer' (so nannten wir uns damals noch) sollte nicht mehr wissender Führer einer Gruppe, sondern Helfer, Hebamme für den Willen und die Erkenntnis der Beteiligten sein."

Die Aktivitäten des Moderators werden in der Literatur zumeist nach sachlich-intellektuellen und sozio-emotionalen Aufgabenbereichen unterschieden. Auf sachlich-intellektueller Ebene hat der Moderator die Aufgabe, daß er den (Kommunikations-)Prozeß der Gruppe, quasi aus einer Metaperspektive, so organisiert, strukturiert und unterstützt, daß die Gruppe ihr Sachziel erreicht. Im sachlich-intellektuellen Bereich kann man die Aufgaben des Moderators wie folgt zusammenfassen:

- Vorbereiten und starten
  Er bereitet die Sitzungen der Gruppe vor und sorgt dafür, daß sie geeignete Rahmenbedingungen (Raum, Arbeitsmaterial...) für ihre Arbeit hat; er präsentiert die Aufgabenstellung bzw. das zu bearbeitende Problem und regt die Teilnehmer zu aufgabenbezogenen Beiträgen an.
- Steuern, unterbrechen und zusammenfassen
  Er schlägt mögliche Ziele vor und gibt Empfehlungen bzw. methodische Hilfestellungen für die Vorgehensweise; er regt zur Kritik an, macht auf Denk- und Handlungshürden, "Sackgassen", in die man in der Diskussion geraten ist, oder Überdeterminierungen aufmerksam; er initiiert Zäsuren, regt zum Vorwärts- und Rückwärtsgehen an, zieht Zwischenbilanz und faßt, in Abstimmung mit der Gruppe, wesentliche Ergebnisse und Erkenntnisse zusammen.
- Stoppen und abschließen
  Er achtet auf den Zeitplan und daß Festlegungen für weitere Aktivitäten festgehalten und dokumentiert werden; er führt die Diskussion zu einem Ende und sorgt dafür, daß Probleme, die nicht endgültig geklärt werden konnten, sowie von der Gruppe oder deren Mitgliedern noch zu bearbeitende Aufgaben festgehalten werden.

Auf sozio-emotionaler Ebene hat der Moderator die Aufgabe, für entsprechende Wachstumsbedingungen zu sorgen, so daß die Gruppe auch die für die Mitglieder wichtigen sozio-emotionalen Bedürfnisse befriedigt. Im sozioemotionalen Bereich kann man die Aufgaben des Moderators wie folgt zusammenfassen:

- Schaffung einer fördernden Arbeitsatmosphäre
  Er stimmt die Mitglieder auf die gemeinsame Arbeit ein, und sorgt dafür, daß die einzelnen Arbeitsphasen auch gefühlsmäßig abgeschlossen werden; er fördert den zwanglosen, toleranten Umgang untereinander und ermöglicht Situationen, in denen auch das "Spielen" und "Stolzieren" erlaubt sind.

- Sicherstellung einer ausgeglichenen, offenen Kommunikation
  Er sorgt für eine ausgewogene Kommunikation und daß Kommunikationsregeln festgelegt und eingehalten werden; er fördert eine gleichmäßige Kommunikations-, Aufgaben- und Rollenverteilung und ein Klima von Offenheit, Vertrauen und gegenseitigem Respekt; er macht Meinungsunterschiede, Spannungen und Konflikte bewußt und sorgt dafür, daß diese vorrangig behandelt werden.

- Oberhandsicherung und Entwicklung der Gruppe
  Er ist sich bewußt, daß die Gruppe in unterschiedlichen Reife- und Arbeitsphasen seine Autorität in unterschiedlichem Maß benötigt; er sichert seine Einflußmöglichkeiten auf die Gruppe, ist aber bereit, seine Autorität bei steigendem Reifegrad auf die Gruppe zu übertragen.

Moderationstechnik

Unter dem Begriff "Moderationstechnik" werden die Visualisierungs- und Interaktionstechniken der Moderationsmethode zusammengefaßt.

Zur Visualisierung dienen: Stellwände, Plakate, Papierkärtchen, Filzschreiber und Klebepunkte. Diese bilden die Hardware, das Handwerkszeug der moderierten Gruppe. Die Software der Visualisierung, also wie und was man visualisieren sollte, wird unter den Begriffen "visuelle Logik" (SCHNELLE, 1978) oder "optische Rhetorik / Sprache" (SCHNELLE-CÖLLN, 1983 und 1988) beschrieben.

Die Interaktionstechniken kann man nach Kommunikationsregeln und Frage- bzw. Antworttechniken gliedern. Kommunikationsregeln dienen dazu, das sprachliche Zusammenspiel der Gruppe zu steuern. Hierzu zählen z.B. die "30-Sekunden-Regel" zur Begrenzung der Redezeiten, die Aufforderung, daß man "schriftlich diskutieren" bzw. "ständig visualisieren" soll, oder die "Blitzregel", die ermöglicht, daß Einwände oder nicht erfolgte Übereinstimmungen gekennzeichnet werden. Neben den Visualisierungstechniken sind die Frage-und Antworttechniken in der Moderationsmethode von wesentlicher Bedeutung. Diese umfassen unterschiedliche Ansatzpunkte und Instrumente, wie z.B. durch Fragen ("Stichwortsammlung") die Interaktion in der Gruppe anzuregen und zu steuern ist, wie man Antworten nach Themenbereichen sortiert ("clustert") oder wie man Themenbereiche bzw. Argumente in ihrer Bedeutung für ein Problem oder für die Gruppe gewichtet oder bewertet ("punktet").

Prozeßgestaltung

Im Rahmen der Prozeßgestaltung werden einerseits die Aspekte einer chronologischen Ablaufgestaltung (Dramaturgie) des Moderationsprozesses beschrieben; andererseits geht es um die Frage, mit welchen Instrumenten man den Kommunikationsprozeß unterstützen kann.

Was man tun muß und wie man chronologisch vorgehen sollte, um von einer Problem- bzw. Aufgabenstellung ("Welche Aufgaben wollen wir bearbeiten?"; "Was kennzeichnet das Problem?") zu einem für die Gruppenmitglieder verbindlichen Aufgabenkatalog ("Wer, tut was, bis wann?") zu kommen, sind Fragen der Dramaturgie. In diesem Zusammenhang gibt es auch methodische Hinweise, wie man Aufgaben und Probleme mit Großgruppen bearbeitet und wie man das Zusammenspiel von Großgruppen (Forum) und Kleingruppen gestalten kann.

In der Prozeßgestaltung kann der Moderator auf verschiedene Instrumente (z.B. "Kartenabfrage", "Problemspeicher", "Aufgabenkataloge", "Maßnahmenkataloge"...) zurückgreifen, die in unterschiedlichen Prozeßphasen einsetzbar sind. Darüber hinaus gibt es begleitende Instrumente. Diese bieten Hilfen beim Einstieg in eine Moderation ("Was erwarte ich von der Zusammenarbeit in der Gruppe?"), beim Ausstieg ("Was war für mich in der Sitzung von besonderem Interesse?", oder "Wie zufrieden war ich mit der Zusammenarbeit in der Gruppe?) sowie Analyseinstrumente zur Ermittlung von Stimmungen der Gruppenmitglieder ("Wie fühle ich mich in der Gruppe?").

Die Moderationstechnik wurde in Deutschland vor allem von Eberhard und Wolfgang SCHNELLE unter dem Begriff "Metaplantechnik" bekannt gemacht (siehe DERSCHKA & GOTTSCHALL, 1984). Die Ziele der Metaplantechnik werden von SCHNELLE wie folgt beschreiben (METAPLAN, 1992: 4):

> "Die Metaplantechnik ist ein Mittel, um Gruppengespräche effektiv zu gestalten. Das Wort effektiv hat zweierlei Sinn. Zum einen meint es rationell, sparsam im Umgang mit Zeit; mit der Metaplantechnik moderierte Gespräche kommen rascher zu Ergebnissen als herkömmliche Ausspracheformen. Zum anderen ist die starke Einbeziehung der Teilnehmer in den Gruppenprozeß gemeint, die Berücksichtigung aller Meinungen, die Chance für gemeinsam getragene Ergebnisse."

Mit Ausnahme von einigen Begrifflichkeiten ist die Metaplan-Methode identisch mit der in der Literatur beschriebenen Moderationsmethode.

Zusammenfassung:

- Bei der Moderationsmethode werden unterschiedliche und aus verschiedensten Bereichen (z.B. Gruppendynamik, Kommunikationstheorie und Visualisierungstechniken) stammende Elemente geschickt zu einer Gruppenkommunikationstechnik zusammengesetzt. Wenn visualisierte Gruppenmoderationen in vielen Problemlösungsprozessen zu sehr guten Ergebnissen führen, liegt eine Erklärung sicherlich in der geschickten Kombination der in Abbildung 29 dargestellten Elemente.

- Entscheidend für den Erfolg einer moderierten Gruppenarbeit ist m.E. die inhaltliche Prozeßgestaltung. Dies bedeutet, daß in der Moderation Situationen geschaffen werden, in denen über Sprache und Visualisierung Zusammenhänge und Hintergründe den Handelnden transparent gemacht und über kritisches Fragen und Reflexion Denk- und Handlungsblockaden überwunden werden.

- Weitere Voraussetzungen für eine erfolgreiche Problembearbeitung in Gruppen sind, daß man in prozessualer Sicht den Moderationsprozeß in

Anlehnung an die zuvor beschriebenen Stufen des Problemlösens gestaltet und die zu Ende von Kapitel 3 zusammengefaßten organisationspsychologischen und gruppendynamischen Bedingungen weitgehend erfüllt sind.

Wie man einen Moderationsprozeß zur Lösung von Problemen in der Praxis gestalten kann und auf was es dabei, wenn man möglichst effektive, sinnvolle und praktikable Lösungen erhalten will, ankommt, möchte ich in den folgenden Ausführungen darstellen und begründen.

4.3. Das Lösen von Problemen im Rahmen einer moderierten Gruppenarbeit

In den abschließenden Ausführungen zum Problemlösen mittels moderierter Gruppenarbeit möchte ich verschiedene Fäden, die in den vorausgegangenen Ausführungen ausgelegt wurden, zusammenführen. Zur besseren Veranschaulichung des Ablaufs eines moderierten Problemlösungsprozesses werde ich meinen Ausführungen ein Praxisbeispiel zugrunde legen, das, da es lediglich zur Demonstration der Vorgehensweise dienen soll, im Sinne von OCKHAM's "Rasiermesser" bewußt auf das Notwendigste reduziert wurde.

- Ausgangssituation für das Praxisbeispiel

  Ausgangspunkt für die nachfolgende Darstellung eines Problemlösungsprozesses ist die bereits in den Praxisbeispielen zuvor angesprochene Diskrepanz zwischen einer Plan-Ausschußquote von 2 Prozent und dem Ist-Wert von 4 Prozent. Diese Abweichung wurde von der Unternehmensleitung aufgenommen (Stufe I im Problemlösungsprozeß) und nach Diskussion beschlossen, daß im Rahmen einer moderierten Gruppenarbeit detaillierte Vorschläge erarbeitet werden sollen, die geeignet sind, die Differenz zwischen den Soll- und Ist-Werten zu reduzieren.
  Die daraufhin etablierte Gruppe besteht aus sechs in der moderierten Gruppenarbeit erfahrenen Mitarbeitern aus verschiedenen Funktionsbereichen. Sie wird geleitet von einem erfahrenen externen Moderator, der nach intensiven Vorgesprächen für die Vorgehensweise in der Gruppenarbeit folgende Dramaturgie geplant hat: In der ersten Gruppensitzung soll eine "Problemlandkarte" zur Erfassung der für das Problem relevanten Ursachen und Hintergründe mit abschließender Bewertung der Einflußfaktoren erstellt werden. Der weitere Ab-

lauf der Gruppenarbeit soll erst nach Abschluß der ersten Gruppensitzung gemeinsam von allen Gruppenmitgliedern festgelegt werden.

4.3.1. Erstellen einer Problemlandkarte

Die Dramaturgie zur Erstellung einer Problemlandkarte wird in den weiteren Ausführungen in folgende fünf Schritte untergliedert:

- Schritt 1: Kartenabfrage einleiten;
- Schritt 2: Schreiben der Kärtchen;
- Schritt 3: Problemaspekte transparent machen;
- Schritt 4: Clustern/abduktives Systematisieren;
- Schritt 5: Problemlandkarte fertigstellen.

Die einzelnen Schritte werden jeweils kommentiert und die Hintergründe der für die Erstellung der Problemlandkarte wichtigen Schritte 4 und 5 durch Exkurse ausgeleuchtet.

- Start der Gruppenarbeit

  Nach einführenden Worten durch ein Mitglied der Geschäftsleitung zu den Aufgaben der Gruppe und den angestrebten Zielen, schlägt der Moderator vor, daß man zunächst alle Aspekte, die für das Problem relevant sind, über eine "Kartenabfrage" ermittelt und die Karten dann nach Themenbereichen "clustert", um so zu einer "Problemlandkarte" zu gelangen.
  Der Moderator schlägt weiter vor, daß man zur besseren Steuerung der kommunikativen Prozesse in der Gruppe, die in anderen Gruppen des Unternehmens bereits bewährten und den Teilnehmern bekannten sechs Kommunikationsregeln einführt. Die Gruppe beschließt, daß man diese Kommunikationsregeln übernimmt; die Gruppenmitglieder erstellen ein Plakat mit den sechs Kommunikationsregeln und hängen es im Gruppenarbeitsraum auf (siehe Abbildung 30).

- Schritt 1: Kartenabfrage einleiten

  Der Moderator fragt die Gruppe, unter welcher Fragestellung die Kartenabfrage erfolgen soll. Nach Diskussion einigt sich die Gruppe auf folgende Frage: "Was könnten die Ursachen für die hohe Ausschußquote sein?". Danach schreibt der Moderator die Frage in die linke obere Ecke einer Moderationstafel.

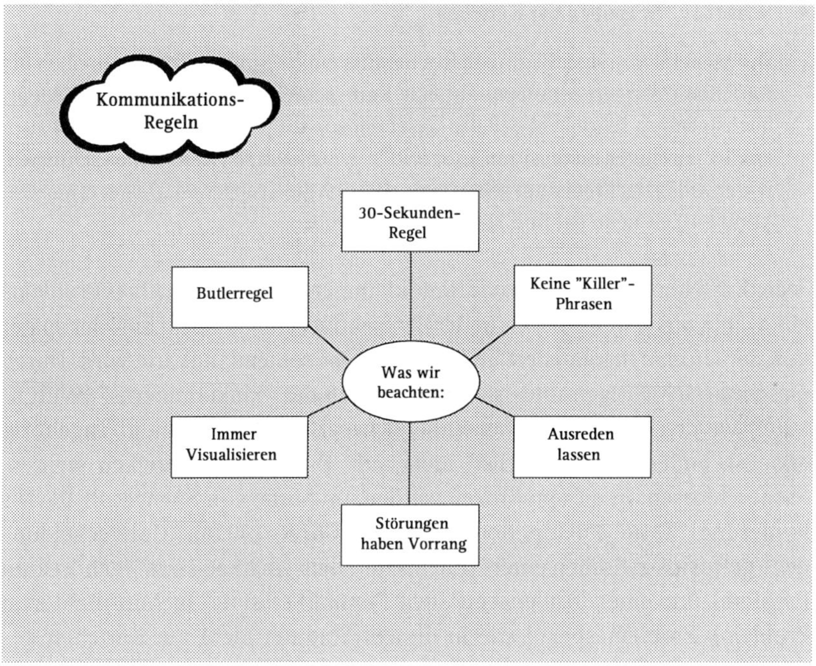

Abbildung 30: Kommunikationsregeln

Daß die Gruppe sich zunächst Gedanken macht, unter welcher konkreten Fragestellung Ideen, Gedanken, Argumente... gesammelt werden sollen, ist von großer Wichtigkeit. Die Fragestellung muß so präzise wie möglich sein und von allen begriffen werden. Dieses Begreifen wird erst möglich, wenn man kurz die möglichen Aspekte einer Fragestellung diskutiert, also : "Wie ist die Frage zu verstehen?"; "Was soll eingeschlossen werden - und was nicht?". Erst wenn dies geschehen ist, können die Teilnehmer präzise Ideen, Gedanken und Argumente zur Beantwortung einer bestimmten Frage entwikkeln. Die Diskussion der Fragestellung soll auch dazu dienen, das gewohnte In-der-Welt-Sein zu unterbrechen und die Gruppe auf das Problem einzustimmen, Hintergründe des Problems auszuleuchten, erste individuelle Schritte zur Reflexion der Problemlage einzuleiten und evtl. vorhandene Fokussierungen der Gedanken aufzufächern.

- Schritt 2: Schreiben der Kärtchen

  Der Moderator gibt zu Beginn dieses Schritts einige Hinweise zum Schreiben der Kärtchen ("Nur ein Argument auf eine Karte schreiben!", "Mit Groß-und Kleinbuchstaben so schreiben, daß das Geschriebene für jedes Gruppenmitglied auch aus der jeweiligen Sitzposition lesbar ist!"; "Jeder kann so viel Kärtchen schreiben, wie er will"). Der Moderator schlägt vor, daß sich die Gruppenmitglieder etwa zehn Minuten Zeit nehmen, ihre Kärtchen zu schreiben.

Jedes Kärtchen in einer Kartenabfrage klammert einen Aspekt eines Problems ein, wählt, aus jeweils individueller Perspektive, einen Aspekt aus, der später von der Gruppe thematisiert und ein Teil der Problemlandkarte wird. Durch diesen vielschichtigen und -sichtigen Prozeß des "Einklammerns" (WEICK, 1985) werden bestimmte Themenbereiche als für das Problem zugehörig erkannt, andere, die (zunächst) nicht auf Kärtchen geschrieben werden, ausgeschlossen. In diesem Prozeß werden, im Sinne von Spencer BROWN's Forderung: "Draw a distinction" (siehe BAECKER, 1993a), "Unterscheidungen" getroffen zwischen einer "Innenseite", dem "marked state" (gehört zum Problem), und einer "Außenseite", dem "unmarked state" (gehört nicht zum Problem). Problemaspekte, die in diesem Stadium nicht auf Kärtchen geschrieben werden, zählen (zunächst) zur nicht relevanten "Innenseite". Wichtig ist deshalb, daß strukturelle und klimatische Voraussetzungen geschaffen werden, die diesen zweiten Schritt ermöglichen. Dies bedeutet, daß die Mitglieder der Gruppe in der Lage und bereit sind, alle relevanten und von ihnen jeweils individuell wahrgenommen Aspekte des definierten Problems auf Kärtchen zu schreiben. In der Praxis setzt dies voraus, daß

- das Wissensspektrum der Gruppenmitglieder über das Problem möglichst breit und tief ist, daß die Gruppenmitglieder möglichst alle vom Problem betroffenen Funktionsbereiche vertreten und das Problem auch aus der Perspektive unterschiedlicher hierarchischer Schichten transparent gemacht wird (Führungskräfte sehen und empfinden ein Problem zumeist anders als die Mitarbeiter an der Basis).
- die Gruppenmitglieder aus dem gewohnten In-der-Welt-Sein herausgeführt und Denkhürden reduziert werden, damit sie nicht nur die Aspekte eines Problems auf Kärtchen schreiben, die, da sie gestern oder heute wahrgenommen wurden, im unmittelbaren Gedächtnis verhaftet sind.

- die Bereitschaft, alle Beobachtungen, Wahrnehmungen, Meinungen, Kritiken... auf Kärtchen zu schreiben vorhanden ist, m.a.W. also eine gewisse Vertrauensbasis vorhanden ist.
- evtl. vorhandene Schreibhemmungen (z.B. die Angst vor Rechtschreibfehlern) genommen bzw. reduziert werden.

Vor allem Führungskräfte bemängeln, daß man bei der zuvor dargestellten Vorgehensweise kein vollständiges bzw. nur ein sehr subjektives Bild eines Problems erhalten könne. Praktische Erfahrungen zeigen, daß von "Experten" durchgeführte Analysetätigkeiten, zumeist zu keinen besseren Ergebnissen führen. Selbst wenn die durch einen Experten durchgeführten Analysen zu gleichwertigen Ergebnissen führen, besteht noch das Problem der Akzeptanz der Ergebnisse bei den Betroffenen (siehe BAITSCH, 1993: 168 ff und 187 f). Diese ist ungleich höher, wenn die Aspekte eines Problems z.B. im Rahmen einer Kartenabfrage von den Betroffenen selbst ermittelt werden. Ganz davon abgesehen geht es bei der Erstellung einer Problemlandkarte nicht darum, ein vollständiges oder "objektives" Bild zu zeichnen, sondern die Basis zu schaffen für gegenseitige Verpflichtungen und adäquates Handeln. Hierzu reichen die von Gruppen im Rahmen einer Kartenabfrage gesammelten Aspekte in der Regel aus - wenn die zuvor dargestellten strukturellen und klimatischen Voraussetzungen geschaffen wurden.

In diesem Zusammenhang möchte ich noch kurz auf die Frage eingehen, ob man die Anzahl der insgesamt zu schreibenden Kärtchen beschränken sollte. Will man diese Frage beantworten, sollte man von folgenden Grundüberlegungen ausgehen:

- Durch mehr Kriterien (Kärtchen) werden mehr Aspekte eines Problems eingeklammert; Problembeschreibungen werden durch die Erfassung von möglichst vielen Kriterien (Kärtchen) komplexer.
- Die Erzeugung von Komplexität ist, wie BAECKER (1992) darstellt, die Bedingung dafür, daß Probleme, die in vielen Fällen durch übermäßige Vereinfachungen verursacht sind, gelöst werden können.
- Wie jeder Mensch haben auch Gruppen Grenzen in der Erfassung und Verarbeitung von komplexen Sachverhalten; es können nicht unendlich

viele Aspekte eines Problems sinnvoll verarbeitet werden, da bei steigender Komplexität die Konzentrationsfähigkeit abnimmt; mehr Kriterien (Kärtchen) bringen somit nicht immer einen höheren Erkenntnisgewinn.

Somit muß zunächst davon ausgegangen werden, daß mit steigender Anzahl der Kärtchen die Qualität der Problemerkenntnis zunimmt. Ab einem bestimmten Punkt verschlechtert sich mit zunehmender Anzahl der Kärtchen die Qualität der Informationsverarbeitungsprozesse, da die Informationsmenge die Verarbeitungskapazität der Gruppe übersteigt. Daß mehr Argumente nicht immer zu besseren Ergebnissen führen, hat WEICK (1985: 324) in einem Diagramm dargestellt, das ich in leicht geänderter Form in Abbildung 31 übernommen habe. Bei Kartenabfragen liegt die sinnvolle Obergrenze, wie in Abbildung 31 dargestellt, bei ca. 50 Kärtchen; dies ist ein praktischer Erfahrungswert. Bei mehr Kärtchen werden Problemlandkarten m.E. zu komplex und verlieren an Überschaubarkeit.

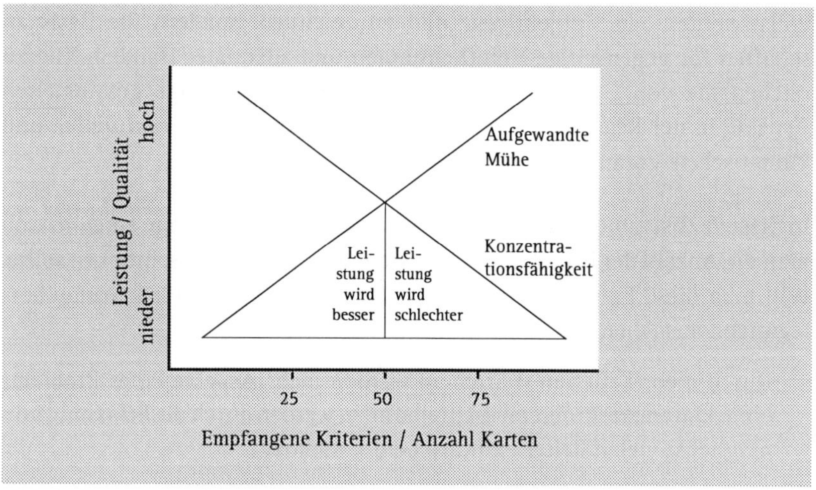

Abbildung 31: Abhängigkeit der Qualität von der Anzahl der Kriterien

Geht man davon aus, daß bei Kartenabfragen von einem Gruppenmitglied im Durchschnitt ca. fünf bis sechs Karten geschrieben werden, sollte man ab acht Gruppenmitgliedern überlegen, ob man die Anzahl der zu schreibenden

Kärtchen nach oben begrenzt. Je größer Gruppen sind, desto mehr sollte die Anzahl der Kärtchen beschränkt werden.

- Schritt 3: Aspekte des Problems für alle Gruppenmitglieder transparent machen

  Danach sammelt der Moderator die Kärtchen ein und sortiert sie, daß nicht alle Argumente eines Gruppenmitgliedes hintereinander kommen. Er nimmt das erste, obenliegende Kärtchen, zeigt es der Gruppe, liest es vor und bittet das Gruppenmitglied, welches das Kärtchen geschrieben hat, ein paar Worte zu seinem Kärtchen zu sagen. Der Moderator ermuntert, wenn er es für sinnvoll erachtet bzw. wenn er einen Meinungsaustausch- oder Diskussionsbedarf bemerkt, die anderen Gruppenmitglieder zu ergänzenden Fragen, Meinungen oder Kritik. In gleicher Weise verfährt er bei allen weiteren Kärtchen. Im Laufe der Diskussion auftauchende neue Aspekte, werden auf weitere Kärtchen geschrieben. Außerdem wird vereinbart, daß Kärtchen, deren Aussage nicht alle Gruppenmitglieder zustimmen, mit einem Konflikt-Pfeil versehen werden.

Stand in Schritt 2 die Aufgabe, bestimmte Aspekte auszuwählen bzw. einzuklammern im Mittelpunkt, geht es in Schritt 3 darum, die ausgewählten Aspekte zu präzisieren, ihre differenzierten Bezüge und Hintergründe auszuleuchten, so daß jedes Gruppenmitglied erkennen kann, auf was sich die Aspekte beziehen, was konkret gemeint ist, unter welchen Umständen und in welchem Maß die Aspekte gelten...: "Nichts spricht für sich; alles muß gedeutet werden", könnte eine wichtige Regel in diesem Problemlöse-Schritt genannt werden - dies gilt auch, wenn auf zwei Kärtchen das gleiche steht.

Erscheint z.B. ein Kärtchen mit der Aussage: "Schlechte Motivation der Mitarbeiter", mag zunächst klar sein, daß sich Qualitätsprobleme auch auf die Motivation der Mitarbeiter zurückführen lassen. Was der Schreiber dieses Kärtchens mit dem Begriff "Motivation" bezeichnet, welche Mitarbeiter dies betrifft und wie stark die Demotivation ist... alles ist zunächst unklar und muß gedeutet werden. Dieses Beispiel ist nur stellvertretend für das Problem der Klarheit und Eindeutigkeit von Aussagen und trifft für die meisten Kärtchen einer Kartenabfrage (z.B. "Schlechtes Material"; "Zu wenig Kontrollen"; "Unzureichende Wartung der Maschinen"; "Mangelnde Richtlinien"...) zu. Nahezu bei jeder Karte müssen Hintergründe, Quantitäten, Qualitäten, Vorurteile und Denkhürden ausgeleuchtet und von der Gruppe reflexiv erkannt, präzisiert, bewertet, gewichtet und kritisiert werden. Nur auf diesem Weg entsteht eine Beschreibung und "Interpretation der Gesamtlage - als Situationsauslegung, die eine Voreinstellung auf neue Entwicklungsmöglichkeiten befördert" (WINOGRAD & FLORES, 1989: 248). Die in dieser Phase zu überwindenden Schwierigkeiten liegen darin, daß die Kärtchen nur Stichworte enthalten und die sprachlichen Begriffe nur ein "Transportmittel" bzw. eine "Hülle" sind für die Beschreibung von differenzierten und komplexen Sachverhalten. Daß zunächst einfache Begriffe bei näherer Betrachtung vieldeutig werden, zeigt das von PEIRCE im "Dictionary of Philosophy and Psychology" (1902) dargestellte Beispiel zum Begriff "Stuhl":

> "Stellen Sie sich Gartenstühle, Wohnzimmerstühle, Küchenstühle und Drehstühle vor, Stühle, die zu Bänken übergehen, Stühle, die grenzüberschreitend zu Sesseln werden, Stühle beim Zahnarzt, Throne, Stühle im Parkett, Sitzgelegenheiten aller Art, die seltsamen pilzartigen Produkte in den Räumen von Kunstausstellungen - und Sie werden sehen, welch ein loses Bündel an Tatsachen in diesem einfachen Ausdruck steckt. Ich könnte jede Definition von Stuhl oder Stuhlartigkeit widerlegen, die Sie mir vorlegen."

Um Klarheit und Eindeutigkeit in der Kommunikation zu schaffen, müssen, wie WITTGENSTEIN (1984: §§ 23, 27) fordert, "Sprachspiele" inszeniert werden. Typische Sprachspiele sind: "Berichten eines Hergangs"; "Beschreiben eines Gegenstandes nach dem Ansehen, oder nach Messungen"; "Eine Hypothese aufstellen und prüfen"... In Sprachspielen "benennen (wir) die Dinge und können nun über sie reden. Uns in der Rede auf sie beziehen." "Es kommt nicht aufs Wort an, sondern auf seine Bedeutung" und "Denk nicht, sondern schau!", sagt bzw. fordert WITTGENSTEIN (1984: § 120 und § 66). Dies könnten zwei Maximen bei der Besprechung der einzelnen Kärtchen innerhalb einer Kartenabfrage sein. Nochmals auf das Beispiel "Motivation" zurückkommend bedeutet dies: Was der Schreiber dieses Wortes wirklich meint, können wir nur erfahren, wenn er die Bedeutungen, die er in dieses Wort einschließt, offenlegt. Hier hilft auch kein Nachdenken was er meinen könnte - wir müssen "schauen" was er sagt. Oft wird auch der Schreiber, entsprechend der von WEICK (1985: 195) formulierten Frage: "Wie kann ich wissen, was ich denke, bevor ich sehe, was ich sage?", erst nachdem er über sein Kärtchen gesprochen und die Gruppe darüber diskutiert hat, wirklich "sehen", was er beim Schreiben des Kärtchens gedacht hat.

In moderierten Gruppensitzungen sollte eine generelle Regel vorhanden sein: Jedes Kärtchen, das angepinnt wurde, wird von allen Gruppenmitgliedern in seiner Grundaussage akzeptiert. Zwangsläufig führt dies bei unterschiedlichen Meinungen zu Diskussionen. Weitschweifigen Auseinandersetzungen kann man aus dem Weg gehen, wenn die Gruppe vereinbart, Kärtchen, bei denen innerhalb einer vertretbaren Zeitspanne keine Übereinstimmung erreicht wird, mit einem Konfliktpfeil zu kennzeichnen. Die Kärtchen mit Konfliktpfeilen werden nach dem Anpinnen aller Kärtchen dann nochmals diskutiert. Zumeist zeigt sich, daß sich durch das temporäre Ausklammern Meinungsunterschiede, die zunächst unüberbrückbar schienen, später relativ schnell auflösen lassen.

- Schritt 4: Clustern / abduktives Systematisieren

  Nachdem die ersten Kärtchen in beliebiger Ordnung an die vorbereitete Tafel gepinnt wurden, sucht der Moderator - vor dem Anpinnen weiterer Kärtchen - mit der Gruppe nach Gemeinsamkeiten oder Ähnlichkeiten der auf den einzelnen Kärtchen dargestellten Aspekte: Welche Kärtchen können zusammengehängt (zu "Clustern" vereint) werden?; welche müssen wie getrennt werden? Der Moderator oder ein Mitglied der Gruppe machen hierzu Vorschläge, die Gruppe prüft diese Vorschläge, bildet Zusammenhänge und Hypothesen, macht u.U. andere Vorschläge und entscheidet, wo schlußendlich die Kärtchen im zweidimensionalen Raum angepinnt werden.

Wenn man davon ausgeht, daß in einer Gruppe mit sechs Mitgliedern im Durchschnitt ca. 30 bis 40 Kärtchen geschrieben werden, die jeweils einen Aspekt eines Problems einklammern, muß die Gruppe, um Zusammenhänge erkennen zu können, in der Vielzahl der Kärtchen durch Ordnen Übersichtlichkeit schaffen. "Übersichtlichkeit schaffen" und "Zusammenhänge erkennen" sind zwei Aspekte, die in den vorausgegangenen Ausführungen mehrfach angesprochen wurden und die für die Problemdefinition von außerordentlicher Wichtigkeit sind. Gewöhnlich werden für dieses Ordnen nach Sinnzusammenhängen die Begriffe "Clustern" oder "induktives Systematisieren" (siehe z.B. SCHNELLE: o.J., 42 ff) verwendet. Ich möchte den Begriff "induktiv" durch den von PEIRCE entwickelten Begriff "abduktiv" ersetzen und im Rahmen des folgenden Exkurses begründen, warum ich diesen Begriff zutreffender für die Kennzeichnung der Aufgabe in diesem Schritt finde.

Exkurs: Aufklärungsarbeit durch abduktives Schlußfolgern

Charles Sanders PEIRCE (1839-1914) beschäftigte sich über einen Zeitraum von nahezu 40 Jahren immer wieder mit Fragen des logischen Schlußfolgerns. Seine Gedanken zu diesem Thema hat er in verschiedensten Veröffentlichungen dargestellt (siehe REICHERTZ, 1991). PEIRCE geht davon aus, daß wir auf dreierlei Weise denken und schlußfolgern: durch Deduktion, Induktion und Abduktion.

Die Deduktion ist eine Ableitung des Besonderen aus dem Allgemeinen. Sie geht von einer Gesetzmäßigkeit aus und prognostiziert im zu beurteilenden Einzelfall ein bestimmtes Resultat. Die Induktion hingegen ist eine Schlußfolgerung vom Einzelfall auf das Allgemeine. Bei der Induktion führt mich also eine hinreichende Anzahl von Experimenten zu einer allgemeinen Erfahrung. Wenn ich hingegen einen sonderbaren Befund in einem bisher noch unerforschten Problembereich habe, kann ich kein mir bekanntes Gesetz anwenden. Dies wäre der Bereich, in dem ich auf abduktive Weise nach einem Gesetz oder einer Regel suche, die mir weiterhilft. Deduktionen und Induktionen verlangen ein Wissen, das ich in diesem Fall nicht habe. Bei der Abduktion hoffe ich, jenseits meines Wissens durch Kombinieren und spielendes "Probieren" zunächst eine Hypothese und später eine Theorie zu finden. PEIRCE beschreibt die Abduktion wie folgt (zit. n. REICHERTZ, 1991: 30):

> "Abduction makes its start from the facts, without (...) having any particular theory in view, though it is motived by the feeling that a theory is needed to explain the surprising facts."

Die abduktive Vorgehensweise arbeitet somit nach einer Logik der Entdeckung. Im Mittelpunkt der Abduktion steht die Suche nach einer Annahme, nach sinnstiftenden Regelungen oder gültigen Erklärungen. Die Deduktion hingegen strebt nach Voraussagen; die Induktion sammelt Fakten, um auf der Basis vorhandenen Wissens vom Besonderen auf das Allgemeine schließen zu können. Die Stufen der von PEIRCE dargestellten "Mechanik von Erkenntnisprozessen" kann man zusammenfassend wie folgt interpretieren: Hat man nicht direkt erklärbare Befunde in einem bisher noch unerforschten Problembereich, muß man zunächst Annahmen oder Mutmaßungen treffen und abduktiv eine Hypothese bilden. In der Folge kann man auf deduktivem Weg Voraussagen treffen und danach auf induktivem Weg Fakten suchen, die die Annahme bestätigen.

"Entweder erfassen wir die Wahrheit mit Hilfe von Annahmen oder überhaupt nicht", sagt PEIRCE. So sind auch die wichtigen wissenschaftlichen Entdeckungen seiner Meinung nach ausschließlich über Abduktion zustande gekommen. Das gleiche gilt für kriminalistische Entdeckungen, wie SEBEOK & UMIKER-SEBEOK (1982: 48 ff) im Vergleich zwischen den Methoden von PEIRCE und Sherlock Holmes darstellen:

> "Der Grund, weshalb Sherlock Holmes bei seinen Ermittlungen so erfolgreich ist, ist nicht darin zu suchen, daß er niemals Mutmaßungen anstellt, sondern daß er so zutreffende Mutmaßungen macht. Man könnte sogar sagen, daß er unwissentlich dem Peirceschen Ratschlag folgt, die beste Hypothese auszusondern. 'Wenn man alles ausgeschaltet hat, was unmöglich ist, bleibt am Ende etwas übrig, das die Wahrheit enthalten muß.' (Arthur Conan DOYLE: *Das Diadem*).
> 'Wenn verschiedene Erklärungen möglich sind, muß man jede von ihnen so lange testen, bis eine von ihnen genug Beweiskraft erlangt'." (Arthur Conan DOYLE: *Der bleiche Soldat*).

Durch Abduktion entdeckt man also nicht die "Wahrheit"; man geht quasi eine Wette ein, daß die gefundene Lösung (also die mögliche Welt) der wirklichen Welt entspricht. Abduktive Schlußfolgerungen bergen - wie ECO (1988: 211) darstellt - immer das Risiko des Scheiterns in sich:

> "Der Detektiv erfindet die Lösung in seinem Geist und 'sagt' sie, als ob sie die Wahrheit wäre - und prompt wird die Hypothese von Watson, vom anwesenden Mörder oder von jemand anderem verifiziert. Sie sagen: 'Genauso war's!", und der Detektiv ist sicher, daß er richtig geraten hat. Im Kriminalroman garantiert der Autor (der an Gottes Stelle agiert) die Entsprechung zwischen der vom Detektiv imaginierten *möglichen* und der *wirklichen* Welt. Außerhalb des Kriminalromans sind Abduktionen riskanter und stets vom Scheitern bedroht."

Dieses Beispiel zeigt, daß durch Abduktion, jenseits von konkretem Wissen, Annahmen oder Mutmaßungen über mögliche Zusammenhänge konstruiert werden. In einer neuen, so noch nicht dagewesenen Problemlage, ordnet man die verschiedenen Aspekte, schafft Zusammenhänge und trifft Annahmen nach dem Motto: "So könnte es sein!". Wenn dann das Ganze von mehreren Personen gedanklich noch auf seine Plausibilität überprüft (verifiziert) und dabei festgestellt wird, daß nichts gegen diese Hypothese spricht, entsteht die Überzeugung: "So ist es!". Man zwingt einem Problem eine Form auf - und diese bildet die Basis für das spätere Handeln. In diesem Zusammenhang ist auch die Feststellung von SPINOZA zu sehen (zit. n. ECO, 1988: 211):

> "Die Ordnung und der Zusammenhang der Dinge ist identisch mit der Ordnung und dem Zusammenhang der Ideen."

Sind abduktive Urteile nun ein Produkt des Zufalls? Sie sind wohl nicht nachvollziehbar und reproduzierbar, aber, wie REICHERTZ (1991: 49) darstellt, auch nicht zufällig. Die Probleme, die eine Gruppe lösen möchte, sind in den unterschiedlichsten Richtungen interpretierbar. Dadurch, daß man in einer Gemeinschaft Erklärungen sucht und Zusammenhänge diskutiert, erschafft man - im Sinne von SPINOZA - die Ordnung und Zusammenhänge einer spezifischen, aber nicht zufälligen Welt und der Probleme, die man lösen möchte. Sicherlich gibt's in vielen Fällen intelligentere und bessere Abduktionen, Hypothesen und Erklärungen. Das wesentliche aber ist, daß die Gruppe die Ursachen des Problems in ihrer Ordnung und ihren Zusammenhängen "sieht" und auf diese Weise eine "intersubjektiv aufgebaute und geteilte Wahrheit" entwickelt. "Diese ist allerdings erst erreicht, und das ist der entscheidende Pfiff dabei, wenn *alle* Gemeinschaftsmitglieder zu der gleichen *Überzeugung* (...) gekommen sind" (REICHERTZ, 1991: 54).

Wenn ich vorschlage, für das systematische Ordnen von Kärtchen (Kriterien, Aspekten...) innerhalb von Kartenabfragen den Begriff "induktiv" durch "abduktiv" zu ersetzen, ist dies vor allem durch den Umstand bedingt, daß wir nie wissen, wohin sich das Ergebnis einer Kartenabfrage bewegt und wie die fertige Problemlandkarte aussehen wird. Wir können die spezifische, neue Problemsituation nicht von vornherein überschauen und definieren. Wir erkennen sie in ihrer Detailliertheit erst im Laufe des Ordnens und Systematisierens. Bekanntes soll dabei helfen, Neues zu finden. Im Prozeß des Systematisierens müssen wir immer wieder neue Hypothesen und Sinnzusammenhänge bilden, prüfen, ob ein Kärtchen bei diesen oder jenen Kärtchen besser aufgehoben ist, ob ein neues Cluster angefangen werden soll...

Nehmen wir an, wir hätten im Laufe der Kartenabfrage zum Qualitätsproblem folgende zwei Kärtchen, die im weitesten Sinne den Bereich Personal betreffen, an die Tafel gepinnt: "Zu geringe Fachkenntnis" und "Mangelndes Engagement". Nun kommt das Kärtchen: "Zu geringe Motivation der Mitarbeiter". Wo ordnet man dieses Kärtchen zu? Das eine Kärtchen ("Zu geringe Fachkenntnis") hat Fragen der Aus- und Weiterbildung zum Inhalt; das andere das Engagement der Mitarbeiter. Hänge ich das dritte Kärtchen mit den motivationalen Aspekten zu einem der bereits vorhandenen, oder bilde ich eine neue Gruppe, da ja keins so richtig zum anderen paßt, oder nehme ich jetzt alle Kärtchen zusammen mit der Hypothese: Alles betrifft das Thema "Personal"?

Es gibt kein "Gesetz" oder eine Regel, was man in diesem Fall zu tun hat. Was sinnvoll ist, kann nur in der spezifischen Situation und bei Kenntnis aller zu den einzelnen Kärtchen genannten Fakten und Hintergründen von der Gruppe selbst beurteilt werden. Dazu muß sie diskutieren, Hypothesen bilden, umstecken und prüfen, ob die neue Ordnung sinnvoll ist, nochmals andere Annahmen und Mutmaßungen prüfen...; kurz: Abduktiv vorgehen und die richtige Lösung "finden".

Außerdem kann es im Prozeß des Systematisierens notwendig werden, daß ein bereits gebildetes Cluster getrennt oder zwei Cluster zu einem vereint werden sollten. Man muß beim Clustern immer wieder bereit sein, hin und her, vorwärts und rückwärts zu gehen, neue Annahmen zu treffen, neue Hypothesen zu bilden und diese auf ihre Tauglichkeit hin zu prüfen. Nie weiß man, z. B. aufgrund eines vorhandenen Vorwissens, ob eine Zuordnung so nun richtig oder falsch ist. Richtig ist sie erst, wenn alle Gruppenmitglieder sagen: "So ist es richtig!".

Wie WEICK (1985: 26) darstellt, geht es in Unternehmen immer darum, "verwirrende Ausgangsdaten" und "mehrdeutige Informationen" in eindeutige und verstehbare Informationen zu verwandeln und diese, im Sinne von "Puzzles", in geordnete, zusammenhängende und übersichtliche Sinngehalte umzuwandeln. Dies trifft insbesondere für alle Problemdefinitionen in Gruppen zu. Erst durch Kombinieren und prüfendes Probieren, das durch Vorwissen und feste Ziele eher behindert wird, entsteht Ordnung, werden Zusammenhänge ersichtlich, entsteht das Gefühl der Übersichtlichkeit. Auf diese Weise entsteht auch das von REICHERTZ (1991: 54) angesprochene "intersubjektiv aufgebaute und geteilte Weltbild", das in der Folge die Basis bildet für gemeinsame Handlungen.

• Schritt 5: Problemlandkarte fertigstellen

Die Gruppe hat alle Kärtchen auf die zuvor dargestellte Art und Weise an die Tafel gehängt und versucht nun, für jeden gebildeten Problembereich (Cluster) zusammenfassende Oberbegriffe zu finden. Wird ein von der Gruppe akzeptierter Oberbegriff gefunden, wird dieser auf ein ovales Kärtchen geschrieben und oberhalb des Clusters angepinnt.
Danach geht die Gruppe nochmals alle Kärtchen durch und prüft, ob diese zum Oberbegriff passen; notwendige Korrekturen werden durch Umhängen der Kärtchen vorgenommen. Die mit einem Konfliktpfeil gekennzeichneten Kärtchen werden nochmals diskutiert und ein Konsens in der Gruppe gesucht. Läßt sich

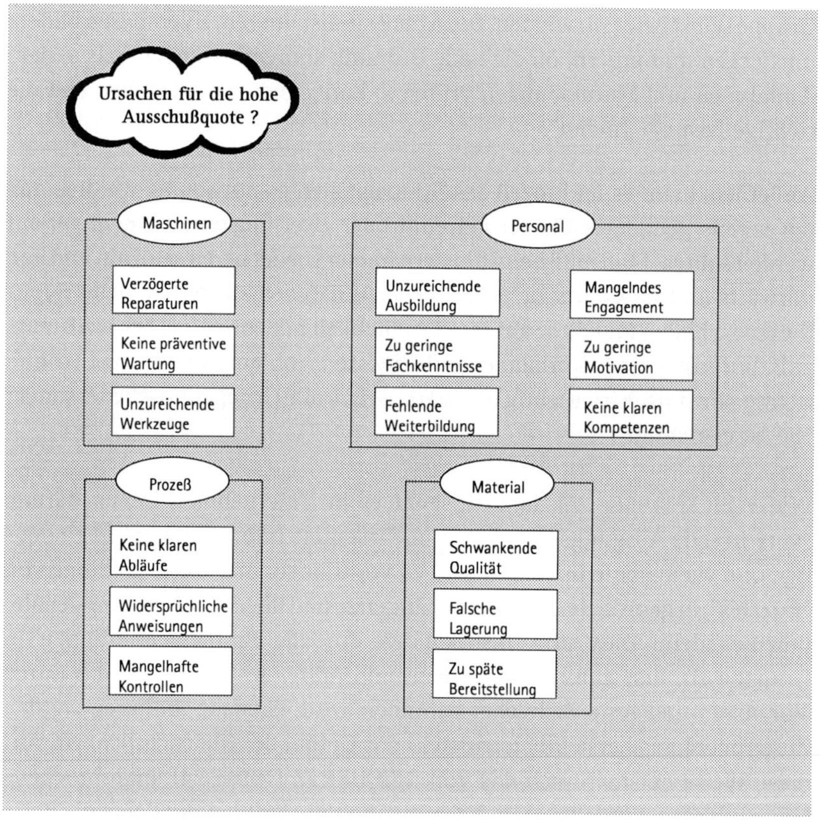

Abbildung 32: Problemlandkarte

dieser auch jetzt nicht in einer angemessenen Zeit finden, bleiben die Kärtchen mit einem Konfliktpfeil hängen und werden u.U. durch einen entsprechenden Kommentar ergänzt.
Nachdem die Gruppe die Zuordnung aller Kärtchen durchgegangen ist, prüft sie, ob man bisher getrennt gehängte Problembereiche evtl. zusammenfassen kann, oder ob man Problembereiche, z.B. weil sie zu komplex sind, trennen sollte. Entschließt man sich für Änderungen, werden die Kärtchen nochmals umgehängt und evtl. neue Oberbegriffe gesucht.
Danach werden die von der Gruppe gemeinsam festgelegten und überprüften Problembereiche umrandet, wie dies in Abbildung 32 dargestellt ist. Die Problemdefinition ist durch die Erstellung einer "Problemlandkarte" weitgehend abgeschlossen. Man weiß nun, was zum Problem gehört und was nicht; man hat die einzelnen Aspekte geordnet und übersichtlich in ihren Zusammenhängen dargestellt.

In Schritt 5 werden die abduktiv erzeugten Ordnungen und Zusammenhänge von Schritt 4 nochmals überprüft und evtl. korrigiert. Auch in diesem Schritt werden, indem man vorwärts und rückwärts geht, Hypothesen aufstellt, diese diskutiert, verifiziert oder verwirft, neue Hypothesen aufgestellt..., weitgehend abduktiv Annahmen über Zusammenhänge gebildet und auf ihre Plausibilität hin geprüft. Die Gruppe wird auf diesem Weg immer vertrauter mit den eingeklammerten Aspekten, erkennt immer deutlicher eine (konstruierte) Ordnung und Zusammenhänge, gewinnt Übersicht über das Problem und dessen Hintergründe. Dies ist kein abrupter sondern ein eher fließender Prozeß, der sich über die Schritte 4 und 5 erstreckt. Werner HEISENBERG (zit. n. THOLEN et al., 1993: 81 ff) beschreibt diesen fließenden Prozeß, in dem sich nach und nach ein neues Bild aufbaut, wie folgt:

> "Vielleicht muß man sich den Übergang von einem stationären Zustand zu einem anderen so ähnlich vorstellen wie in manchen Filmen den Übergang von einem Bild zum nächsten. Der Übergang vollzieht sich nicht plötzlich, sondern das Bild wird allmählich schwächer, das andere taucht langsam auf und wird stärker, so daß eine Zeitlang beide Bilder durcheinandergehen, und man nicht weiß, was eigentlich gemeint ist."

Dies ist m.E. eine passende Metapher für den Prozeß des Entstehens von intersubjektiv getragenen Problemlandkarten. Jedes Mitglied geht mit spezifischen Erfahrungen und mehr oder weniger diffusen Vorstellungen, was die

Aspekte eines Problems sein könnten, in eine Gruppensitzung. In den Schritten 4 und 5 entsteht nach und nach ein neues Bild des Problems, das Schritt für Schritt ein vorher vorhandenes Bild verdrängt. Wichtig ist, daß man jedem Mitglied genügend Zeit läßt, diesen Prozeß zu durchlaufen; daß man nicht bei zwei nebeneinanderstehenden Bildern den Prozeß beendet, sondern ihn in Schritt 5 so vorantreibt, daß das von der Gruppe erstellte Bild das vorherige individuelle Bild weitestgehend aufgelöst hat.

Da Problemlandkarten im Prozeß des Problemlösens von herausgehobener Bedeutung sind, möchte ich in Fortsetzung der Ausführungen zur visualisierten Kommunikation im folgenden Exkurs zwei weitere, alternative Visualisierungs-"Werkzeuge" darstellen.

Exkurs: Alternative Möglichkeiten einer Visualisierung von Problemlandkarten

Mind-Maps und Ursache-Wirkungs-Diagramme sind praxiserprobte Verfahren zur Erstellung von "Landkarten", die man in Gruppen, als Alternative zur üblichen Kartenabfrage, einsetzen kann.

Mind-Maps

Die Methode des Mind-Mapping wurde in den 70er Jahren von Tony BUZAN entwickelt. Ausgangspunkt für die Methode waren die zu dieser Zeit sehr populären Ergebnisse der Gehirnforschung, insbesondere über die Funktionsweise und Zusammenarbeit von linker und rechter Gehirnhälfte. Eine weitere Quelle ist "NLP", die vor allem von BANDLER & GRINDER entwickelte Methode des "Neurolinguistischen Programmierens". Über Mind-Maps können Gedanken, Ideen, Informationen und Problemstellungen ganz unterschiedlichen Umfangs methodisch strukturiert und festgehalten werden. Nach KIRCKHOFF (1991: 2) sind Mind-Maps "nichts anderes als organisierte und methodisch strukturierte Schlüsselworte"; sie bilden nach BEYER (1993: 25) "einen Ausschnitt oder ein Moment-Bild eines Gesamtkomplexes".

Das Mind-Mapping eignet sich auch für die Arbeit in Gruppen. BEYER (1993: 27

und 76 f) beschreibt die Arbeit mit Mind-Maps in Gruppen wie folgt:

> "Anfangs werden individuelle Maps erdacht, die dann später in der Gruppe erweitert und besprochen werden können. (...) Ein Gruppenmitglied wird (.) den Konsensfindungsprozeß organisieren und per Maxi-Mind Map koordinieren. Am besten nehmt ihr dazu einen größeren Bogen Papier. Wenn du die Koordination übernimmst, dann wirst du auf Zuruf die einzelnen Daten themenbezogen in dem Maxi-Mind Map anlegen. Für Kritik siehst du einen Extrazweig vor. Für Unklarheiten ebenfalls. Die Gruppe wird gemeinsam, nachdem sie wunderbar eingestimmt ist auf das Thema und es dank der großen Interpretationsbreite verinnerlicht wurde, in einem guten Rapport zum Thema und zu sich sein. Rapport bedeutet hier eine günstige Einschwingung.(...)
> Als sinnvoll erweist es sich, das Endergebnis noch einmal in einem "Ergebnis-Map" abzubilden. Entweder erhalten die Projektgruppenmitglieder eine Kopie davon oder ein Foto."

Eine ähnliche Vorgehensweise zur Erstellung von "composite cause maps" wird von WEICK & BOUGON (1986: 111) in Anlehnung an EDEN et al. vorgeschlagen:

> "Zuerst erstellen die Gruppenmitglieder ihre eigenen, individuellen Ursachenkarten. Danach sehen sie sich zusammen die von den anderen Gruppenmitgliedern erdachten Karten und eine zusammenfassende Karte an, welche die Vorstellungen und Beziehungen der individuellen Karten enthält. Ausgehend von diesen komplexen Informationen diskutieren, redigieren und bestätigen sie ihre Sichtweisen und versuchen, eine Team-Karte zu erstellen, die sowohl akkurat, als auch akzeptabel ist." (Übersetzung: H.-K.W.)

Für das Erstellen von Mind-Maps gelten folgende Regeln (siehe Abbildung 33):

- In den Mittelpunkt eines möglichst großen Papiers wird das Thema bzw. das Problem geschrieben und mit einem Kreis umschlossen.
- Von diesem Kreis gehen Verzweigungen (Hauptäste) ab, die das Thema bzw. das Problem in seine einzelnen Bereiche gliedert und auffächert.
- Auf die Verzweigungen werden Stichworte bzw. Schlüsselworte als Aufhänger für einen Gedanken geschrieben. Die Schlüsselworte sollen stellvertretend sein für jeweils einen größeren Gedankenkomplex.
- Von jedem Hauptast gehen Zweige ab, die sich wiederum in weitere Nebenzweige verästeln können. Die Zweige und Nebenzweige werden wie die Hauptäste mit Schlüsselworten beschrieben, die jeweils Teilaspekte eines

größeren und gegliederten Gedankenkomplexes bilden.

- Die Beschriftung von Ästen und Zweigen mit Schlüsselworten sollte ausschließlich in Form von einfachen Substantiven erfolgen.

In Abbildung 33 sind die Aspekte der Kartenabfrage aus Abbildung 32 in Form eines Mind-Maps dargestellt. Das Gesamtmuster eines Mind-Maps besteht, wie in Abbildung 33 dargestellt, aus einem Themenkreis, den abzweigenden Hauptästen,

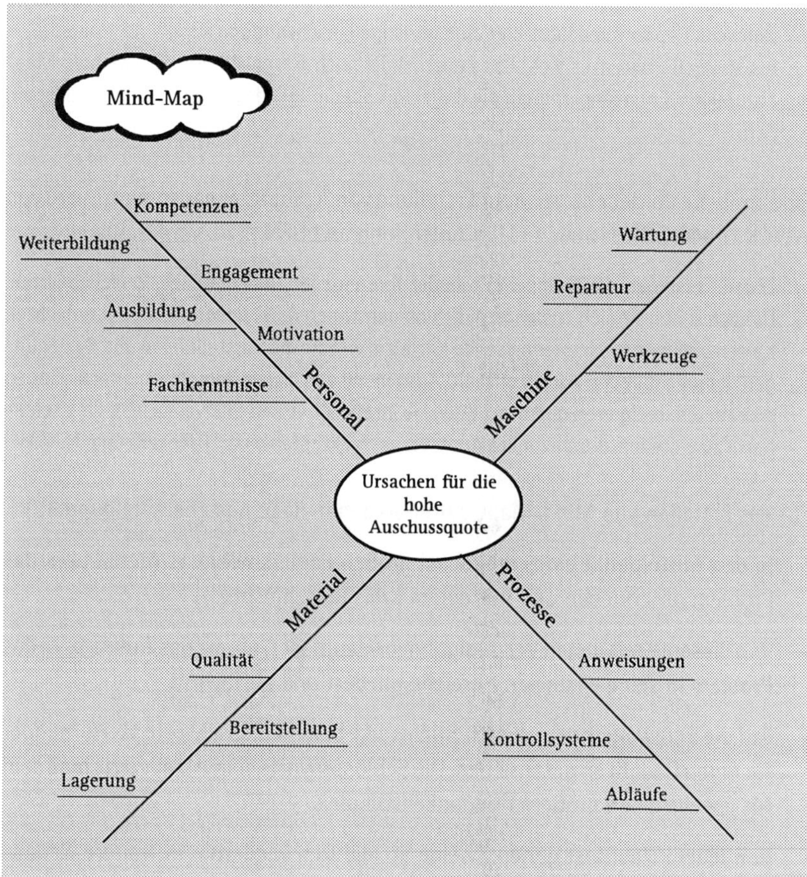

Abbildung 33: Beispiel für ein Mind-Map

Zweigen und Nebenzweigen. Jeder Hauptast mit seinen Zweigen und Nebenzweigen wird im Mind-Map als Komplex bezeichnet. Insgesamt sollte die Entwicklung innerhalb eines Komplexes vom Hauptast zu den Nebenzweigen eine innere Ordnung vom Allgemeinen zum Konkreten darstellen.

Wenn auch einige Regeln der zuvor dargestellten Moderationsmethode von den Regeln des Mind-Mapping abweichen, sind die Methoden insgesamt doch sehr ähnlich. Mind-Maps bieten sicherlich gute Möglichkeiten, komplexe Sachverhalte und Gedankenkomplexe zu gliedern und in ihren Verästelungen darzustellen. In Problemlösegruppen bietet m.E. die Moderationsmethode weitaus bessere Möglichkeiten. Ein Vorteil des Arbeitens mit Kärtchen ist, daß man mit diesen wesentlich flexibler ist; wesentlich besser kombinieren und abduktiv "spielen" kann.

Ursache-Wirkungs-Diagramm

Das Ursache-Wirkungs-Diagramm, auch bekannt unter den Begriffen "Fischgrät-", "Tannenbaum-" oder "Ishikawa-Diagramm", wurde Anfang der 50er Jahre von Kaoru ISHIKAWA als Arbeitstechnik vorrangig zur Analyse von Qualitätsproblemen und deren Ursachen entwickelt. Über das Diagramm sollen die Beziehungen zwischen einem ausgewählten Problem und seinen Ursachen aufgezeigt werden. Die Ursachen werden in der Regel nach folgenden vier Bereichen geordnet: Mensch, Maschine, Material und Methode (siehe IMAI, 1992).

Für das Erstellen eines Ursache-Wirkungs-Diagramms gelten folgende Regeln (siehe Abbildung 34):

- Zunächst wird das Problem grob beschrieben und in der Gruppe diskutiert.
- Das Diagramm wird auf ein möglichst großes Papier gezeichnet und die vier Analyse-Zweige: Mensch, Maschine, Material und Methode eingetragen.
- Der ausgewählte und von der Gruppe zu bearbeitende Problembereich wird definiert und auf die rechte Seite des vorbereiteten Plakats geschrieben.
- Danach werden in der Gruppe, vorzugsweise in einer Art Brainstorming, die den ausgewählten Problembereich beeinflussenden Ursachen gesucht und jeweils einem der vier Analyse-Zweige zugeordnet.
- Im weiteren Verlauf versucht man, die gefundenen Einflußursachen immer

weiter in Unterursachen aufzugliedern und das Diagramm auf seine Vollständigkeit zu überprüfen.

In Abbildung 34 wurden die das Problem kennzeichnenden Aspekte aus Abbildung 32 in Form eines Ursache-Wirkungs-Diagramms dargestellt. Die Art der Visualisierung weicht unerheblich von der optischen Sprache der Moderationsmethode ab. In der Vorgehensweise zur Erstellung des Diagramms gibt es jedoch erhebliche Unterschiede; diese ist bei der Erstellung eines Ursache-Wirkungs-Diagramms, dadurch, daß vier Analysebereiche vorgegeben sind, stark strukturiert.

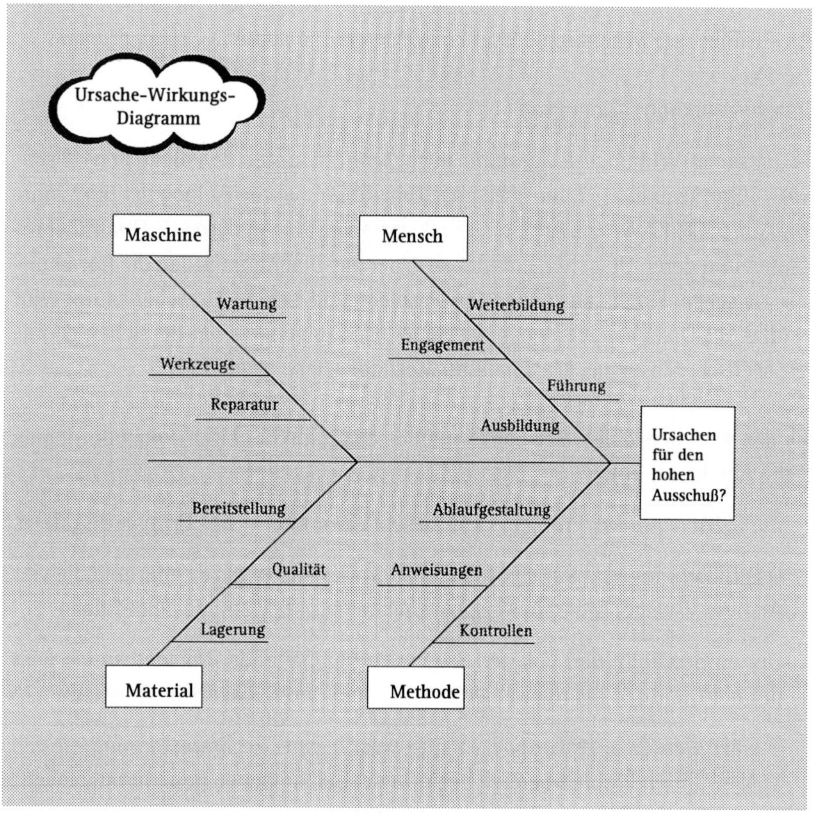

Abbildung 34: Beispiel für ein Ursache-Wirkungs-Diagramm

Die Oberbegriffe (Analyse-Zweige) werden somit - im Gegensatz zur Moderationsmethode - vorgegeben, bzw. am Anfang gebildet, und in der Folge sucht man zuordenbare Einflußursachen. Diese Form der Strukturierung gibt einerseits (vor allem weniger geübten) Gruppen einen geordneten Suchrahmen, verhindert aber andererseits zumeist ein kreatives Ausbrechen aus gewohnten Bahnen. Man hat ein Schema, und nach diesem werden die Probleme abgehandelt. Da man beim Ursache-Wirkungs-Diagramm einen klaren Suchrahmen mit den Mitteln der Visualisierung verbindet, ist es geeignet, Transparenz über die Ursachen relativ einfacher Probleme (z.B. von Produktionsabläufen) zu erzeugen und wird deshalb bevorzugt in Qualitätszirkeln und Lernstattgruppen eingesetzt.

Für weniger geübte Gruppen sind auch Mischungen aus den dargestellten Visualisierungsmethoden denkbar. So kann man z.B. bei relativ einfachen und wenig komplexen Problemen zunächst eine Kartenabfrage durchführen. Beim anschließenden Clustern geht man rein gedanklich zunächst davon aus, daß man vier Problembereiche (Cluster) bilden wird: Mensch, Maschine, Material und Methode. Nun versucht man, jedes Kärtchen einer dieser zunächst nur im "Hinterkopf" vorhandenen Kategorien zuzuordnen. Wenn ein Kärtchen kommt, das sich diesen vier Bereichen nicht sinnvoll zuordnen läßt, kann man die "Fischgräte" gedanklich "verlängern" und ein neues Cluster aufmachen. Bei dieser, verschiedene Visualisierungsmethoden vereinigenden Vorgehensweise wird jedoch die Kreativität geringer sein, als bei einer rein abduktiven Vorgehensweise.

4.3.2. Verfeinern einer Problemlandkarte

Vor allem wenn in Problemlandkarten eine größere Anzahl von Clustern gebildet wird, also ein Mehrfachproblem besteht, sollte für die Festlegung der weiteren Vorgehensweise zunächst geklärt werden, ob sich beim Vergleich der verschiedenen Problembereiche Schwerpunkte bilden lassen, oder ob man die Problembereiche nach zentralen bzw. peripheren Aspekten differenzieren kann. In Schritt 6 werden hierzu zwei Möglichkeiten dargestellt:

- Alternative 1: Das Punkten mit Gewichtungsfragen;
- Alternative 2: Die Analyse der Interdependenzen.

Je nach Fall, können diese Möglichkeiten alternativ eingesetzt werden, wobei Alternative 2 wesentlich aufwendiger und auch schwieriger zu handhaben ist.

- Schritt 6: Problemlandkarte verfeinern
  Alternative 1: Punkten mit Gewichtungsfragen

  Um in der Problemlandkarte die einzelnen Aspekte in ihrer Gewichtigkeit bzw. Dringlichkeit zu differenzieren, schlägt der Moderator vor, daß man die gebildeten Cluster "punktet". Nach der Diskussion einigt man sich auf folgende Gewichtungsfrage: "Bei welchen Aspekten sollten wir zuerst ansetzen?".

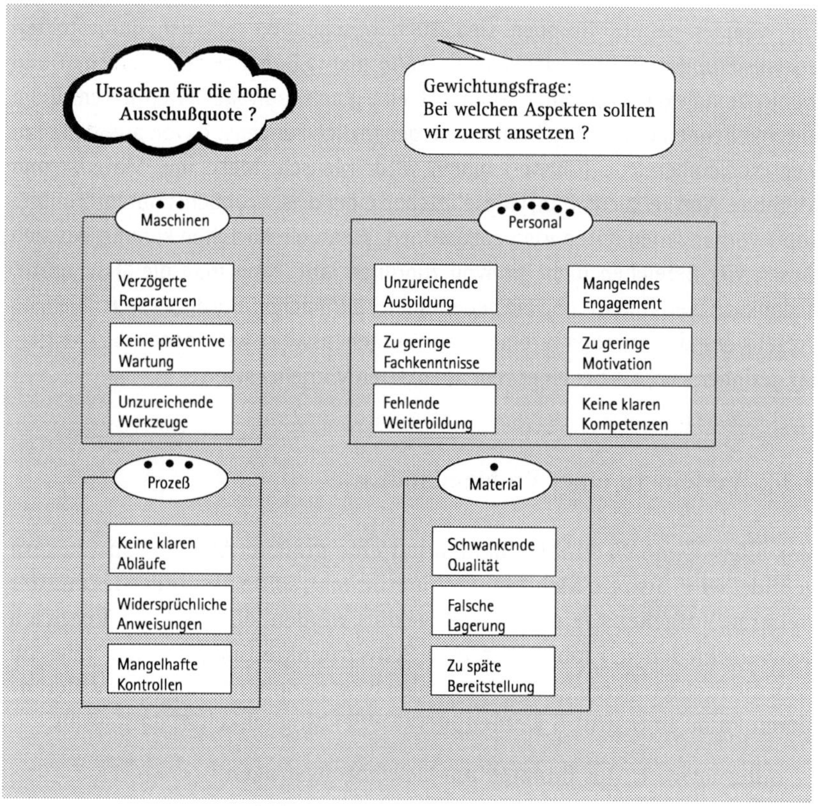

Abbildung 35: Gewichtete Problemlandkarte

Nachdem die Problemlandkarte aus vier Clustern besteht, schlägt der Moderator vor, daß jeder Teilnehmer zwei Punkte erhält, insgesamt von den sechs Gruppenmitgliedern also zwölf Punkte zur Kennzeichnung der vordringlich zu bearbeitenden Problembereiche vergeben werden können. Der Moderator bittet die Gruppenmitglieder, vor Vergabe ihrer Punkte nochmals intensiv zu überlegen, bei welchen Problembereichen man zuerst ansetzen sollte, um das Problem zu lösen. Danach punkten die Gruppenmitglieder gemeinsam (Ergebnis siehe Abbildung 35). Nach dem Punkten stellt der Moderator fest, daß die Cluster "Personal" und "Prozeß" nach Meinung der Gruppe zuerst zu bearbeiten sind und kennzeichnet diese entsprechend.

Das Punkten, das man im Problemlösungsprozeß in verschiedenen Stufen und bei verschiedenen Anlässen einsetzen kann, soll der Gruppe Ansatzpunkte über die Gewichtigkeit einzelner Aspekte geben und/oder eine Richtung aufzeigen, mit welchen Problemen sie sich zuerst beschäftigen sollte. Bei der Auszählung der vergebenen Punkte bedarf es keiner akkuraten Erfassung oder gar mathematisch ausgeklügelter Verfahren. Wichtig ist, daß man optisch prüft, welche Cluster oder welche Themen von den Teilnehmern als wesentlich angesehen werden, und wo man bei der Problembearbeitung weitermachen soll. Auch die Frage, wieviel Punkte jeder Teilnehmer zur Gewichtung jeweils erhält, ist nicht von ausschlaggebender Bedeutung. Ganz grob kann man die Regel aufstellen, daß man die Anzahl der gebildeten Cluster durch zwei teilt und der hierbei ermittelte Wert die Anzahl der pro Gruppenmitglied zu vergebenden Punkte ist.

- Alternative 2: Analyse der Interdependenzen

Um in der Problemlandkarte zentrale und periphere Aspekte sowie evtl. Wechselwirkungen zu erkennen schlägt der Moderator vor, daß man versucht, die Interdependenzen der einzelnen Problembereiche (Cluster) zu analysieren.
Hierzu werden zunächst die Titelscheiben (Cluster-Überschriften) kopiert und auf einer neuen Tafel aufgehängt. Die Gruppe prüft nun auf abduktive Weise, wie die einzelnen Aspekte sich gegenseitig positiv und/oder negativ beeinflussen.
Nachdem in der Gruppe die Beziehungen zwischen den einzelnen Problembereichen analysiert wurden, stellt sich heraus, daß der Problembereich "Personal" eine zentrale Bedeutung hat und alle anderen Bereiche positiv bzw. negativ beeinflußt (siehe Abbildung 36). Das Fazit wird nach Analyse der Interdependenzen von der Gruppe wie folgt gezogen:

- Ist das "Personal" gut ausgebildet, engagiert und motiviert, können die Probleme in den Bereichen "Maschine", "Material" und "Prozeß" weitgehend abgeschwächt und die übrigen Mängel durch den positiven Faktor "Personal" teilweise kompensiert werden.
- Treten im Problembereich "Personal" Defizite auf, werden alle anderen Bereiche zunehmend negativ beeinflußt; sonst noch vorhandene negative Aspekte werden verstärkt.

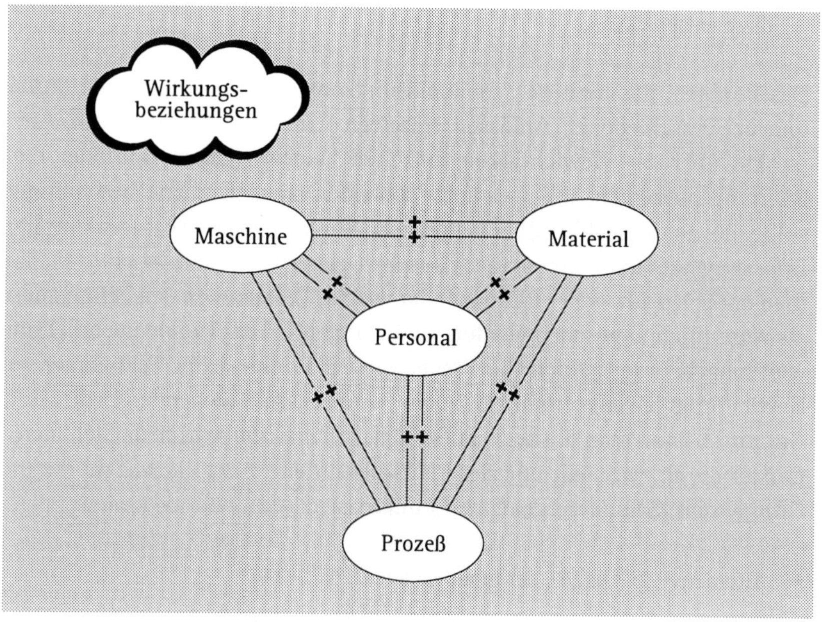

Abbildung 36: Netzwerk der Wirkungsbeziehungen

Problemlandkarten, wie in Abbildung 32 dargestellt, sind statisch und zeigen keine Wirkungsbeziehungen (Interdependenzen), die in der Praxis von wesentlicher Bedeutung sein können. Um die Karte zu dynamisieren, kann man die Interdependenzen zwischen den einzelnen Problembereichen analysieren (siehe z.B. ULRICH & PROBST, 1988: 135 ff und WEICK, 1985: 106 ff). Wie WEICK & BOUGON (1986) darstellen, ist die Prüfung der Beziehungen zwischen den einzelnen Vorstellungen, insbesondere auch deren Veränderbarkeit, eine zentrale Aufgabe bei der kollektiven Erstellung von "Ursachenkarten". (WEICK & BOUGON verwenden - im Unterschied zu dem von mir verwendeten Begriff "Problemlandkarte" - den Begriff "cause map", wobei sich die beiden Begriffe inhaltlich nicht unterscheiden.) Für die Erstellung einer Ursachenkarte empfehlen WEICK & BOUGON (1986: 108 ff) folgende 3-stufige Vorgehensweise:

> "Wenn Menschen versuchen, den Sinn ihrer unterschiedlichen Erfahrungen zu beschreiben, müssen sie sich gegenseitig durch drei Ebenen zur Übereinstimmung ihrer Vorstellungen führen:
> (1) Verständigungsmöglichkeiten über die unterschiedlichen Vorstellungen feststellen und Analyse der verbindenden Erfahrungen (...),
> (2) Übereinstimmung der Meinungen finden über die Verbindungen zwischen den unterschiedlichen Vorstellungen (...),
> (3) Gleichartigkeiten finden, wie die unterschiedlichen Vorstellungen jeden Beteiligten beeinflussen (...) und wie sie selbst diese Vorstellungen beeinflussen können." (Übersetzung: H.-K.W.)

Grundfrage bei der Analyse von Wirkungsbeziehungen, Interdependenzen bzw. Verbindungen ist: "Wie verändert sich "B", wenn "A" sich in einer bestimmten Richtung verändert?". Beispiel: Wie verändert sich die Qualität von Maschinenreparaturen, wenn das Personal besser ausgebildet, engagierter und motivierter ist. Nimmt man an, daß sich die Qualität der Maschinenreparaturen positiv verändert, kennzeichnet man die Beziehung mit einem "+". Nimmt man an, daß die Qualität ausgeführter Reparaturen bei steigender Qualifizierung des Personals schlechter wird, hätte man eine abschwächende Wirkung, die mit einem "-" gekennzeichnet wird.

In Abbildung 36 wird davon ausgegangen, daß alle Beziehungen zwischen den einzelnen Problembereichen positiv sind, im Istzustand jedoch die mangelnde Personalqualifikation zu einer negativen Beziehung führt. Wenn man nur wenige Problembereiche (Cluster) hat, läßt sich die Analyse der Interdependenzen relativ leicht und schnell durchführen. Man kann auf diesem Weg zentrale und periphere Problembereiche relativ gut trennen und die Bereiche bestimmen, auf die man sich in den späteren Phasen des Problemlösens konzentrieren sollte. Bei zunehmender Anzahl von Clustern wird die Analyse der Wirkungsbeziehungen immer komplexer und schwieriger, da die Beziehungen zwischen den einzelnen Aspekten zumeist nicht so einfach zu bestimmen sind, wie in dem von mir konstruierten Beispiel.

Das Erstellen einer umfassenden, von allen Gruppenmitgliedern akzeptierten Problemlandkarte ist ein (zeit-)aufwendiger aber für die Lösung eines Problems notwendiger Prozeß. Ein entscheidender Effekt bei der Erstellung von Problemlandkarten ist, daß sich im Laufe des Prozesses bei den Gruppenmitgliedern eine hohe Bereitschaft bildet, für die analysierten Probleme Lösungen zu entwickeln und diese anschließend auch in die Praxis umzusetzen. Deshalb gilt die Regel: Je besser die Problemlandkarte ist, desto besser können die späteren Lösungen sein und desto eher ist damit zu rechnen, daß die bestehenden Probleme auch wirklich reduziert oder gelöst werden.

An dieser Stelle ist die Stufe II im zuvor dargestellten Problemlösungsprozeß (siehe Abbildung 28) abgeschlossen; nun beginnt Stufe III. In der Folge werde ich darstellen, wie man, ausgehend von der Problemlandkarte, mittels der Moderationsmethode Problemlösungen und Umsetzungspläne in Gruppen entwickelt.

4.3.3. Entwicklung eines Lösungsansatzes

Die Gruppe ist an einen Punkt gekommen, der für viele Problemlösungsprozesse typisch ist: Man hat bei der Erstellung der Problemlandkarte festgestellt, daß ein Mehrfachproblem vorhanden ist, bei dem sich das Gesamtproblem in mehrere Problembereiche (Teilprobleme) gliedert. In der vorausgegangenen Bewertung der Teilprobleme durch Punkten oder Analyse der Wirkungsbeziehungen/Interdependenzen wurde festgestellt, daß die einzelnen Teilprobleme nicht gleichgewichtig sind, diese vielmehr in gewichtige und weniger gewichtige bzw. zentrale und periphere Teilprobleme unterschieden werden können. Da sich Mehrfachprobleme nicht simultan sondern nur sequentiell (innerhalb einer Gruppe) bearbeiten lassen, muß die Gruppe entscheiden, welche Problembereiche sie in welcher Reihenfolge bearbeiten will. Die weiteren Stufen des Problemlösungsprozesses werden dann für jedes Teilproblem getrennt nacheinander durchlaufen.

In den folgenden Ausführungen werde ich, da die Prozeßfolge jeweils identisch ist, den Ablauf für die Bearbeitung des ersten Teilproblems beschreiben. Die Vorgehensweise zur Entwicklung eines Lösungsansatzes ist nachstehend in folgende drei Schritte gegliedert:

- Schritt 7: Erstellen eines Problemspeichers;
- Schritt 8: Ordnen, Überprüfen und Vervollständigen der Teilaspekte;
- Schritt 9: Entwicklung eines Lösungsansatzes.

- Schritt 7: Erstellen eines Problemspeichers

  Nach Diskussion der Ergebnisse der Bewertung der Teilprobleme (Punkten/Analyse der Wirkungsbeziehungen) erstellt die Gruppe einen Problemspeicher (siehe Abbildung 37) und entscheidet, sich zunächst mit dem Problembereich "Personal" zu beschäftigen. Danach sollen die Problembereiche "Prozeß", "Maschine" und "Material" bearbeitet werden.
  Außerdem werden von der Gruppe Erledigungstermine festgelegt und in den Problemspeicher eingetragen.

Problemspeicher

Zu erledigende Teilprobleme:	Reihenfolge in der Berabeitung:	Zu erledigen bis:
Personal	1	15.1.
Prozeß	2	25.2.
Maschine	3	10.3.
Material	4	30.3.

Abbildung 37: Problemspeicher

Positive Effekte können in abduktiven Prozessen unter ganz unterschiedlichen Umständen entstehen. Daß es vor allem in Notsituationen ("Du mußt das Problem bis zum Tag "X" unbedingt gelöst haben!") zu abduktiven Blitzen kommt, wird von PEIRCE anhand eines persönlichen Erlebnisses (PEIRCE wurde anläßlich einer Dampferfahrt eine kostbare Ankeruhr gestohlen und er mußte den Dieb bis zur Ankunft im Hafen finden; siehe SEBEOK & UMIKER-SEBEOK, 1982) dargestellt. Andererseits benötigt abduktives Schlußfolgern, wie PEIRCE fordert, "musement". Dieser Widerspruch löst sich jedoch auf, wenn man das Typische dieser beiden abduktionsfreundlichen Settings sucht. Beide Strategien zielen, wie REICHERTZ (1991, 64) darstellt, auf eine "Ausschaltung des bewußt kontrollierenden und planenden Verstandes" ab.

Wenn sich eine Gruppe, z.B. dadurch, daß sie sich kurzfristige Erledigungstermine setzt, unter zeitlichen Druck stellt, kann dies somit positive Wirkungen auf die Ergebnisse ihrer Arbeit haben. Über (bedingt) positive Effekte, verursacht durch einen zeitlichen bzw. sachlichen Problemlösungsdruck, wird u.a. von WEICK & BOUGON (1986) und ZAHN (1993) berichtet. Daß Problemlösungsprozesse unter zeitlichem Druck zu guten Ergebnissen führen können, zeigt auch nachstehender Bericht von SCHNEIDER (1994: 124) über Restrukturierungsmaßnahmen bei der STOLL GmbH:

> "Um (.) schnell zu Ergebnissen zu kommen, bedienten sich Wildemann und Moll eines einfachen wie wirkungsvollen Instruments: Sie setzten Führungskräfte wie Mitarbeiter unter extremen Zeitdruck. Wildemann, der vergleichbare Erfahrungen bereits in mehr als 20 anderen Firmen gesammelt hat: 'Die Erhöhung des Leidensdrucks ist ein probates Mittel, die Lernfähigkeit einer Organisation zu steigern. Sie ist die Voraussetzung für einen kontinuierlichen Verbesserungsprozeß.'
> Das klappte auch im Fall der Nadelbettfertigung. Weil die Mitarbeiter intensiver als jemals zuvor nach Problemen und ihren Ursachen suchen und zugleich schneller zu einem Konsens finden mußten, sanken die Durchlauf- und Rüstzeiten innerhalb weniger Monate ebenso wie die Bestände um rund 30 Prozent, die Produktivität stieg um 20 Prozent".

Die Gruppe hat ihren Focus nun ausschließlich auf einen Teilbereich des Mehrfachproblems konzentriert. Wichtig ist, daß man, bevor man Lösungen sucht, den Teilbereich nochmals auf seine Vollständigkeit überprüft. Außerdem sollte man, vor allem wenn man viele Kärtchen für einen Teilbereich hat, versuchen, das Teilproblem nochmals in sich zu gliedern: Teil-Teilprobleme zu bilden. Auch in Stufe III des Problemlösungsprozesses sollte das Ziel verfolgt werden, Ordnung und Übersichtlichkeit zu schaffen, damit man Zusammenhänge und Lösungsansätze besser erkennen kann. Je detaillierter man in dieser Stufe ein Teilproblem in Teil-Teilprobleme strukturiert, die einzelnen Aspekte abduktiv durchleuchtet und durch Vorwärtsgehen und Rückschau halten auf ihre Plausibilität hin überprüft, desto eher können qualitativ befriedigende Lösungsansätze erreicht werden.

- Schritt 8: Ordnen, Überprüfen und Vervollständigen der Teilaspekte

  Der Moderator schlägt vor, daß man die in der ersten Kartenabfrage gesammelten und dem Personalbereich zugeordneten Kärtchen auf ihre Vollständigkeit überprüft und u.U. weitere Aspekte hinzufügt. Außerdem soll die Gruppe die dem zu bearbeitenden Teilproblem zugeordneten Einzelaspekte in sich nochmals ordnen. Nachdem sich die Gruppe auf diese Vorgehensweise geeinigt hat schlägt der Moderator vor, daß man zur Komplexitätserweiterung eine weitere Kartenabfrage durchführt und danach die bereits vorhandenen und neu hinzukommenden Kärtchen nochmals clustert.
  Nach Durchführung der Kartenabfrage ("Welche Teilaspekte kennzeichnen das Personalproblem?") und dem anschließenden Clustern ergeben sich die in Abbildung 38 dargestellten vier Teilbereiche des Teilproblems "Personal".

- Schritt 9: Entwicklung eines Lösungsansatzes

  Ausgehend von der Teil-Problemlandkarte (Abbildung 38) für den Bereich "Personal" diskutiert die Gruppe verschiedene Lösungsansätze. Zunächst konzentrieren sich alle Lösungsansätze auf Maßnahmen in den einzelnen Bereichen. So wird z.B. vorgeschlagen, daß man zur Reduzierung der Probleme im Bereich der Aus- und Weiterbildung ein Schulungs-Programm entwickelt, durch das die vorhandenen Defizite verringert werden; die Kompetenz- bzw. Verantwortungs-Probleme durch eindeutige organisatorische Regelungen reduzieren werden...
  Obwohl man in diesen Lösungsansätzen konkrete Möglichkeiten zur Verringerung der Probleme sieht, ist man insgesamt nicht "glücklich"; sie erscheinen der Gruppe zu naheliegend, entsprechen zu sehr dem, was man schon immer gemacht hat. Außerdem ist die Gruppe der Meinung, daß die Probleme im Bereich "Motivation/Engagement" dadurch nicht gelöst werden können. In der Diskussion macht eines der Gruppenmitglieder den Vorschlag, die Einführung teil-

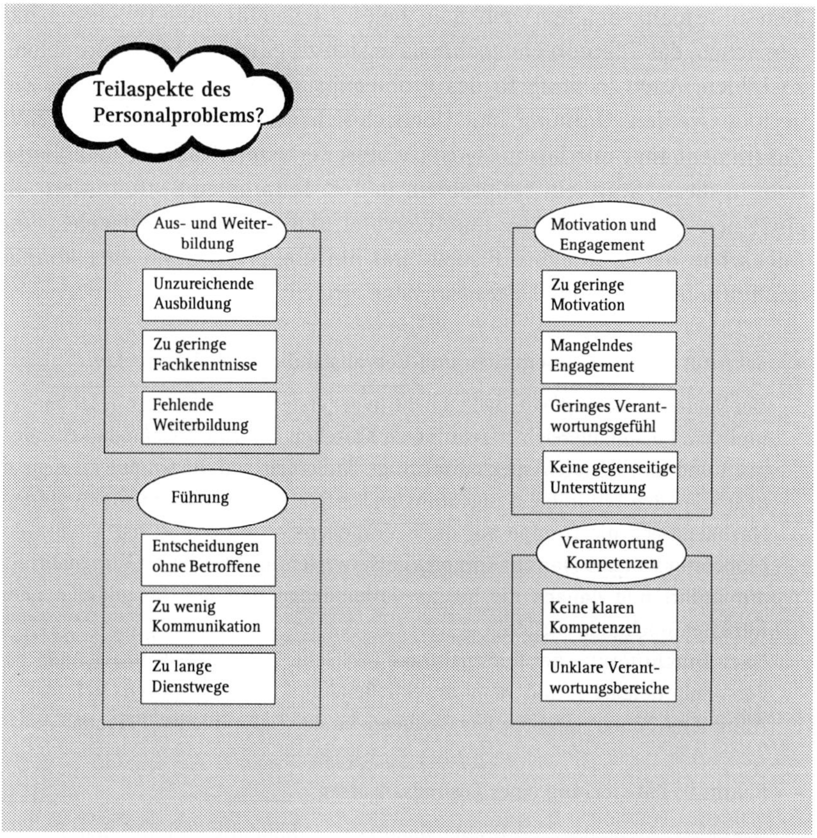

Abbildung 38: Teil-Problemlandkarte "Personal"

autonomer Arbeitsgruppen in Verbindung mit der Einrichtung von Qualitätszirkeln zu prüfen.

Die Gruppe nimmt diesen Vorschlag auf und stellt fest, daß dies eine den üblichen Rahmen sprengende Lösung sein könnte, auf die man sich zunächst konzentrieren möchte und die man in der nächsten Sitzung im Detail prüfen sollte.

Es wird festgelegt, daß sich der Moderator bis zur nächsten Sitzung über die Konzepte der teilautonomen Gruppenarbeit und Qualitätszirkel näher informiert und Details zu Beginn der nächsten Sitzung der Gruppe vorträgt.

In Stufe III soll, wie DEWEY (1951: 79) darstellt, "das Entstehen zahlreicher verschiedener Einfälle nach Möglichkeit gefördert" und gleichzeitig das Treffen "vorschneller Lösungen" verhindert werden. Nur auf diesem Weg kommt man zu Lösungsansätzen, die, da sie den Rahmen des Alltäglichen verlassen, Neues darstellen und nicht nach dem gefährlichen Muster des: "Mehr desselben" (WATZLAWICK, 1986) gestrickt sind. Problemlösungsprozesse sollten - im HEIDEGGER'schen Sinne (1984) - als Ausbruch aus der "Geworfenheit" und einem bequemen, zur Routine gewordenen "In-der-Welt-Sein" betrachtet werden; "Zuhandenes" soll hierbei durch geplante Zusammenbrüche kritisch in Frage gestellt und Neues entwickelt werden.

An dieser Stelle ist Stufe III des in Abbildung 28 dargestellten Problemlösungsprozesses abgeschlossen; nachstehend wird die den Problemlösungsprozeß abschließende Stufe IV beschrieben.

4.3.4. Bestätigung und Annahme einer Lösung

Das weitere Vorgehen, das schlußendlich zur Bestätigung oder Ablehnung einer Lösung führt, wird in folgende zwei Schritte gegliedert:

- Schritt 10: Prüfung des Lösungsansatzes;
- Schritt 11: Festlegung von Details für die Präsentation.

• Schritt 10: Prüfung des Lösungsansatzes

Der Moderator trägt zu Beginn der Gruppensitzung die Ergebnisse seiner Recherchen zu teilautonomen Arbeitsgruppen und Qualitätszirkeln in visualisierter Form vor.
In der darauffolgenden Diskussion stellt man fest, daß ein großer Teil der Probleme im Bereich "Personal" durch die Einführung von teilautonomen Arbeitsgruppen und die begleitende Installation von Qualitätszirkeln reduziert werden kann. Zum Ende der Sitzung kommt man überein, daß man in zwei getrennten Gruppen zunächst noch einige notwendige Details klären sollte.
Die Aufgaben dieser Gruppen werden in einem "Aufgabenkatalog" (Abbildung 39) festgehalten. In der abschließenden Sitzung sollen von den (Unter-)Gruppen die Details der Konzeption in Form von "Plakaten" vorgetragen werden.

Aufgabenkatalog

Aufgaben	Zu erledigen von:	Zu erledigen bis:
Klärung von Detailfragen zur Bildung von teilautonomen Arbeitsgruppen	Stütz, Wagner Schmied	5.1.
Klärung von Detailfragen zur Bildung von Qualitätszirkeln	Bälder, Bielesch Schwarzkopf	5.1.

Abbildung 39: Aufgabenkatalog

In Problemlösungsprozessen kann es sinnvoll sein, daß sich eine Gruppe zur getrennten Bearbeitung von Aufgaben in Untergruppen spaltet, oder bestimmte Aufgaben auf einzelne Personen überträgt. Diese Vorgehensweise ist immer dann von Vorteil, wenn es darum geht, relativ aufwendige Detailaufgaben zu erledigen oder Ausarbeitungen zu erstellen. Hier bietet die (größere) Gruppe zumeist keine Vorteile. Aufwendige Detailaufgaben, bei denen es z.B. nicht auf soziale Sinnbildung, Reduzierung von Mehrdeutigkeit oder das Entwickeln kreativer, neuer Lösungen ankommt, lassen sich rationeller außerhalb der größeren Gruppe erledigen.

- Schritt 11: Festlegung von Details für die Präsentation

- Erstellen eines Präsentationsplakates

  Die Untergruppen stellen zu Beginn der letzten Gruppensitzung die Ergebnisse ihrer Detailarbeit in Form von Plakaten vor. Die Gruppe diskutiert eingehend inhaltliche Fragen und die Form der visuellen Darstellung, nimmt einige Korrekturen und Ergänzungen vor und erstellt ein Plakat, in dem die Effekte bzw. Auswirkungen der teilautonomen Gruppenarbeit und von Qualitätszirkeln auf den Problembereich "Personal" dargestellt werden (Abbildung 40). Dieses Plakat soll den späteren Vortrag über den Stand der Gruppenarbeit visuell unterstützen.

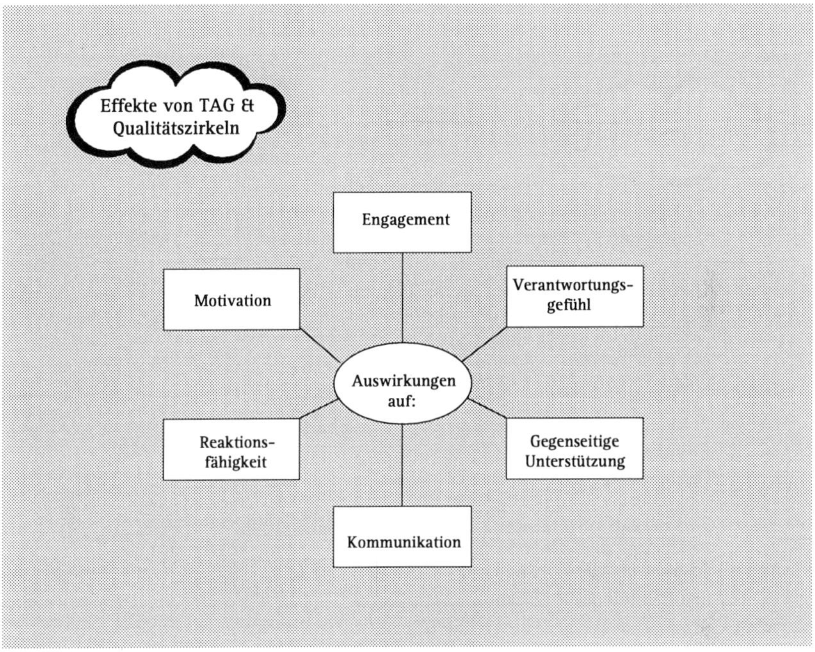

Abbildung 40: Beispiel für ein Präsentationsplakat

Für die begleitende Visualisierung von Vorträgen wurde innerhalb der Moderationsmethode die "optische Rhetorik" bzw. "Grammatik" entwickelt (siehe SCHNELLE-CÖLLN, 1983 und 1988). Dabei gilt, daß die Visualisierung das gesprochene Wort nicht ersetzen, sondern lediglich unterstützen und erweitern soll; durch Visualisierung soll dem gesprochenen Wort ein Rahmen gegeben werden. Die Visualisierung soll Übersicht ermöglichen und es sollen Zusammenhänge verdeutlicht werden. Hierzu wurden unterschiedliche Kompositionsregeln entwickelt, in denen Empfehlungen gegeben werden über die Gestaltung von Figur und Hintergrund, Reihung und Rhythmus sowie über den Einsatz von Flächen, Formen und Farben.

- Erstellen eines Maßnahmenkataloges

  Für die Präsentation der bisherigen Arbeitsergebnisse erstellt die Gruppe einen Maßnahmenkatalog, in dem die nächsten, zur Realisierung des Vorschlags notwendigen Schritte, dargestellt werden (Abbildung 41).

Maßnahmenkatalog

Maßnahmen	Zu erledigen von:	Zu erledigen bis:
1. Bildung Projektgruppe: Einführung von teilautonomen Arbeitsgruppen	Geschäftsleitung	30.1.
2. Bildung Projektgruppe: Einführung von Qualitätszirkeln	Geschäftsleitung	30.1.
3. Bildung Projektgruppe: Festlegung eines Aus- und Weiterbildungsprogramms für den Bereich der Produktion	Geschäftsleitung	30.3.

Abbildung 41: Maßnahmenkatalog

- Abschluß der ersten Problemlösungssequenz:

  Da der Bereich "Personal" eine zentrale Stellung innerhalb des Gesamtproblems hat und der zwischenzeitlich erarbeitete Lösungsansatz weitreichende Veränderungen mit sich bringen würde, beschließt die Gruppe, den bisherigen Stand der Gruppenarbeit der Geschäftsleitung vorzutragen.
  Nachdem der Problemlösungsprozeß für das erste Teilproblem abgeschlossen ist, bittet der Moderator die Gruppenmitglieder in einer abschließenden Feedbackrunde, sich zur bisherigen Zusammenarbeit innerhalb der Gruppe und zum Ergebnis der Gruppenarbeit zu äußern.

Es ist leider nicht bekannt, wie sich die Gruppenmitglieder im Feedback geäußert haben und wie die Geschäftsleitung nach der Präsentation der ersten Ergebnisse der Gruppenarbeit entschieden hat. Ich möchte deshalb mit einer Mutmaßung abschließen: Man kann annehmen, daß im Laufe der Zusammenarbeit bei allen Gruppenmitgliedern neue, umfassendere und von allen geteilte Perspektiven über das Problem und seine Lösungsmöglichkeiten entstanden sind. Mehrdeutigkeiten konnten reduziert, Hintergründe ausgeleuchtet, Ordnungen und Zusammenhänge erkannt, Wichtiges von Unwichtigem getrennt, zuvor differenzierte Denk- und Handlungsansätze verzahnt und gemeinsame Lösungsansätze erarbeitet werden. Die Gruppenmitglieder haben im Problemlösungsprozeß ihre individuellen Bilder durch ein gemeinsam erarbeitetes Bild ersetzt und dabei intersubjektiv getragene Sinn- und Handlungspotentiale aufgebaut. Sie wurden sich im Prozeß des Problemlösens immer sicherer, auf dem richtigen Weg zu sein, das Problem lösen zu können - und möchten nun am liebsten damit beginnen, erste Maßnahmen zur Realisierung ihrer Ideen einzuleiten.

Wenn meine Mutmaßungen zutreffen, hat diese Gruppe fast alles erreicht, was für eine erfolgreiche Problembewältigung wichtig ist. In vielen Fällen kommen Gruppen nicht so weit, weil man sich falsche Vorstellungen macht von Problemlösungsprozessen; weil "Experten" nicht an das Primat der begrenzten Rationalität glauben; weil man schnell "macht" wo man sich Zeit lassen sollte ("Die Schnellstraße ist keine Kommunikationsstraße, sondern das Konzentrationslager der Schnelligkeit", sagt Paul VIRILIO, 1989: 60); weil man Rezepte, Schemata und Schranken nicht kritisch überprüft; weil die Kunst des Zweifels lästig erscheint; weil Reflexion und Selbstkonfrontation unbequem sind; weil man zu wenig oder falsch visualisiert...

4.4. "Ohne die richtige Karte läuft gar nichts"

Im Mittelpunkt von Problemlösungsprozessen steht, wie die vorausgegangenen Ausführungen zeigen, die Problemdefinition, also eine möglichst umfassende Darstellung der Aspekte, die das Problem verursachen. Entscheidend hierbei ist, daß die Gruppenmitglieder mittels einer systematisierten Einklammerungs- bzw. Ordnungsmethodik Übersicht über die das Problem verursachenden Aspekte erhalten, Zusammenhänge erkennen und intersubjektiv geteilte Wahrheiten entwickeln. Von zentraler Bedeutung sind hierbei visualisierte "Karten" oder "Bilder". Werden diese in der zuvor beschriebenen Form erstellt, entsteht die wichtige Erfahrung des kollektiven "Fürwahrhaltens" bzw. drängen sich in vielen Fällen Lösungsansätze nahezu auf. Außerdem ist davon auszugehen, daß sich in der Folge Entscheidungen über Veränderungsmaßnahmen von allgemeiner Akzeptanz entwickeln, was wiederum für die spätere Realisierung von wesentlicher Bedeutung ist.

Daß Denk- und Handlungsprozesse stark an visualisierte Bilder und Vorstellungen gebunden sind, erahnten schon Philosophen in der Antike. Nicht ohne Grund heißt "theorien" auch "schauen" und "idein" auch "sehen". Griechische Philosophen verbanden damit die Vorstellung, daß das Denken und das kognitive Erkennen gleichsam so etwas sei, wie das Sehen mit dem "Auge des Geistes". Immanuel KANT hat diese Gedanken in seiner *Kritik der reinen Vernunft* (1989, 217) wieder aufgenommen und dargestellt, daß Erkennen nicht nur vom Intellekt, sondern auch von sinnlich wahrgenommenen, transzendentalen "Schematas" und "Bildern" abhängig ist:

> "Das Bild ist ein Produkt des empirischen Vermögens der produktiven Einbildungskraft, das Schema sinnlicher Begriffe (...) ein Produkt und gleichsam ein Monogramm der reinen Einbildungskraft a priori, wodurch und wonach die Bilder allererst möglich werden. (...)
> Also sind die Schemata der reinen Verstandesbegriffe die wahren und einzigen Bedingungen, diesen eine Beziehung auf Objekte, mithin Bedeutung zu verschaffen."

In Fortführung der Gedanken KANT's und unter Einbezug neuer Forschungsergebnisse der Kognitionswissenschaften stellt LENK fest:

> "Die methodische und methodologische Allgegenwärtigkeit von kognitiven Konstrukten und Schemata bei allen kognitiven Strukturierungsvorgängen, ja, weit darüber hinaus bei allen Strukturierungsprozessen, hat Kant im Hinblick auf die notwendige 'Versinnlichung' von abstrakten Konstrukten genial vorausgesehen." (1993: 211 f)
> "Die Schemata sind Dispositionskonzepte oder -komplexe zum Auffassen, zum Erfassen generell, Wahrnehmen, Verstehen, zum Einordnen von Situationen, Ereignissen, Gegenständen und auch zum Handeln.(...)

> Man könnte sagen, daß weit über die Kognitionspsychologie hinaus solche Schematprägung und Schemataleitung von Konzepten aller Art, insbesondere bei der Erkenntnis, aber auch beim Handeln, bei jeglicher Situationsstrukturierung eine entscheidende Rolle spielen. Ich möchte diese These sogar ausdehnen zu dem Ansatz, daß alle Erkenntnis schemata- oder interpretationskonstruktgeleitet (.) ist." (1994: 86 f)

Neben Philosophen beschäftigen sich zunehmend auch Sozialwissenschaftler bzw. Ökonomen mit Bildern, Schemata, (kognitiven) Karten oder Konstrukten und mentalen Modellen.

Nach SENGE ist die Veränderung von "mental models" eine der wesentlichen Aufgaben von lernenden Organisationen. Mit Bezug auf die äußerst erfolgreichen Veränderungsprozesse bei der ROYAL DUTCH/SHELL führt SENGE (1990, 8 f) aus:

> "Shell's extraordinary success in managing through the dramatic changes and unpredictability of the world oil business in the 1970s and 1980s came in large measure from learning how to surface and challenge managers's mental models. (...) Arie de Geus, Shell's recently retired Coordinator of Group Planning, says that continuous adaptation and growth in a changing business environment depends on 'institutional learning, which is the process whereby management teams change their shared mental models of the company, their markets, and their competitors'.(...) The discipline of working with mental models starts with turning the mirror inward; learning to unearth our internal pictures of the world, to bring them to the surface and hold them rigorously to scrutiny. It also includes the ability to carry on 'learningful' conversations that balance inquiry and advocacy, where people expose their own thinking effectively and make that thinking open to the influence of others."

Da wir zumeist "Gefangene unserer eigenen Gedanken" sind, ist die Veränderung bzw. das "managing" von mentalen Strukturen für SENGE eine wesentliche Aufgabe für lernende Organisationen, wobei die Prozesse dies zu erreichen, vor allem über eine entsprechende Visualisierung erfolgen müssen.

Auch WEICK (1985, 1986, 1990) geht in seinen Veröffentlichungen auf die zentrale Bedeutung der Visualisierung im Prozeß des Problemlösens ein. Wie er darstellt, wird über die Selektion und die Umwandlung von zunächst mehrdeutigen in eindeutige, verarbeitbare Informationen eine "Karte" der jeweils relevanten Problemwelt konstruiert, die den Glauben an bestimmte Ursachen und Zusammenhänge festlegt und in der Folge Wahrnehmungen, Sinngebungsaktivitäten und Handlungen steuert, wobei die Karte schlußendlich zum Gelände selbst wird. Die Bedeutung von Karten für Unternehmen wertend resümiert WEICK (1985: 355):

> "Eine der Hauptursachen für das Scheitern von Organisationen ist ein Mangel an Bildern bezüglich dessen, was vor sich geht, ein Mangel an Zeit, die der Produktion solcher Bilder gewidmet wird (...). Wenn es zutrifft, daß Glauben Sehen ist, dann tut die Person (...) alles, was möglich ist, um das Glauben zu bereichern, so daß schließlich die gesehenen Dinge zahlreich und als Überlebenshinweise bedeutsam werden."

Wenn auch die zuvor genannten Autoren immer wieder über die Bedeutung von "Bildern", "Karten", "Schemata", "mentalen Modellen" und vor allem über das "Sehen" im Zusammenhang mit Denk-, Sinngebungs-, Planungs- und Problemlösungsprozessen sprechen, "zeigen" sie - bis auf wenige vage-andeutende Äußerungen (z.B. LENK, 1993: 210 und 1994: 83 f) - nie konkret, wie man in der Praxis diesen äußerst wichtigen Akt einer Visualisierung bzw. des "Sehens" realisieren könnte. Einerseits scheint es weitgehend sicher zu sein, daß "Schemata" bzw. "Bilder" eine zentrale Bedeutung in Denk- und Handlungsprozessen haben; andererseits weiß man heute offensichtlich noch zu wenig über den praktischen Gebrauch und die Funktionsweise dieser mentalen Schemata und Bilder. LENK (1994, 89) faßt seine Ausführungen über den (praktischen) Gebrauch von Schemata in Denkprozessen wie folgt zusammen:

> "Wie stellen wir uns Interpretationskonstrukte und Schemata vor unserem geistigen Auge vor? Wie kommen sie ins Bewußtsein? Wie aktivieren und erfahren wir innerlich oder im Bewußtsein Schemata und Interpretationskonstrukte? Wie beziehen wir uns mittels dieser Schemata und Interpretationskonstrukte auf Gegenstände, Ereignisse und Handlungen in der Welt? Das sind zentrale Fragen, die sich im Zusammenhang mit einem solchen Ansatz stellen und die noch weiter behandelt werden müssen."

Die Moderationsmethode ist in Problemlösungsprozessen sicherlich ein geeignetes Instrument, um von individuellen "Deutungen" zu kollektiven

"Wertungen" zu gelangen und die für gemeinschaftliches Handeln wichtigen "Schemata", "Karten", "Bilder" oder "mentale Modelle" zu erstellen. Die Moderationsmethode kann, vor allem über ihre Visualisierungstechniken, hier eine Lücke schließen - wenn sie mit dem notwendigen Hintergrundwissen und ihren Möglichkeiten entsprechend angewendet wird. Vilém FLUSSER (1992: 11) stellt in seinen Ausführungen zur *Krise der Linearität* und den Möglichkeiten, Erkenntnisprozesse durch "Bilder" zu verbessern, folgendes fest:

> "Die Welt ist (wenn man sich ein "Bild" von ihr anfertigt; H.-K.W.) nicht mehr ein Widerstand, gegen den wir stossen, sondern sie wird zu einer Erscheinung, die wir uns ansehen.(...) Zwar können wir die Sachen nicht mehr greifen, dafür aber die Sachverhalte überblicken. (Wir sehen den Wald erst, wenn wir nicht mehr gegen die Bäume stossen.) Das ist die Funktion unserer Einbildungskraft: obwohl sie ontologisch zweifelhaft ist, dient sie einem späteren Behandeln der Gegenstände. (Man jagt das Pony besser, wenn man sich vorher ein Bild davon gemacht hat.)"

Literaturverzeichnis

AICHER, O. (1986): die falscheste art die erde richtig zu sehen. Veröffentlichung des rotis institut für analoge studien, Rotis/Allgäu, Ausgabe 1/86

AICHER, O. (1986a): das gedruckte wort, analoges fliegen und digitales stottern. Veröffentlichung des rotis institut für analoge studien, Rotis/Allgäu, Ausgabe 3/86

AICHER, O. (1991): analog und digital. Berlin: Ernst & Sohn

ANTONI, C.; BUNGARD, W.; LEHNERT, E. (1992): Qualitätszirkel und ähnliche Formen der Gruppenarbeit in der Bundesrepublik Deutschland - Eine Bestandsaufnahme der Problemlösungsgruppen-Konzepte bei den 100 umsatzgrößten Industrieunternehmen. in: BUNGARD, W. (Hrsg.): Qualitätszirkel in der Arbeitswelt. (109-138) Göttingen: Hogrefe

ANTONS, K. (1992): Praxis der Gruppendynamik. (5. überarbeitete Auflage) Göttingen u.a.: Hogrefe

ARBEITSKREIS NEUE ARBEITSSTRUKTUREN IN DER DEUTSCHEN AUTOMOBILINDUSTRIE (1993): Teamarbeit in der Produktion. München und Wien: Hanser

ARNHOLD, K. (1942): Der deutsche Betrieb, Aufgaben und Ziele Nationalsozialistischer Betriebsführung. Leipzig

ASCH, S.E. (1965): Studies of interpendence and confirmity. A minority of one against a unanimous majority. in: *Psychological Monographs*, 9 (whole no. 416)

BAECKER, D. (1992): Fehldiagnose "Überkomplexität" - Komplexität ist die Lösung, nicht das Problem. in: *gdi impuls*, 4, 55-62

BAECKER, D. (1993): Die Form des Unternehmens. Frankfurt: Suhrkamp

BAECKER, D. (Hrsg., 1993a): Kalkül der Form. Frankfurt: Suhrkamp

BÄLDER, K.-H.; WAHREN, H.-K. (1994): Qualitätsmanagement für Dienstleistungen: Ein Leitfaden. Eschborn: RKW (in Vorbereitung)

BAITSCH, Ch. (1993): Was bewegt Organisationen? Selbstorganisation aus psychologischer Perspektive. Frankfurt/New York: Campus

BALES, R.F. (1950): Interaction process analysis; A method for the study of small groups. Cambridge, Mass.

BALES, R.F. (1958): Task roles and social roles in problem solving. in: MACOBY, E.E. et al. (Hrsg.): Readings in social psychology. (437-477) New York: Holt, Rinhart & Winston

BALES, R.F.; SLATER, P.E. (1969): Role differentation in small decision making groups. in: GIBB, C. (Hrsg.): Leadership. (255-276) Harmondsworth: Penguin Books

BANDLER, R.; GRINDER, J. (1984): Metasprache und Psychotherapie. Paderborn: Junfermann

BARDMANN, T.M. (1994): Wenn aus Arbeit Abfall wird : Aufbau und Abbau organisatorischer Realitäten. Frankfurt: Suhrkamp

BATESON, G. (1983): Ökologie des Geistes: Anthropologische, psychologische, biologische und epistemologische Perspektiven. (2. Auflage) Frankfurt: Suhrkamp

BECK, U. (1993): Die Erfindung des Politischen: Zu einer Theorie reflexiver Modernisierung. Frankfurt: Suhrkamp

BELBIN, M. (1993): Management Teams - Why they Succeed or Fail. Oxford: Butterworth-Heinemann

BENJAMIN, W. (1972-1989): Gesammelte Schriften. Frankfurt a.M.: Suhrkamp

BENNE, K.D.; SHEATS, P. (1948): Functional roles of group members. in: *Journal of Social Issues*, 4, 41-49

BENNIS, W.G.; SLATER, P.L. (1964): The Temporary Society. New York: Harper & Row

BENNIS, W.G.; SHEPARD, H.A. (1974): A Theory of group development. in: GIBBARD, G.; HARTMAN, I.; MANN, R. (Hrsg.): Analysis of groups. San Francisco: Jossey-Bass

BERKEL, K. (1991): Konflikte in und zwischen Gruppen. in: ROSENSTIEL, L. von u.a. (Hrsg.): Führung von Mitarbeitern - Handbuch für erfolgreiches Personalmanagement. (238-294) Stuttgart: Schäffer

BERTH, R. (1993): Erfolg - Überlegenheitsmanagement: 12 Mind-Profit-Strategien. Düsseldorf: Econ

BEYER, M. (1993): BrainLand: Mind Mapping in Aktion. Paderborn: Junfermann

BION, W.R. (1971): Erfahrungen in Gruppen. Stuttgart: Klett

BLÄSKE, G. (1992): In der neuen Autofabrik löst Handarbeit die Roboter ab. in: *Süddeutsche Zeitung*, vom 10.August 1992, 21

BLÄSKE, G. (1993): Japanische Effizienz im europäischen Autowerk. in: *Süddeutsche Zeitung*, vom 24.Mai 1993, 23

BLAKE, R.R.; MOUTON, J.S. (1968): Corporate excellence trough grid organization development. A systems approach. Houston: Gulf Publishing

BMW AG, München, Organisationsentwicklungs-Kreis (Hrsg.; 1983): BMW Lernstatt

BÖNING, U. (1991): Moderieren mit System: Besprechungen effizient steuern. Wiesbaden: Gabler

BOLZ, N. (1994): Das kontrollierte Chaos. Düsseldorf u.a.: Econ

BOSETZKY, H.; HEINRICH, P. (1980): Mensch und Organisation - Aspekte bürokratischer Sozialisation. Köln u.a.: Kohlhammer

BOUGON, M.; WEICK, K.E.; BINKHORST, D. (1977): Cognition in Organizations: An Analysis of the Utrecht Jazz Orchestra. in: *Administrative Science Quarterly*, Volume 22, 606-639

BOURDIEU, P. (1987): Die feinen Unterschiede : Kritik der gesellschaftlichen Urteilskraft. Frankfurt: Suhrkamp

BRIGGS, J.; PEAT, F.D. (1990): Die Entdeckung des Chaos, Eine Reise durch die Chaos-Theorie. München Wien: Hanser

BUNGARD, W. (1991): Qualitäts-Zirkel und neue Technologien. in: ROSENSTIEL, L. von, u. a. (Hrsg.): Führung von Mitarbeitern - Handbuch für erfolgreiches Personalmanagement. (475-487) Stuttgart: Schäffer

BUNGARD, W.; ANTONI, C. (1993): Gruppenorientierte Interventionstechniken. in: SCHULER, H. (Hrsg.): Organisationspsychologie. (377-404) Bern u.a.: Huber

BURKE, M.; RURIK, Th. (1994): Gestaltung als Aufklärung - Historische Konsequenzen und Perspektiven einer anderen Designgeschichte. in: *Standpunkte* 4; herausgegeben von der Fachhochschule für Gestaltung, Schwäbisch Gmünd

BURNS, T.; STALKER, G.M. (1961): The Management of Innovation. London

CARTWRIGHT, D.; ZANDER, A. (Hrsg.; 1968): Group dynamics: Research and Theory. Evanston, Ill.

COHEN, M. D.; MARCH, J. G.; OLSEN, J. P. (1972): A Garbage Can Model of Organizational Choice. in: *Administrative Science Quarterly* 17, 1-25

COHN, R.C. (1981): Von der Psychoanalyse zur themenzentrierten Interaktion - von der Behandlung einzelner zu einer Pädagogik für alle. (5. Auflage) Stuttgart: Klett-Cotta

COMELLI, G. (1991): Qualifikation für Gruppenarbeit; Teamentwicklungstraining. in: ROSENSTIEL, L. von, u.a. (Hrsg.): Führung von Mitarbeitern. (295-316) Stuttgart: Schäffer

CRAMER, F. (1993): Chaos und Ordnung: Die komplexe Struktur des Lebendigen. Frankfurt und Leipzig: Insel

CROTT, H. (1979): Soziale Interaktion und Gruppenprozesse. Stuttgart u.a.: Kohlhammer

DECKER, F. (1988): Gruppen moderieren - ein Hexerei? München: Lexika

DEPPE, J. (1992): Quality Circle und Lernstatt : ein integrativer Ansatz (3.Auflage) Wiesbaden: Gabler

DERSCKA, P.; GOTTSCHALL, D. (1984): Metaplan - Das Geheimnis der Wolke. in: *Management Wissen*, 12, 17-33

DER SPIEGEL (1993): Jede Sorte Mäuse, Heft 37, 210-212

DER SPIEGEL (1993): Gruppenarbeit, Der Osten liegt vorn. Heft 47, 114

DER SPIEGEL (1994): "Ihr seid wieder wer". Heft 11, 94-111

DEUTSCH, Ch. (1993): Heilsamer Schock. in: *Management Wissen*, 12, 4-7

DEWEY, J. (1910): How we think. New York: D.C. Heath (deutsch [1951]: Wie wir denken: Eine Untersuchung über die Beziehung des reflexiven Denkens zum Prozeß der Erziehung. Zürich: Morgarten, Conzett & Huber)

DEWEY, J. (1934): Art as Experience. New York: Capricorn/Putnams (deutsch [1988]: Kunst als Erfahrung. Frankfurt: Suhrkamp)

DEWEY, J. (1986): Erziehung durch und für Erfahrung. Stuttgart: Klett-Cotta

DÖNINGHAUS, J. (1992): Im Ernst, Szenespiele? in: *Werkstatt des Wandels - Berichte '92*. Herausgeber: Metaplan GmbH, Quickborn

DÖRNER, D. (1979): Problemlösen und Informationsverarbeitung. (2.Aufl.) Stuttgart u.a.: Kohlhammer
DÖRNER, D. (1992): Die Logik des Mißlingens: Strategisches Denken in komplexen Situationen. Reinbek: Rowohlt
DONNERT, R. (1990): Am Anfang war die Tafel... Praktischer Leitfaden für Vortrag, Lehrgespräch, Moderation, Seminar und Unterweisung. München: Lexika
DOMSCH, M. (1991): Personalplanung und -entwicklung für Fach- und Führungskräfte. in: ROSENSTIEL, L. von, u.a. (Hrsg.): Führung von Mitarbeitern - Handbuch für erfolgreiches Personalmanagement (339 - 351) Stuttgart: Schäffer
DRUCKER, P. (1993): Die postkapitalistische Gesellschaft. Düsseldorf u.a.: Econ
DÜRRENMATT, F. (1962): Die Physiker, Eine Komödie in zwei Akten. Zürich: Die Arche

ECO, U. (1988): Über Spiegel und andere Phänomene. München, Wien: Hanser
ECO, U. (1989): Das Foucaultsche Pendel. München, Wien: Hanser
EGLAU, H.O. (1993): Japan Syndrom. in: *Die Zeit*, vom 22.Oktober 1993, 22
ELSCHENBROICH, D. (1993): Anleitung zur Neugier. in: *FAZ*, vom 28.8.1993, 29

FISCHER, G. (1986): Drang zur Mitte. in: *Manager Magazin*, 5, 284-290
FITTKAU, B.; MÜLLER-WOLF, H.M.; SCHULZ von THUN, F. (1983): Kommunizieren lernen (und umlernen). (3. Auflage) Braunschweig: Westermann - Pederson.
FLIK, H. (1969): Kybernetische Ansätze zur Organisation des Führungsprozesses der Unternehmung. Berlin: Duncker & Humblot
FLUSSER, V. (1992): Krise der Linearität. Bern: Benteli
FOUCAULT, M. (1992): Überwachen und Strafen, Die Geburt des Gefängnisses. (10. Auflage) Frankfurt: Suhrkamp
FOY, N. (1982): Die Wirtschaft entdeckt problemorientiertes Lernen. in: *Harvard Manager*, 4, 71-78
FUCHS, P. (1992): Niklas Luhmann - beobachtet: eine Einführung in die Systemtheorie. Opladen: Westdeutscher Verlag

GARFIELD, Ch. (1993): Team Management: Funktionale Führung statt Hierarchie. München: Langen Müller Herbig
GEBERT, D.; ROSENSTIEL, L. von (1981): Organisationspsychologie, Person und Organisation. Stuttgart u.a.: Kohlhammer
GLASL, F. (1990): Konfliktmanagement - Ein Handbuch zur Diagnose und Behandlung von Konflikten für Organisationen und ihre Berater. (2. vollständig überarbeitete Auflage) Bern, Stuttgart: Haupt
GORDON, T. (1980): Familienkonferenz - Die Lösung von Konflikten zwischen Eltern und Kind. Reinbek: Rowohlt
GORDON, T. (1982): Managerkonferenz - Effektives Führungstraining. Reinbek: Rowohlt
GOTTSCHALL, D. (1983): Kontrolle von der Basis. in: *Manager Magazin*, 2, 86-89

GOTTSCHALL, D. (1987): Management optimal - Die Psychodynamik erfolgreicher Unternehmensführung. München: Langen Müller Herbig
GOTTSCHALL, D. (1987a): Motivationsschub an der Basis. in: *Manager Magazin*, 9, 250-260
GOTTSCHALL, D. (1988): Das Team lebt. in: *Manager Magazin*, 12, 254-258
GOTTSCHALL, D. (1990): Training für Europa. in: *Manager Magazin*, 3, 237-243
GOTTSCHALL, D. (1991): Alle für einen. in: *Manager Magazin*, 11, 120-127
GOTTSCHALL, D. (1992): Lean Production. in: *Psychologie heute*, 9, 56-63
GOTTSCHALL, D.; HIRN, W. (1992): Schlanke Linie. in: *Manager Magazin*, 4, 203-221
GOTTSCHALL, D.; RÜSSMANN, K.H. (1989): Alle Macht dem Team. in: *Manager Magazin*, 6, 211-220
GOTTSCHALL, D.; SCHULTE, B. (1991): Mit dem Chaos leben. in: *Manager Magazin*, 8, 138-155
GROOTHUIS, U. (1993): Serie Unternehmen 2000: Wie eine Zitrone. in: *Wirtschafts-Woche*, 51, vom 17.Dezember 1993, 52-62

HABERMAS, J. (1981): Theorie des kommunikativen Handelns. 1 und 2. Frankfurt: Suhrkamp
HAMMER, M.; CHAMPY, J. (1994): Business Reengineering - Die Radikalkur für das Unternehmen. Frankfurt/New York: Campus
HEDBERG, B. (1984): Organizations as tents - Über die Schwierigkeiten, Organisationsstrukturen flexibel zu gestalten. in: HINTERHUBER, S.; LASKE, S. (Hrsg.): Zukunftsorientierte Unternehmenspolitik. (12-47) Freiburg i. Br.: Rombach
HEIDEGGER, M. (1984): Sein und Zeit. (15. Auflage) Tübingen: Niemeyer
HEINTEL, P.; KRAINZ, E.E. (1990): Projektmanagement - Eine Antwort auf die Hierarchiekrise?. (2. Auflage) Wiesbaden: Gabler
HEINTEL, P.; KRAINZ, E.E. (1991): Führungsprobleme im Projektmanagement. in: ROSENSTIEL, L. von, u.a. (Hrsg.): Führung von Mitarbeitern - Handbuch für erfolgreiches Personalmanagement. (339 - 351) Stuttgart: Schäffer
HERSEY, P.; BLANCHARD, K.H. (1977): Management of organizational behavior: Utilizing human ressources. Englewood Cliffs: Prentice Hall
HIRSCHHORN, L.; GILMORE, Th. (1993): Die Grenzen der flexiblen Organisation. in: *Harvard Business Manager*, 1, 29-39
HOMANS, G.C. (1968): Elementarformen sozialen Verhaltens. Köln und Opladen: Westdeutscher Verlag

IMAI, M. (1992): Kaizen - Der Schlüssel zum Erfolg der Japaner im Wettbewerb. (7.Auflage) München: Langen Müller Herbig
JANIS, I.L. (1972): Victims of groupthink. A Psychological study of foreign policy decisions and fiascos. Boston, Mass.: Houghton Mifflin
JOAS, H. (1992): Die Kreativität des Handelns. Frankfurt: Suhrkamp
JOCHUM, E. (1991): "Laterale" Führung und Zusammenarbeit - Der Umgang mit Kollegen. in: ROSENSTIEL, L. von, u.a. (Hrsg.): Führung von Mitarbeitern - Handbuch für erfolreiches Personalmanagement. (317-326) Stuttgart: Schäffer

KANT, I. (1989): Kritik der reinen Vernunft. (Studienausgabe) Stuttgart: Reclam
KASPER, H. (1990): Die Handhabung des Neuen in organisierten Sozialsystemen. Berlin u. a.: Springer
KASPER, H. (1991): Neuerungen durch selbstorganisierende Prozesse. in: STAEHLE, W.H.; SYDOW, J. (Hrsg.): Managementforschung 1. (1-74) Berlin, New York: de Gruyter
KATZENBACH, J.R.; SMITH, D.K. (1993): Teams - Der Schlüssel zur Hochleistungsorganisation. Wien: Ueberreuter
KETS de VRIES, M. F. R.; MILLER, D. (1988): Unstable at the top: inside the neurotic organization. New York: Penguin
KIRCKHOFF, M. (1989): Mind Mapping : Die Synthese von sprachlichem und bildhaftem Denken. (2.Auflage) Berlin: Synchron
KLEBERT, K.; SCHRADER, E.; STRAUB, W.G. (1980): Moderationsmethode. Geisel-Bullach: Preisinger
KLEBERT, K.; SCHRADER, E.; STRAUB, W.G. (1987): KurzModeration. (2.Aufl.) Hamburg: Windmühle
KOCH, G. (1988): Die erfolgreiche Moderation von Lern- und Arbeitsgruppen: prakt. Tips für jeden, der mit Teams mehr erreichen will. Landsberg/Lech: Mod. Industrie
KOCH, H. (1988): Ein starkes Team. in: *Manager Magazin*, 2, 176-182

LASZLO, E. (1992): Evolutionäres Management : globale Handlungskonzepte. Fulda: Paidia
LENK, H. (1993): Philosophie und Interpretation : Vorlesungen zur Entwicklung konstruktionistischer Interpretationsansätze. Frankfurt: Suhrkamp
LENK, H. (1994): Von Deutungen zu Wertungen : eine Einführung in aktuelles Philosophieren. Frankfurt: Suhrkamp
LEWIN, K. (1963): Feldtheorie in den Sozialwissenschaften. Bern: Huber
LICHTENBERGER, B. (1986): Kreativität zum Nulltarif. in: *Manager Magazin*, 7, 154-163
LIKERT, R. (1972): Neue Ansätze der Unternehmensführung. Bern und Stuttgart: Haupt
LUHMANN, N. (1968): Zweckbegriff und Systemrationalität: Über die Funktion von Zwecken in sozialen Systemen. Tübingen: Mohr
LUHMANN, N. (1984): Soziale Systeme: Grundriß einer allgemeinen Theorie. Frankfurt: Suhrkamp
LUHMANN, N. (1986): Ökologische Kommunikation - Kann die moderne Gesellschaft sich auf ökologische Gefährdungen einstellen? Opladen: Westdeutscher Verlag
LUHMANN, N. (1992): Beobachtungen der Moderne. Opladen: Westdeutscher Verlag

MAN, de, H. (1927): Der Kampf um die Arbeitsfreude. Jena
MARGERISON, C.; McCANN, D. (1991): Team Management, Practical new approaches. (Reprinting) London: Mercury Books

MATURANA, H.R.; VARELA, F.J. (1987): Der Baum der Erkenntnis : Die biologischen Wurzeln des menschlichen Erkennens. Bern u.a.: Scherz
MENTZOS, S. (1988): Interpersonale und institutionalisierte Abwehr. (Erweiterte Neuauflage) Frankfurt: Suhrkamp
METAPLAN (Hrsg.; 1992): Fibel zur Metaplantechnik. (2.Aufl.) Quickborn: Metaplan GmbH
MEYERSEN, K. (1992): Die moderierte Gruppe : hierarchiefreie Kommunikation im Unternehmen - Erfahrungen aus der Praxis. Frankfurt/New York: Campus
MINTZBERG, H. (1992): Die Mintzberg-Struktur : Organisationen effektiver gestalten. Landsberg/Lech: Moderne Industrie
MORENO, J.L. (1954): Die Grundlagen der Soziometrie. (3. Aufl.) Köln/Opladen: Westdeutscher Verlag
MORFILL, G.; SCHEINGRABER, H. (1993): Chaos ist überall... und es funktioniert: Eine neue Weltsicht. Frankfurt/Berlin: Ullstein
MÜLLER-JENTSCH, W. (1993): Gewerkschaftliche Antworten auf den gesellschaftlichen Wandel. in: KOWALSKY, W.; SCHROEDER, W. (Hrsg.): Linke, was nun? (137-153) Berlin: Rotbuch

NEUBERGER, O. (1977): Organisation und Führung. Stuttgart u.a.: Kohlhammer
NEUBERGER, O. (1987): Führungstheorien-Rollentheorie. in: KIESER, A., u.a. (Hrsg.): Handwörterbuch der Führung. (867-880). Stuttgart: Poeschel
NEUBERGER, O. (1988): Psychodynamische Aspekte der Zusammenarbeit zwischen Gleichrangigen. in:*Augsburger Beiträge zu Organisationspsychologie und Personalwesen*, Heft 3 / 1988, herausgegeben von NEUBERGER, O.
NEUBERGER, O. (1989): Das Konzept der Selbstentwicklung. in:*Augsburger Beiträge zu Organisationspsychologie und Personalwesen*, Heft 8 / 1989, 1-11, herausgegeben von NEUBERGER, O.
NEUBERGER, O. (1990): Führen und geführt werden. (3., völlig überarbeitete Auflage von "Führung") Stuttgart: Enke
NEUBERGER, O. (1991): Personalentwicklung. Stuttgart: Enke
NEUBERGER, O. (1993): Das Nullfehler-Ziel - ein Nullfehler-Spiel. Total Quality Management als mikropolitische Arena. in:*Augsburger Beiträge zu Organisationspsychologie und Personalwesen*, Heft 16 / 1993, herausgegeben von NEUBERGER, O.
NEUBERGER, O.; KOMPA, A. (1987): Wir, die Firma - Der Kult um die Unternehmenskultur. Weinheim und Basel: Beltz
NEURATH, O. (1944): Foundations of the Social Sciences. *International Encyclopedia of Unified Science*, Vol. 2, No. 1, Chicago
NEURATH, O. (1979): Wissenschaftliche Weltauffassung, Sozialismus und logischer Empirismus. Herausgegeben von HEGSELMANN, R., Frankfurt: Suhrkamp
NEURATH, O. (1991): Gesammelte bildpädagogische Schriften. Herausgegeben von HALLER, R.; KINROSS, R. Wien: Hölder-Pichler-Tempsky

NICKLISCH, H. (1920): Der Weg Aufwärts! Organisation. Stuttgart

PALASS, B.; RISCH, S. (1992): Viel-Harmoniker. in: *Manager Magazin*, 11, 306-341
PEIRCE, Ch.,S. (1985): Über die Klarheit unserer Gedanken : How to Make Our Ideas Clear. (3.Aufl.) Frankfurt: Klostermann
PETERS, T. (1988): Kreatives Chaos : Die neue Management-Praxis. Hamburg: Hoffmann und Campe
PETERS, T. (1993): Jenseits der Hierarchien, Liberation Management. Düsseldorf u.a.: Econ
PFEIFFER, W.; WEISS, E. (1992): Lean Management: Grundlagen der Führung und Organisation industrieller Unternehmen. Berlin: Erich Schmidt
PORTER, L.W.; LAWLER, E.E. III.; HACKMAN, J.R. (1975): Behaviour in organizations. New York: Mc Graw-Hill
PROBST, G. J. B. (1987): Selbst-Organisation, Ordnungsprozesse in sozialen Systemen aus ganzheitlicher Sicht. Berlin und Hambug: Parey
PROBST, G. J. B. (1992): Organisation, Strukturen Lenkungsinstrumente Entwicklungsperspektiven. Landsberg/Lech: Moderne Industrie

REICHERTZ, J. (1991): Aufklärungsarbeit: Kriminalpolizisten und Feldforscher bei der Arbeit. Stuttgart: Enke
REITZLE, W. (1990): Innovativer Rahmen für Produktentwicklungen. in: *Süddeutsche Zeitung*, vom 2.Mai 1990, IV (Beilage: FIZ)
RICE, B. (1982): Legenden sterben langsam. Die Geschichte des Hawthorne Effekts. in: *Psychologie heute*, 9, 50-55
RIEGGER, M. (1983): Lernstatt erlebt, Praktische Erfahrungen mit Gruppeninitiativen am Arbeitsplatz - Ein Modell aus der Produktion. Essen: Windmühle
RIEMANN, F. (1985): Grundformen der Angst: eine tiefenpsychologsiche Studie. München, Basel: Reinhardt
ROSENKRANZ, H. (1990): Von der Familie zur Gruppe zum Team, Familien- und gruppendynamamische Modelle zur Teamentwicklung. Paderborn: Junfermann
ROSENSTIEL, L. von (1980): Humanisierung der Arbeit - Schlagwort, Alibi, Programm. in: ROSENSTIEL, L. von; WEINKAMM, M. (Hrsg.): Humanisierung der Arbeitswelt - Vergessene Verpflichtung? (2.Auflage) Stuttgart: Poeschel
ROSENSTIEL, L. von (1991): Die Arbeitsgruppe. in: ROSENSTIEL, L. von, u.a. (Hrsg.): Führung von Mitarbeitern - Handbuch für erfolgreiches Personalmanagement. (265-282) Stuttgart: Schäffer
ROSENSTIEL, L. von (1992): Grundlagen der Organisationspsychologie. (3.Auflage) Stuttgart: Schäffer-Poeschel
ROSENSTIEL, L. von; MOLT, W.; RÜTTINGER, B. (1979): Organisationspsychologie. (4.Auflage) Stuttgart u.a.: Kohlhammer
RÜSSMANN, K. H. (1984): So ein Theater. in: *Manager Magazin*, 8, 90-95

SADER, M. (1976): Psychologie der Gruppe. München: Juvena

SCHACHTER, S.; ELLERTSON, M.; MC BRIDE, D.; GREGORY, D.: (1951): An experimental study of cohesiveness and productivity. in: *Human Relations*, 4, 229-238
SCHEIN, E. (1987/1988): Process Consulting. (Vol. 1 und 2) Reading: Addison-Wesley
SCHINDLER, R. (1957): Grundprinzipien der Psychodynamik in Gruppen, in: *Psyche* 14, 308-314
SCHJELDERUP-EBBE, Th. (1924): Zur Soziologie der Vögel. in: *Zeitschrift für Psychologie*, 95 36-84
SCHMIDT, J. (1993): Die sanfte Organisations-Revolution : Von der Hierarchie zu selbststeuernden Systemen. Frankfurt/New York: Campus
SCHMIDTCHEN, G. (1984): Die neue Arbeitsmoral. in: *Die Zeit*, vom 5.Oktober 1984
SCHNEIDER, M. (1993): Kein Gramm zuviel. in: *Manager Magazin*, 8, 109-112
SCHNEIDER, M. (1994): Methodenpuzzle. in: *Manager Magazin*, 2, 120-127
SCHNELLE, E. (Hrsg.; 1978): Neue Wege der Kommunikation: Spielregeln, Arbeitstechniken und Anwendungsfälle der Metaplan-Methode. Königstein/Ts.: Hanstein
SCHNELLE, E. (1984): Werkstatt des Wandels - Aktivierung des Managements. in: *Management Wissen*, 12, 32
SCHNELLE, E. (1992): Wie die Werkstatt des Wandels entstand. in: *Werkstatt des Wandels - Berichte '92*. Herausgeber: Metaplan GmbH, Quickborn
SCHNELLE, E. (Hrsg.; o.J.): Metaplan Gesprächstechnik: Kommunikationswerkzeug für die Gruppenarbeit. *Metaplan-Reihe*, Heft 2, Quickborn
SCHNELLE-CÖLLN, T. (1983): Visualisierung - die optische Sprache in der Moderation. *Metaplan-Reihe*, Heft 6, Quickborn
SCHNELLE-CÖLLN, T. (1988): Optische Rhetorik für Vortrag und Präsentation. Quickborn: Metaplan GmbH
SCHÜMANN, H. (1992): Unerklärlicher Erfolg verkrachter Eminenzen. in: *Süddeutsche Zeitung*, vom 21./22.März 1992, 49
SCHÜTZ, A. (1972): Gesammelte Aufsätze II: Studium der soziologischen Theorie. Herausgegeben von BRODERSEN, A. Den Haag: Martinus Nijhoff
SCHÜTZ, A. (1974): Der sinnhafte Aufbau der sozialen Welt - Eine Einleitung in die verstehende Soziologie. Frankfurt: Suhrkamp
SCHULTE, J. (1989): Wittgenstein, Eine Einführung. Stuttgart: Reclam
SCHWÄBISCH, L.; SIEMS, M. (1982): Anleitung zum sozialen Lernen für Paare, Gruppen und Erzieher. Reinbek: Rowohlt
SCHWARZ, G. (1985): Die "Heilige Ordnung" der Männer - Patriarchische Hierarchie und Gruppendynamik. Opladen: Westdeutscher Verlag
SCHWARZ, G. (1991): Konfliktmanagement : Sechs Grundmodelle der Konfliktlösung. (Nachdruck) Wiesbaden: Gabler
SCHWARZ, G,; HEINTEL, P.; WEYRER, M.; STATTLER, H. (Hrsg., 1993): Gruppendynamik : Geschichte und Zukunft. Wien: Universitätsverlag
SEARLE, J.R. (1990): Ausdruck und Bedeutung : Untersuchungen zur Sprechakttheorie. (3.Auflage) Frankfurt: Suhrkamp

SEBEOK, T.A.; UMIKER-SEBEOK, J. (1982): "Du kennst meine Methode": Charles S. Peirce und Sherlock Holmes. Frankfurt: Suhrkamp

SEIFERT, J. W. (1993): Visualisieren - Präsentieren - Moderieren. (5.Auflage) Speyer/ Bremen: Gabal

SEIFERT, J. W.; KRAUS, R. (1992): Qualitätszirkel, Lernstatt, Mitarbeiter-Gruppen: eine Gebrauchsanleitung zur Einführung und Betreuung. Speyer: Gabal

SENGE, P.M. (1990): The fifth discipline : the art and practice of the learning organization. New York: Doubleday

SIEMENS AG. (Hrsg.; 1974): Organisationsplanung, Planung durch Kooperation. Berlin und München: Siemens AG.

SIMON, H. A. (1993): Homo Rationalis: die Vernunft im menschlichen Leben. Frankfurt/New York: Campus

SLATER, P.E. (1970): Mikrokosmos. Eine Studie über Gruppendynamik. Frankfurt: Fischer

STAEHLE, W.H. (1989): Management - Eine verhaltenswissenschaftliche Perspektive. (4.Auflage) München: Vahlen

STAEHLE, W.H. (1991): Redundanz, Slack und lose Kopplung in Organisationen: Eine Verschwendung von Ressourcen? in: STAEHLE, W.H.; SYDOW, J. (Hrsg.): Managementforschung 1. (313-345) Berlin, New York: de Gruyter

STIEFEL, R.Th. (1993): Auf der Suche nach dem produktiven Team. in: *Management-Andragogik und Organisationsentwicklung*, 15. Jg., Heft 2, 35-38

STRÜMPEL, B. (1977): Die Krise des Wohlstands. Stuttgart u.a.: Kohlhammer

STÜRZL, W. (1993): Lean Production in der Praxis - Spitzenleistungen durch Gruppenarbeit. (2.Auflage) Paderborn: Junfermann

SÜDDEUTSCHE ZEITUNG (1993): Warum der VW-Konzern an Lopez festhält. Ausgabe vom 28.Juli 1993, 21

TAYLOR, F.W. (1919): Die Grundsätze wissenschaftlicher Betriebsführung. München/ Berlin: Oldenbourg

TENBROCK, Ch. (1994): Nicht Jacke wie Hose. in: *Die Zeit*, vom 25.März 1994, 29

THOLEN, Ch.; SCHOLL, M.; HELLER, M. (Hrsg.; 1993): Zeitreise: Bilder/Maschinen/ Strategien/Rätsel. Basel: Stroemfeld / Roter Stern

THOMANN, Ch.; SCHULZ von THUN, F. (1988): Klärungshilfe - Handbuch für Therapeuten, Gesprächshelfer und Moderatoren in schwierigen Gesprächen. Reinbek: Rowohlt

THOMAS, K.W. (1976): Conflict an conflict management. in: DUNETTE, M.D. (Hrsg.): HIOP. (889-935) Chicago

TIKART, J. (1993): Leistungsprozeß - Corporate Identity und Unternehmenskultur im globalen Wettbewerb : Überlegungen und Notwendigkeiten. in: Industriearbeit heute - Wege zur Fraktalen Fabrik. IPA-Arbeitstagung, 4.-5. Mai 1993. (27-68) Berlin u.a.: Springer

TITSCHER, S.; KÖNIGSWIESER, R. (1985): Entscheidungen in Unternehmen. Zur Theorie und Praxis des Umgang mit Krisen wechselseitiger Abhängigkeit. Wien: Signum

TÖNNIS, F. (1926): Gemeinschaft und Gesellschaft. Berlin
TOFFLER, A. (1970): Future Shock. New York: Knopf
TOURAINE, A. (1986): Krise und Wandel des sozialen Denkens. in: BERGER, J. (Hrsg.): Die Moderne - Kontinuitäten und Zäsuren. Sonderband: *Soziale Welt*, 15-39
TRIST, E.L.; BAMFORTH, K.W. (1951): Some social psychological consequences of the longwall method of coal-getting. in: *Human Relations*, 4, 3-38
TUCKMAN, B.W. (1965): Developemental sequence in small groups. in: *Psychological Bulletin*, 63, 384-399
TÜRK, K. (1990): Von "Personalführung" zu "Politischer Arena"? Überlegungen angesichts neuer Entwicklungen in der Organisationsforschung. in: WIENDIECK, G., WISWEDE, G. (Hrsg.): Führung im Wandel - Neue Perspektiven für Führungsforschung und Führungspraxis. (53-87) Stuttgart: Enke

ULICH, E.; CONRAD-BETSCHARD, H.; BAITSCH, Ch. (1989): Arbeitsform mit Zukunft: ganzheitlich-flexibel statt arbeitsteilig. Bern u.a.: Lang
ULRICH, H.; PROBST, G.J.B. (1988): Anleitung zum ganzheitlichen Denken und Handeln: ein Brevier für Führungskräfte. Stuttgart u.a.: Haupt

VAN ZELST, R.H. (1952): Sociometrically selected work teams increase productivity. in: *PP Autumn*, 175-185
VIRILIO, P. (1989): Der negative Horizont: Bewegung - Geschwindigkeit - Beschleunigung. München Wien: Hanser
VOSSENKUHL, N. (1987): Wilhelm von Ockham: Gestalt und Werk. in: AICHER, O.; GREINDL, G.; VOSSENKUHL, W.: Wilhelm von Ockham: Das Risiko modern zu denken. (98-179) (2.Aufl.) München: Callwey

WAHREN, H.-K. (1987): Zwischenmenschliche Kommunikation und Interaktion in Unternehmen - Grundlagen, Probleme und Ansätze zur Lösung. Berlin, New York: de Gruyter
WARNECKE, H.-J. (1993): Revolution der Unternehmenskultur : Das Fraktale Unternehmen. (2.Auflage) Berlin u.a.: Springer
WATERMAN, R. (1994): Die neue Suche nach Spitzenleistungen : Erfolgsunternehmen im 21. Jahrhundert. Düsseldorf u. a.: Econ
WATZLAWICK, P. (1986): Vom Schlechten des Guten - oder Hekates Lösung. München: Piper
WEBER, D. (1990): Patentrezept für starke Gruppen. in: *Management-Wissen*, 3, 49-58
WEBER, M. (1980): Wirtschaft und Gesellschaft: Grundriß der verstehenden Soziologie. (5. rev. Auflage, Studienausgabe) Tübingen: Mohr
WEICK, K.E. (1976): Educational Organizations as Loosely Coupled Systems. in: *Administrative Science Quarterly*, Volume 21, 1-19
WEICK, K.E. (1985): Der Prozeß des Organisierens. Frankfurt: Suhrkamp

WEICK, K.E. (1990): Cartographic Myths in Organizations. in: HUFF, A.S.: Mapping Strategic Thought. (1-10) Chichester u.a.: John Wiley & Sons
WEICK, K.E.; BOUGON, M.G. (1986): Organizations as Cognitive Maps : Charting Ways to Success and Failure. in: SIMS, H.P.; GIOIA, D.A. and Associates: The Thinking Organization (102-135) San Francisco/London: Jossey-Bass Publishers
WELLHÖFER, P.R. (1993): Gruppendynamik und soziales Lernen : Theorie und Praxis der Arbeit mit Gruppen. Stuttgart: Enke
WELTZ, F.; BOLLINGER, H.; ORTMANN, R.G. (1989): Qualitätsförderung im Büro. Konzepte und Praxisbeispiele. Frankfurt: Campus
WEYRER, M. (1993): Gruppendynamisches Lernen in der Managementausbildung. in: SCHWARZ, G., u.a. (Hrsg.) Geschichte und Zukunft der Gruppendynamik. (325-341) Wien: Universitätsverlag
WIENDIECK, G. (1993): Einführung in die Arbeits- und Organisationspsychologie. Hagen: Fernuniversität
WILDEMANN, H. (1992): Die modulare Fabrik: Kundennahe Produktion durch Fertigungssegmentierung. Sankt Gallen: gmft
WILDEMANN, H. (o.J.): Kontinuierliche Verbesserung durch Gruppenarbeit : Einführungsleitfaden. Veröffentlichung der Technischen Universität München, Lehrstuhl für Betriebswirtschaftslehre mit Schwerpunkt Logistik
WINOGRAD, T.; FLORES, F. (1989): Erkenntnis Maschinen Verstehen, Zur Neugestaltung von Computersystemen. Berlin: Rotbuch
WITTGENSTEIN, L. (1984): Werkausgabe Band I, Tractatus logico-philosophicus, Tagebücher 1914-1916, Philosophische Untersuchungen. Frankfurt: Suhrkamp
WOHLGEMUTH, A. C. (Hrsg.; 1993): Moderation in Organisationen. Bern u.a.: Haupt
WOMACK, J.P.; JONES, D.T.; ROOS, D. (1992): Die zweite Revolution in der Autoindustrie - Konsequenzen aus der weltweiten Studie des Massachusetts Institute of Technology. (7.Auflage) Frankfurt/New York: Campus

ZAHN, E. (1993): Die strategische Renaissance des Unternehmens. in: ZAHN, E. (Hrsg.): Fit machen für den Wettbewerb. (1-49) Stuttgart: Schäffer-Poeschel
ZIEGLER, A. (1993): Wer moderieren will, muss Mass nehmen und Mass geben : Kulturgeschichtliche Hinweise zum heutigen Verständnis der Moderation. WOHLGEMUTH, A.C. (Hrsg.): Moderation in Organisationen. (17-51) Bern u.a.: Haupt
ZIMMER, D. E. (1993): Gewußt wohin: Die Karten im Kopf. in: *ZEITmagazin*, 43, 48-55

Personenregister

Sachregister

Praxisberichte